LOS PARTIDOS POLÍTICOS EUROPEOS (HASTA 1914)

Su historia, sus doctrinas
sus hombres

Mariano Moreno Recio

Prólogo de Manuel González Hontoria

EDITORIAL VITA BREVIS

LOS PARTIDOS POLÍTICOS EUROPEOS
MARIANO MORENO RECIO

PRÓLOGO DE MANUEL GONZÁLEZ HONTORIA

© Editorial Vita Brevis
http://www.vitabrevis.es
Avenida de los Madroños 11, 1 K
28043 Madrid

Quedan rigurosamente prohibidas, sin la autorización expresa de la editorial propietaria, bajo las sanciones establecidas en las leyes, la reproducción parcial o total de esta obra por cualquier medio o procedimiento, comprendidos la reprografía y el tratamiento informático, y la distribución de ejemplares de ella mediante alquiler o préstamo público.

ISBN edición actual: 978-8494761737

Primera edición: abril 2018

Edición original: Biblioteca Nueva, 1918

Impreso en Estados Unidos

Prólogo

De 1913 a 1916 ejercí el profesorado en el Instituto de enseñanza de las carreras diplomática y consular Centro de estudios marroquíes, organizado por la Real Academia de Jurisprudencia y Legislación. Diéronme esos años la experiencia de un sentimiento: el del maestro a sus discípulos. Las inteligencias que uno inicia en cierto orden de conocimientos y que, sometidas a la disciplina de investigación que se les traza, caminan a la adquisición de ramo particular de cultura, se hacen especialmente caras a quien les sirve de guía; el interés que inspiran se dilata más allá del tiempo que la labor docente dura; pocas circunstancias sociales más son precisas para que se trueque en afectuosa, perdurable amistad.

Todo ello sucede aún en mayor grado si el alumno, satisfechas las exigencias del plan de estudios que forzaron temporalmente su atención a materia determinada, continúa después libre y espontáneamente cultivando ésta; si el maestro, en suma, puede lisonjearse de haber despertado una vocación.

Don Mariano Moreno Recio, tras de asidua y brillante asistencia al curso de historia política de Europa durante el siglo XIX, explicado por mí en aquel Instituto e incluido en el programa de enseñanzas de la carrera consular, se presenta ahora, por primera vez, ante el público, con un ensayo sobre los partidos políticos europeos. Esa es la explicación del placer con que trazo las presentes páginas para que vayan al frente de las suyas. Ese el origen del calor con que deseo que sus lectores sean muchos y la impresión en todos adecuada a lo que merece el talento, la modestia, el caudal de esfuerzo y de voluntad del novel autor.

El tema que ha escogido difícilmente será superado en fuerza de atracción dentro del campo de la historia política. Los partidos, es decir, las agrupaciones que los individuos de un país organizan para determinarse concertada y permanentemente frente a la forma de gobierno establecida, frente al funcionamiento de las Corporaciones públicas, frente a los principales problemas que por mano del Estado y de los Poderes locales han de resolverse, son, en estos tiempos de asambleas y magistraturas electivas y de sufragio universal, o muy difundido, el más importante propulsor de hechos políticos y de reforma social. Por su intermedio, en las modernas democracias, los pareceres se juntan, se disciplinan, se corrigen unos a otros, se concretan en unos cuantos, se ponen en condición de que se escoja entre ellos, sin excesiva dificultad ni arbitrariedad.

Las influencias de la opinión pública, de los partidos y de los gobiernos sirven de urdimbre a la historia política de cada Nación. Por eso, para el señor Moreno Recio, como para todo expositor de la actividad de aquellos, el riesgo era grande de dejarse llevar a ensanchar su argumento con el relato de sucesos de orden general, con el análisis de leyes y reformas o con el detalle de la acción personal de propagandistas, parlamentarios y regidores de Estado. Nuestro autor, escrupulosamente, ha cuidado de que tales elementos se contuvieran en las proporciones indispensables a la composición de su asunto, sin quitarle su especialidad; y ello debe tenerse en cuenta por quienes se sintieran inclinados a tildar la narración de poco jugosa o la hubieran preferido menos ceñida.

Ciméntanse, a veces, los partidos en la autoridad moral de un hombre, «el jefe», que desempeña la más importante función en el gobierno cuando el partido «viene al Poder», o sea, cuando se le entregan, para que los llene, los puestos administrativos de nombramiento real o presidencial, no desempeñados con carácter inamovible. Otras, por el contrario, los partidos descansan sobre la periodicidad o frecuencia de juntas o asambleas muy amplias, en las que su dogma se define y adapta a las sucesivas circunstancias; los jefes son varios por partido; más que jefes son notables; no es raro que, si el partido gobierna, la principal posición legal en el Ejecutivo o en la Legislatura no recaiga precisamente en quien más peso ejerce sobre las 1 inteligencias y voluntades de los correligionarios. Entre ambos tipos extremos de partidos, hay gradaciones y mixturas; casi tantas como Naciones. Esto en cuanto a la dirección central; respecto a la manera de funcionar localmente en los distintos sectores del país, la variedad es aún mayor; dependiendo de infinidad de circunstancias y sobre todo de la amplitud del cuerpo electoral, de la pureza de las elecciones, del método de trabajo en las Cámaras, de su papel y el de la Corona o Presidencia de la República en la gobernación, de las influencias sociales que en cada partido prevalecen, del medio en que éstos se reclutan, del intento a que se constituyen, propaganda, revolución, ejercicio del Poder dentro de la legalidad.

Según que las regiones, provincias, municipios, corporaciones territoriales o profesionales investidas de funciones públicas sean más o menos dependientes del Estado, y según que una sección o círculo del Poder influya más o menos en la formación o vida de las otras, así los partidos propenden a tener más o menos carácter nacional, es decir, a ser comunidades para la asunción del mando y la aplicación de un programa en el área entera de la Nación, en el conjunto de las magistraturas y colegios donde la autoridad se ejerce. Un partido nacional luchará por el gobierno, por la mayoría en las Cámaras, por el predominio en las asambleas provinciales y municipales, por el influjo doquiera directa o indirectamente quepa hacer apolítica*; estará, pues, necesitado de ofrecer solución para los problemas que en esa variedad de cuerpos se plantean. Si la potestad legislativa y administrativa se desarticula, ya geográfica, ya técnicamente, lo general es que los partidos se desarticulen también; las colectividades para la conquista del mando se moverán en radio más limitado: el ayuntamiento, la provincia, la región, el Estado miembro del Estado federal, la actuación en una sola de las Cámaras etc. Sin perjuicio, claro está, de la relación entre los partidos de una zona territorial o profesional y los similares de otras zonas o círculos. En último resultado, la organización o mecanismo interior y los límites de la actividad de los partidos se ajustan en cada país a la estructura de los poderes públicos y al grado de imparcialidad que la ley y la conciencia pública les imponen.

El señor Moreno Recio entra, con respecto a los partidos de algunos Estados, en el análisis de fases aisladas de semejante cuestión; no la plantea sistemáticamente, sin duda por dos motivos principales: temor a quitar a este libro su carácter de ojeada de conjunto; falta de fuentes bastantes, asequibles en este momento, ya que las cuestiones del modo de ser y funcionamiento de los partidos, sus juntas, sus comités, congresos, secretarias, asociaciones, oficinas electorales, etc. no se estiman de ordinario, suficientemente interesantes y son pocos los trabajos en el género de «La Democracia y la organización de los partidos políticos» de Ostrogorski, sobre los que tendría que basarse un estudio cual el presente.

El contenido de la obra del señor Moreno Recio es, pues, la acción histórica de los partidos europeos (salvo los españoles, de que prescinde por estimarlos suficientemente conocidos de su público). En cada capítulo da, ante todo, una idea general de la Constitución política[1] del país correspondiente, referida al momento de la instauración del régimen que era vigente en agosto de 1914, enumerando después las sucesivas y más importantes modificaciones constitucionales dentro de un orden

---

[1] «Constituciones, gobierno representativo y partidos políticos son términos indisolublemente unidos... En la práctica observamos, que el origen de los partidos políticos organizados coincide en cada país con el establecimiento de un régimen parlamentario»—M. Hillquit.—Socialism in theory and pratice. New-York. 191 o pág. 148.

«Los partidos son propios y basta se justifican en el régimen constitucional moderno, dice A. Posada, página 493... Hasta hoy, al menos, el Gobierno en los Estados constitucionales no se ha sabido organizar sino por y mediante los partidos, ocurriendo el fenómeno interesantísimo de que lo mismo el régimen parlamentario (Inglaterra y Bélgica, por ejemplo) que el simplemente constitucional o representativo (Estados Unidos verbigracia) han logrado la vida más próspera cuanto más definidos y organizados han aparecido los partidos (página 496)... porque son medios indispensables del Estado Constitucional hasta el punto de que una exposición de éste, entraña una teoría de los partidos políticos.» (páginas 497-498). A. Posada.—Tratado de Derecho político. II Madrid—1893.

cronológico y a la par de la evolución de los partidos. Sigue luego, en los países principales, una ojeada de conjunto acerca de aquellos, sus orígenes, principales divisiones, fisonomía, puntos más importantes de sus programas, y datos, en fin, que contribuyen a que se forme concepto acerca de ellos como factores del estudio que se persigue. Y, por último, entrando de lleno en el asunto, se expone, siempre de acuerdo con un carácter de generalidad, la vida de esos partidos, sus contiendas y las manifestaciones y modalidades de sus respectivos criterios y temperamentos. La materia era demasiado vasta para que, teniendo que tratarla en un espacio reducido, fuera posible conceder lugar al detalle. La finalidad a que este volumen responde, es decir, dar a conocer, en una exposición rápida, sucinta, clara y sistemática, las características principales de los partidos políticos europeos, no permite sino tratar el asunto en sus rasgos más esenciales y salientes. Porque este trabajo está dedicado principalmente, a los que, por no consagrar su actividad a tales estudios, desconocen los factores de la política interior extranjera o tienen de ellos noticias erróneas o confusas.

Desfilan así, ante el lector, derechas, centro e izquierdas, tradicionalistas o legitimistas, conservadores, liberales, reformistas, progresistas, radicales, trabajistas, social-demócratas, socialistas etc., etiquetas cuyo significado varía, no pocas veces, de país a país.

Diferente, en efecto, es a menudo el carácter y resultado de la obra que en Naciones distintas realizan partidos de igual denominación y, fundamentalmente, de análoga orientación. Aquí resisten, allí transigen, más lejos impulsan; lo que en un Estado piden en otro lo rechazan, según circunstancias infinitamente mudables, como la idiosincrasia de los directores y de las multitudes, los influjos sociales, las condiciones económicas, los ideales de política exterior, etc. etc.

A través de las variedades de procedimiento y actitud de los partidos similares, en los diversos Países, y a través de la formación, sucesión en el Poder, destrucción etc. de los partidos varios en un mismo país, se ve a los pueblos de Europa, en el libro del señor Moreno Recio, caminar todos en un rumbo hasta 1914. La forma monárquica de gobierno conservaba el predominio pero, en los Estados donde fue autocrática hasta los comienzos del siglo XX, la realeza hubo de admitir límites legales a sus poderes y compartir éstos con Cámaras elegidas por el pueblo; en todas partes, la acción de los reyes se redujo a ser simplemente persuasiva y tuvo que ejercerse sobre los Gobiernos y no directamente sobre los órganos de la administración y mucho menos sobre el común de los súbditos y necesitó atenerse a los deseos de las asambleas legislativas en la elección de los Ministros; transformación que ha dejado, sin embargo, a la Corona amplio margen para servir eficazmente a los pueblos y para conservar sus títulos a la preferencia general.

Esas asambleas en las que residía, cada vez más, el Poder supremo, se hicieron, en Naciones donde antes no lo eran, representación de la masa general de los habitantes de edad competente; incluso las mujeres comenzaron a participar en el derecho de voto. Y entre los varones desapareció casi por entero el requisito de la posesión de un mínimum de fortuna para el electorado o la elegibilidad. En las Naciones en que el sufragio universal se combinaba con algún sistema de atribución de mayor peso en la función legislativa a las clases acomodadas, a la aristocracia de la sangre, a los elementos adictos a la Corona o a los partidos de larga dominación, es decir, en las Naciones en que existía el voto plural para la Cámara baja (Bélgica) o una Cámara Alta, representativa de aquellas clases y elementos (Senados; algunos con parte vitalicia o hereditaria), la lucha se proseguía en 1914, bien para que cada ciudadano solo tuviera un voto, cualesquiera que fuesen su caudal, cultura y condición de familia; bien para que el cuerpo colegislador, representación ~de los privilegiados, desapareciera o se transformase; bien para que, subsistiendo invariable, su voluntad hubiera de doblarse ante la del Cuerpo genuinamente popular.

El esfuerzo de las clases menos favorecidas por la fortuna para conseguir, mediante la reforma electoral, el predominio dimanante de ser las más numerosas, tendía, naturalmente, a transformar, después, la legislación general en sentido favorable a sus intereses; la burguesía liberal trabajó, sin embargo, do quiera por la democratización del sufragio, que, en último resultado, no a ella, sino a los trabajadores manuales principalmente beneficiaría. El acceso del socialismo a los Parlamentos, factor en unos Estados y consecuencia en otros de la reforma aludida, constituye una de las características más salientes de la historia que el señor Moreno Recio refiere. En llegando el 'socialismo en algún país a ser una fuerza parlamentaria considerable, se planteaba, en su seno y en el de los otros partidos, la cuestión de si debía participar en el Gobierno sin exigir la previa reconstrucción de la Sociedad sobre el tipo colectivista, por ejemplo; en otras palabras, de si hay un terreno en que socialistas y no socialistas pueden encontrarse para colaborar en común.

El terreno era el del amparo y protección de las clases humildes, sin prejuicio sobre el lugar que en el Estado del futuro quedaría a los principios esenciales de la sociedad, actual. A esa obra se pusieron, puede decirse, todos los partidos y todos los países de Europa; con más calor, por cierto, en ocasiones, los conservadores que los liberales burgueses. Las relaciones entre patronos y obreros empezaron a quedar excluidas del juego de la libre contratación y sujetas a normas legales e intervenciones administrativas. Algunos Estados tomaron, en parte sobre si, y en parte hicieron pesar sobre los patronos la subsistencia de los obreros ancianos, o parados forzosamente, o enfermos, etc.

Recabó el Estado con más ahínco que antes, el atributo de organizar la enseñanza; mostrando inclinación a retirárselo a las iniciativas individuales.

Dióse también, con pasión, a fomentar la riqueza, con muy varios fines y fundamentos: aliento a industrias que, aun cuando sin base natural de primeras materias en el país, existían allí tradicionalmente y que, al perecer, arrastrarían pérdidas de capitales y jornales; creación de fabricaciones de artículos que, siendo de primera necesidad para la vida de los ciudadanos o para la defensa del territorio colocarían, con su falta, en un momento dado, a la Nación en grave dificultad, obligándola a sacrificios y concesiones para con los Estados extranjeros productores; utilización de las primeras materias o de fuerzas naturales, como la hulla blanca. Los medios eran variadísimos, aperturas de vías de comunicación, desgravaciones tributarias, primas, anticipos, garantías de interés, concesiones administrativas de terrenos, de aprovechamientos de agua, etc., y, sobre todo, por su carácter de generalidad* el arancel de Aduanas, instrumento para reservar el mercado interior a la producción nacional. El socialismo y radicalismo, habitualmente, se ponían del lado del librecambio, no obstante que a menudo la producción representase la conservación de los medios de vida de una parte de la clase obrera. Pero lo que más distintamente se aparecía a esos partidos era que el capitalismo resultaba favorecido y el coste de la vida elevado.

La necesidad de ingresos para sufragar los gastos de los nuevos cometidos del Estado y el crecido coste de los armamentos militares y marítimos y de las expediciones coloniales, trajo consigo, —primero bajo el apremio de radicales, y socialistas y luego, por un consenso si no general muy generalizado, —el abandono de los antiguos principios de la proporcionalidad tributaria. El impuesto progresivo; la especialidad de gravámenes sobre los medios de fortuna de cierta importancia; la desgravación completa de los recursos inferiores a un mínimo, no eran novedades, pero, si, tomaron vuelo nuevo. De manera que el Estado, cargándose por un lado de deberes y dispendios en favor de unas clases; exigiendo con preferencia los recursos a otras, asumió abiertamente, aunque con modestia todavía, en 1914, el papel de nivelador de las posiciones sociales.

En la política internacional, militar y colonial, los partidos de la izquierda solían ser pacifistas, adversarios del aumento de los presupuestos de guerra y marina, contrarios al imperialismo, opuestos al empleo de la fuerza para reducir a vida civil a los pueblos inferiores. El socialismo se hacia la ilusión de evitar, mediante el concierto del proletariado universal, las guerras, solo beneficiosas, en general, al capitalismo; los elementos extremos, en determinados Países, amenazaban con que el ejército se revolvería contra sus Jefes si se trataba de conducirlo a hostilidades contra otro ejército del mismo nivel de cultura. No había, sin embargo, esas propagandas disipado, ni mucho menos, el patriotismo ambiente; al contrario, este sentimiento se hallaba exaltado en todas partes; cada mueblo, no solo se aprestaba a la defensa de su independencia política, sino que investigaba y se esforzaba en amar y en renovar sus peculiaridades literarias, morales, artísticas, incluso sociales, de otros tiempos y en reservar m sus súbditos y capitales la explotación de las riquezas del territorio. El nacionalismo florecía y, en los Estados donde faltaba la homogeneidad de la población, el efecto era estimular la tendencia de regiones y provincias a la separación e independencia; la reivindicación nacionalista (Irlanda, Islandia. Polonia, Eslavos de Austria y de Hungría, Armenios, Flamenquizantes de Bélgica) era el lema de partidos especiales.

El estallido de la guerra modificó la política interior en los países beligerantes; para la pugna con el enemigo las voluntades se aunaron; y la angustia del desenlace absorbió las preocupaciones. Ahora, en los vencidos, el ciclón ha desgajado, derruido, arrancado todo lo político; ¿qué podrá quedar de los antiguos partidos donde los tronos, las formas parlamentarias, la unidad nacional, los asientos del capitalismo, se han deshecho o están amenazados? Es imposible todavía prever qué partidos nuevos surgirán, cuando la violencia dominante deje a los hombres libertad para intentar la reorganización del Estado, según el arbitrio de los más, regularmente manifestado. En los vencedores, los indicios son asimismo de hondas mudanzas. El espíritu es nuevo; nuevas las situaciones; nuevo y trascendentalismos los problemas; nuevos muchos de los factores llamados a resolverlos. Pero todavía, y mientras la paz no se restablezca, la colaboración entre los contrarios perdura, y las condiciones de» aquella son la principal preocupación. En los neutrales, la forma y el fondo ante *bellum* se conservan más completamente; pero hay en los ánimos una suspensión, una expectativa; la repercusión del ejemplo de la reforma de las instituciones políticas y sociales en las Naciones beligerantes; el influjo que sobre la marcha de los asuntos interiores poseerá el futuro régimen de las relaciones internacionales.

Con motivo, pues, al final de las páginas del señor Moreno Recio, el lector se preguntará qué parte de las fuerzas, anhelos y organizaciones que describe, conservará valor real en un futuro muy próximo. Aun si fuera muy pequeña; aun si la tradición política, en muchos países, se interrumpiera y surgiesen y dominasen elementos nuevos, este libro conservará su interés, nacido de reflejar la vida de una época y la madurez de un sistema.

Manuel González Hontoria
10-XII-1918

INGLATERRA

«La Constitución inglesa no existe», decía Tocqueville. En efecto, carece Inglaterra de un Código político que contenga sistematizados en un texto los principios incluidos en las Constituciones, relativos a la organización de los poderes del Estado y las bases del derecho público. Boutmy señala cuatro fuentes de derecho constitucional en Inglaterra: I. Tratados (Acta de Unión con Escocia 1707 – y Acta de Unión con Irlanda – 1800) Cuasi tratados (documentos sobre los regímenes de la India inglesa, Canadá, Australia etc.); 2.º Derecho consuetudinario – Common Law; 3.0 Pactos (Carta Magna – 1215 – ; Bill de derechos – 1688 y Acta de establecimiento – 1701 – ;) y 4.º Estatutos o leyes, que son «actos votados por las dos Cámaras regularmente constituidas, y sancionados libremente por la Corona.» Se citan entre ellos, los Estatutos de: Tallagio non concedendo – 1297 – la petición de derechos – 1628, – el Acta Habeos Corpus – 1679; las actas sobre las relaciones entre la Iglesia y el Estado, y las relativas a la reforma electoral – 1832 – 1867 – 1884. Estas fuentes condicionan la existencia de un régimen político en el cual el Poder legislativo corresponde al Parlamento, que se reúne todos los años y comprende dos Cámaras: Cámara Alta o de los Pares (House of Peers)y Cámara Baja o de los Comunes(House of Commons). La primera de carácter aristocrático; la segunda elegida por 5 años mediante un sistema censitario. El Poder ejecutivo pertenece nomina/mente a la Corona, pero de hecho al Consejo de ministros, responsables ante el Parlamento, cuya permanencia en el Poder está subordinada a la mayoría parlamentaria de que disponga.

No existe en Inglaterra un Código político que permita, como punto de partida, estudiar la evolución de las agrupaciones políticas inglesas en vista de las posiciones que adopten en torno do aquel. Puede estimarse, sin embargo, como termino inicial en esa labor, el reinado de Victoria – 1837. – Difícil sería encontrar antes de esa fecha en las colectividades políticas inglesas los caracteres de verdaderos partidos, ya que «Caballeros» – *Cavaliers* – y «Testas Redondas» – *Round Heads;* «*tories y whigs*», no llegaron a formar partidos políticos dignos de ese nombre. La razón es que les faltaba ambiente en que pudieran prosperar. La «political reconstruction», parte integrante de la evolución general que atravesaba Inglaterra en los comienzos del siglo XIX avanza considerablemente con la reforma electoral de 1832; se precisan entonces las organizaciones políticas[1] estimuladas por la actividad que aquella reforma supone; los nuevos elementos que surgen a la vida pública determinan una orientación más definida en las antiguas oligarquías; desaparecen en parte las ambigüedades y los equívocos de los respectivos programas y el régimen parlamentario que venía mostrándose como algo accidental y pasajero, se instituye y consagra como sistema de Gobierno en los comienzos de aquella era. La supremacía repartida hasta entonces en antiguos y diversos factores políticos, concéntrase en los partidos; los clásicos *tories* y *whigs* ceden sus puestos a *conservadores* y *liberales* y la «balanza entre los partidos», queda establecida.

Los nuevos nombres adoptados por las colectividades políticas encerraban algo más trascendente que un simple cambio de denominaciones. Su estructura sufrió modificaciones esenciales, porque la reforma electoral de 1832 cambió la fisonomía de los partidos históricos. Hasta aquella fecha, *tories* y *whigs*, aparte leves diferencias políticas en su condición común de oligarquías, no estaban separados por puntos esenciales de valor definitivo. Los *whigs*, a pesar de sus aspiraciones a un régimen parlamentario, tenían un temperamento tan conservador como los *tories*, defensores de la supremacía de la Corona sobre el Parlamento. La reforma electoral aportó un nuevo factor político: el liberalismo progresivo de la burguesía. No podían mantenerse desde entonces la imprecisión de líneas, la vaguedad de afirmaciones, la confusión de conceptos en los partidos históricos. Sujetos a las nuevas condiciones creadas por el reciente sistema político, los partidos, en el trabajo de adaptación, deponen sus prejuicios y ganan una flexibilidad que, combinada con las sucesivas reforma» electorales, se tradujo en orientaciones democráticas.

---

[1] V. sobre la organización de los partidos ingeses: Osttogorsky: La democratie et l'organisation des partís politiques París 1903. I. y L. Lowell: Le Gouvernement de l'Angleterre. París, 1910.

Los *whigs* aristócratas junto a los burgueses liberales, que eran dos factores antagónicos, germen de divergencias, constituyeron por yuxtaposición el *partido liberal*, que muy pronto se deshizo de sus elementos *whigs*, aristócratas moderados, al paso que su izquierda se nutría de factores radicales, representantes obreros y el antiguo consorcio inestable de *whigs* y *liberales* se convierte luego en coalición de *liberales* y *radicales*. Los *tories*, al mismo tiempo, abdican de sus intransigencias partidistas. Ya en los días cercanos a la transformación política algunos elementos—Peel-Canning—introdujeron en el temperamento *tory*, rígido y sistemáticamente apegado a la tradición, un criterio dúctil y progresivo que se plegaba, flexible, a las circunstancias creadas por la vida misma; y el freno político teóricamente atribuido al partido conservador no se ejerció en adelante de modo sistemático, irracional y duro; dijérase que aceptaba ese cometido más por justificar su función doctrinal que como afirmación de su personalidad.

Después, bajo los auspicios de su jefe Disraeli, inscribió en su programa el «torismo democrático» como una tentativa de atraerse el elemento proletario cuyas reivindicaciones trataba de acoger. Resistíase, sin embargo, a concederle ingreso allí. Lo mismo que los progresistas alemanes, esforzóse en mantener apartados a los obreros en un rango secundario, en calidad de instrumento, base resistente en que apoyar con solidez un programa. Las filas parlamentarias del partido les fueron, pues, cerradas y el carácter de éste siguió, no obstante, francamente democrático.

La cuestión de Irlanda significa una etapa en la marcha progresiva de los partidos históricos. El proyecto de *Home-Rule* patrocinado por Gladstone, introduce la confusión en aquellos. Los radicales de Chamberlain llevan a la *coalición unionista* un temperamento radical que conmueve las ideas conservadoras y, al mismo tiempo, el *Home-Rule*, exacerba los sentimientos imperialistas. El Imperialismo constituye el eje de un sistema adoptado por los unionistas y en relación íntima con la esencia del partido. El fondo de aquel está constituido por la necesidad de mantener fuertemente los lazos políticos y económicos del Imperio; sus manifestaciones son: en sentido negativo, oposición al *Home-Rule*; en sentido positivo la alianza aduanera

(Zollverein), y como medio de llegar a ella el proteccionismo (Tariff Reform); garantía del conjunto, la defensa material de todo ese engranaje concretada en el aumento de la flota; tipo representativo del sistema fue Chamberlain. Los *unionistas* refuerzan de esta suerte la tradición conservadora intervencionista y proteccionista y aquel núcleo de conceptos dijérase monopolio sujeto, a su defensa y custodia. Los liberales, librecambistas de abolengo, afirman por su parte su credo económico, y aun cuando *Little Englanders*, de un pacifismo relativo, siguieron siempre las ideas imperialistas, si bies ostentadas en su más enérgica expresión por los conservadores.

La aparición de *Labour Party* es el último jalón, dentro de este estudio, en la evolución de los partidos. El espíritu democrático y las afirmaciones radicales de los obreros deshacen las sutilezas progresistas de los dos grandes partidos. El «torismo democrático» resulta ya anticuado y moderado; los liberales se apartan de sus concepciones individualistas, contraproducentes en un régimen de organizaciones, y son abandonados por sus miembros obreros—*Labour's Members*;—y aun el *Labour Party* tiene que luchar contra un espíritu revolucionario que aparece como expresión radical de las agrupaciones socialistas, para contener un movimiento centrífugo que se inicia eh sus filas. La masa obrera experimenta las consecuencias de este impulso general hacia adelante y los partidos, si quieren conservar adictos, han de adoptar posiciones radicales que atraigan a los descontentos y conserven n los indecisos. La vida política inglesa se resiente de esta conmoción intensa donde parece hundirse una tradición.

La antigua coalición de liberales y radicales es ahora alianza de obreros, irlandeses y no conformistas, y la política del partido liberal queda explicada por ese mismo hecho: reformas sociales y económicas con sentido radical avanzado; autonomía de Irlanda—*Home Rule*—y modificaciones en la situación privilegiada de la iglesia anglicana. El partido conservador, fiel al imperialismo de Chamberlain, es, en los últimos tiempos, proteccionista—*Tariff Reform*—hostil al *Home Rule* y partidario de la defensa imperial.

Los partidos ingleses no representan intereses de clase, son partidos esencialmente políticos, factores integrantes de un sistema parlamentario de tipo único, inglés[1], que en vano se ha pretendido trasplantar al continente. Son partidos de gobierno que alternan según un «sistema de balanza» en el Poder y en la oposición, en la «muy fiel oposición de S. M.» Su cualidad predominantemente política deja margen para un inevitable y humano espíritu ele clase, que no desentona, sin embargo, en su característica política y que no aparece sino en cuanto se ve atacado, y en la misma medida de reacción, por la actuación de los contrarios. La política radical y demagógica de Lloyd George con el presupuesto de 1909-10, llevó a su máxima expresión el espíritu defensivo de intereses por parte del partido conservador. El partido irlandés y el *Labour Party*, ambos de clase, interrumpieron la tradición del carácter, predominantemente político, de los partidos históricos y acaso estimulados por sus excitaciones—valiosas en cuanto se hacía preciso halagarles para mantener la alianza—los liberales se empeñaron en una contienda que atacaba de modo directo los intereses materiales de los conservadores. La aparición de los partidos irlandés y *laborista* no entorpeció el mecanismo de la balanza entre los partidos. Aliados ambos al liberal, la situación, que parecía complicada por el hecho de surgir nuevos factores, quedó resuelta en sentido de la permanencia de dos partidos que se disputan el Poder: conservador y liberal, coalición, éste, de liberales-irlandeses y *Labour Party*.

La masa del país no está ligada a los partidos por el interés material que absorbe diferencias de índole política; partidos políticos de *opinión*, no registran sino la aprobación o censura políticas a la actuación de esta naturaleza, fenómeno que puede mostrarse eficazmente, debido a la ausencia de las impurezas e inmoralidades electorales que en la mayoría de los países del continente pueden prosperar amparadas por un centralismo que no existe en Inglaterra. La escasa representación del espíritu de clase en los partidos; la preponderancia en ellos del carácter político; la sinceridad en la emisión y en el registro del sufragio,

---

[1] L. Lovell. Le Gouvernement de l'Angleterre I págs. 538. y sigtes. y P. Fahlbeck.. La Constitution suedoise et le parlamentarisme moderne. París 1905— págs. 139 y sigtes.

determinan una flexibilidad en la vida política inglesa que se refleja inmediatamente en los partidos. Una masa flotante, movible —*the man in the street*— es la que en sus fluctuaciones decide en último término, la que sanciona triunfos y derrotas de los partidos. Y la misma ductilidad de criterio que se observa en el cuerpo electoral ofrécese en aquellos. Lejos de la rigidez de los alemanes, los partidos ingleses, haciendo honor al empirismo, predicado esencial en el temperamento inglés, han ajustado sus programas a la realidad que las circunstancias, en toda su complejidad, han ido elaborando. A ella han acoplado sus reivindicaciones y ella ha condicionado sus ideales; y en esta labor de adaptación instintiva a un ambiente que el tiempo hacía más radical, se democratizaron. Así, el liberalismo conservador de los *whigs* fue liberalismo propiamente dicho después de la reforma de 1832, y del radicalismo a que llegó luego, pasó en los últimos tiempos a bordear las teorías socialistas. El partido conservador tampoco se mantuvo dogmáticamente aferrado a su papel de contención y freno de las tendencias, progresivas de los liberales. No solo no fue hostil a toda reforma, sino que llevó a cabo la electoral de 1867, tan radical para aquellos tiempos, que se estima como el comienzo de la era democrática en Inglaterra; el «torismo democrático», de Disraeli se calificó de «socialismo conservador», y el mismo partido llegó a preconizar en época muy cercana el *referéndum* como medio de solucionar ciertas cuestiones. De esta suerte, el partido conservador, no solo llevó a cabo reformas incluidas en el programa liberal, sino que le sobrepasó en sus ofrecimientos democráticos. Los jefes de partido influyeron poderosamente en estas evoluciones. Peel se apartó de las intransigencias proteccionistas *tories* y enunció el principio en que descansa el sistema parlamentario, aspiración de los *whigs*; Gladstone[1] *peelita*, liberal después, llegó a conclusiones radicales; J.

---

[1] «Según la práctica, los principios y la letra de la Constitución, un gobierno no debe persistir en la dirección de los negocios públicos después de un ensayo leal contra la opinión francamente decidida de la Cámara de los Comunes, aun cuando posea... la confianza del Soberano y una mayoría en la Cámara de los Lores» cit. por Seignobos, Histoire polítique de l'Europe contemporaine. París 1940, pág. 40.

Chamberlain[1], inspirador del *nuevo radicalismo*, pasó al campo conservador en la coalición unionista; W. Churchill, Lord Rosebery etc. son otros tantos ejemplos de esa movilidad política general, de esa adaptación empírica de los ideales políticos a los problemas planteados por la realidad. Es que la línea divisoria entre los dos partidos históricos no ha llegado a constituir valladar infranqueable; que persiste cierta confusión o comunidad de ideas entre ellos; que no les separan problemas o concepciones fundamentales. Por eso, lo que se ha dicho del conservatismo inglés, «que tiene el privilegio de estar en perpetua transformación sin cambiar jamás»[2], puede también en rigor, aplicarse al partido liberal. Porque no obstante esos puntos de contacto y a pesar de la evolución de ambos partidos hay en ellos algo diferencial y de esencia que perdura: el partido conservador: paladín del Trono y de la iglesia anglicana con sus privilegios, sobre todo en materia de enseñanza; defensor de los intereses de los grandes propietarios rurales e imperialista; el partido liberal, con su antigua divisa *peace-retrenchment-reform*, aunque en parte falseada, es el defensor titulado del no conformismo, hostil a los privilegios del clero anglicano y de la nobleza, y pacifista[3].

I

---

[1] Chamberlain estimaba «un deber para el político, cuando las circunstancias cambian, modificar también sus opinines».—J. Bardoux.—Silhouettes d'Outre Manche. París—1909. —págs. 193 a 196—; y se manifestó favorable a los *partidos circunstanciales*, preconizados en España por el señor Vázquez de Mella, cuando decía: «No soy un whig, ni, ciertamente, un tory sino un radical... y creo que un partido es la unión *más o menos temporal* de gentes que se proponen alcanzar un fin importante y común.» cit. por V. Berard. L'Angleterre et l'Imperialisme. París 1911, pág. 32.

[2] L. Cazamian. L'Angleterre moderne. - París 191, pág. 242.

[3] Estos puntos de vista están en relación con las fuerzas integrantes de ambos partidos: el conservador tiene los títulos de nobleza, la riqueza, el clero anglicano. El liberal: parte de la aristocracia, profesiones liberales, industria y comercio, clase media, obreros y clero disidente. Geográficamente, aun cuando no está delimitada, de modo preciso la respectiva esfera de influencia, puede decirse que, en sentido muy general, los conservadores cuentan con el S. E. de Inglaterra y los liberales con el N. O. V. L. Lowell. Le gouvernement de l'Angleterre II págs. 152 y 153.

El partido *Whig* después de la reforma electoral —1832— y de las llevadas a cabo en la administración carecía en realidad de programa. En su actuación política gastó sus reservas de iniciativas, de energías y de vitalidad; no tuvo, además, jefes cuya autoridad y dirección hubieran podido remediar la crisis y en esta postración entraba, sin prestigio y sin fuerza, en el nuevo régimen. Hubiera sido posible, no obstante, conjurar ese derrumbamiento del partido merced a los elementos incorporados al mismo por la reforma electoral; pero el espíritu *whig*, aristocrático e inflexible, en nombre de un ideal de casta, restrictivo y mezquino se opuso a convivir con la burguesía industrial que habría podido vivificar el organismo decrépito y exhausto. El partido liberal apareció, así, como un conglomerado de fuerzas desacordes y solo yuxtapuestas; el germen latente de disolución que se incubaba dentro de la nueva colectividad política era un defecto de origen de indudable trascendencia que solo pudiera ser vencido con la fusión de los dos, factores componentes. El partido conservador, por el contrario, formaba un todo homogéneo, fuerte y unido, rico en elementos de valía, bajo la acertada dirección de un hombre prestigioso, de espíritu progresivo: Sir Robert Peel.

Inglaterra, en una crisis de transición política, económica y social, atravesaba momentos difíciles cuyas consecuencias no pudieron conjurar los *whigs*. Las agitaciones de *cartistas*[1] e irlandeses y la general petición de medidas inaplazables, enérgicas y salvadoras, reclamaban una gestión política que los liberales, en su declinación, eran incapaces de realizar y la nación entera, salvando los obstáculos levantados por la *camarilla — the bed-chamber question,* — impuso el gobierno de Peel —1841—. Los problemas planteados, complejos y de difícil solución, ofrecían ante los conservadores perspectivas nada halagüeñas ya que habían de afrontar el arreglo de algo esencial, de la llamada «condición de Inglaterra» —*the condition of England question*— resumen de todo el profundo desquiciamiento interior. No obstante, y hábilmente, supieron

---

[1] Ver más adelante en el mismo capítulo

remediar los fracasos financieros de los *whigs* y sortear las dificultades creadas por la agitación *cartista* y las peticiones irlandesas.

Como una concreción del malestar general y expresión de reivindicaciones económicas, habíase formado un partido de libre cambistas—*free traders*— constituido en una Asociación que comenzó por combatir los derechos de importación sobre los cereales.— *Anti-Corn Law League*—bajo la dirección de Cobden y de Bright. Los conservadores, proteccionistas, no podían acceder a esas demandas. El «leader», sin embargo, no se mostraba tan sistemáticamente apegado al espíritu tradicional partidista e intransigente. Peel había llevado con Canning un criterio progresivo al partido tory, que no compaginaba con el temperamento rígido del programa, manifestado ya con motivo de la emancipación política de los católicos—1829—. Ahora, las paulatinas concesiones a la *Liga* por parte de Peel, auguraban una nueva escisión en el partido, de más trascendencia e intensidad que la operada en aquella fecha. La política económica de Peel le enajenaba, así, la adhesión de los tories, grandes propietarios rurales, en la misma medida que su popularidad arraigaba en el país. El «leader» conservador se amoldó a las circunstancias para gobernar y esas circunstancias imponían una política acorde con las peticiones librecambistas de la Liga, expresión a su vez de una aspiración general. No encajaba el criterio dúctil, verdaderamente político, de Peel en el temperamento tory aferrado el proteccionismo, y los recelos del partido ante la gestión del jefe, manifestados por Stanley, tenían todo el significado de un comienzo de escisión. No se arredró Peel ante la ruptura que se anunciaba, y la visión de Irlanda famélica, la muerte de «un pueblo del siglo XIX sobre el que caía un hambre propia del siglo XIII»— *the Great Irish Famine*—le decidió en sus últimas vacilaciones; en nombre de un principio humanitario cedió a las peticiones de la Liga y los derechos sobre los cereales quedaron abolidos—1846.

—Consecuencia inmediata, ya prevista, fue la disolución del partido conservador. Una escogida y prestigiosa minoría— *peelitas*— siguió a Peel en su nueva ruta; el grueso del partido, masa acéfala con solo el valor numérico, unida lentamente por B. Disraeli, que tomó como figura decorativa a Lord G. Bentinck «más entendido en cuestiones de caballos que de políticos»[1], constituyó el partido conservador depositario de la tradición proteccionista tory.

El partido fuerte y vigoroso terminó de esta suerte su época de grandeza y su ruptura se reflejó de modo más o menos directo y poderoso en el estado a que vinieron a parar los partidos. Las colectividades políticas entran entonces en un período de disgregación. La unidad y la potencia del partido conservador durante la jefatura de Peel fue, en realidad, la única razón de que el partido liberal diese tregua a sus profundas divisiones. El instinto de conservación les sometió a la necesidad de mantenerse en una amalgama homogénea en apariencia, en realidad deleznable y falsa. Deshecho el baluarte que indirectamente provocó la solidez ficticia, el partido liberal no pudo continuar en aquella situación insostenible y aparece manifiesto su verdadero y lamentable estado. Habíase formado por unión de los *whigs*, de temperamento político rayano en el conservatismo, con los burgueses liberales que traían un programa liberal, y al encontrarse los criterios antagónicos sufrieron el impulso violento de reacción entre fuerzas contrarias. Los radicalismos de los burgueses determinaron un retroceso en los *whigs* que tendían al torismo, en tanto que aquellos, acentuaban su espíritu radical frente a la tibieza de sus aristócratas aliados. Aparte este vicio de origen, una crisis más circunstancial y concreta, la rivalidad entre Russell y Palmerston, y la discrepancia de Lord Grey con la presunta política exterior del inquieto ministro de Negocios, nada pacífica a juzgar por sus antecedentes, llevó también la discordia a las esferas directoras del partido liberal.

Un fenómeno general ponía digno remate a la crisis que atravesaban los partidos. El individualismo, infiltrándose en la política, afectó seriamente a esas colectividades. La disciplina, sumisión voluntaria y libre, se relajó ante la soberbia exaltación de la personalidad individual y con ello, desaparecía el resorte y la base de cohesión y de unidad de los partidos. El valor exagerado concedido al individuo en detrimento de la

---

[1] —G. S. Veitch—Empire and democracy, pág. 25.

colectividad, no le permitía, sin abdicar de una independencia que se rodeaba de una aureola de plena eficacia, sujetarse a las normas racionales y legítimas de un partido, ni a la dirección de los jefes consagrados. Libres, pues, de todo compromiso de esta naturaleza, la adhesión parlamentaria no existía porque su antecedente, la filiación política, habíase perdido. Los partidos entonces desaparecen porque la soberanía del individuo, así entendida, no se compagina con una sujeción que se estima atentatoria a las prerrogativas individuales. En lugar de partidos políticos surgen fracciones informes, de constitución variable, de contornos elásticos, movibles y borrosos. La posición momentánea y fugaz es el único criterio para calificar políticamente a los diputados. Lothar Bucher lo expresó de modo gráfico cuando decía: «un *whig* es el que desciende de la abuela de John Russell; un *tory* es el que se mantiene detrás de Disraeli» y acorde con él, Graham afirmaba en 1856 que nadie en la Cámara, Gladstone, Disraeli ni Palmerston, contaba con diez partidarios[1].

Desorganizado el partido liberal, aislados y en situación transitoria los *peelitas*, débil el partido conservador, al que su proteccionismo divorció de la opinión, la vida parlamentaria, elaborada por factores tan débiles, languidecía en un ambiente de esterilidad incompatible con la actividad que el país reclamaba. Los gobiernos eran, por las mismas causas, inestables; sin fuertes apoyos en el Parlamento, viéronse obligados a procurarse mayorías heterogéneas, de aluvión, o condicionar su vida a la benevolencia interesada de los adversarios. La clásica teoría de la balanza entre los partidos sufrió por un momento en su integridad. La oposición gobernaba de hecho, aunque indirectamente. No de otra suerte, y con tal mecanismo, se mantuvieron los conservadores en el Poder—2.° Ministerio Derby-Disraeli.—1858-59. Había el partido rechazado el ingreso de los judíos en el Parlamento— cuestión suscitada en 1847 con motivo de la elección de un Rostchild—y ahora, en ese, como en otros extremos, hubieron de ceder, ante la necesidad suprema y vital de mantenerse en el

---

[1] Ostrogonky.—La democratie et l'organisation des partis politiques.—París 1903.-I.-pág. 51.

Poder, a las imposiciones de los liberales. El partido liberal ahondaba sus diferencias con la discordia entre dos fracciones que reclamaban la jefatura de Palmerston y de Russell respectivamente. Ningún beneficio obtuvo con la incorporación de los valiosos elementos que en otro tiempo acaudillara Peel. Sometidos, los liberales, a la general e intensa influencia disolvente claudicaron en el Gobierno, como los conservadores, sujetándose a las mismas condiciones de existencia precaria bajo la tutela de los contrarios.

Se operaba en él, sin embargo, una labor de selección instintiva que se tradujo en una relativa homogeneidad. Los whigs, siguiendo el camino ya emprendido de retroceso, recelosos y alarmados ante el liberalismo burgués, que apartó la reforma de 1832, cedieron su antigua posición de moderados a los burgueses liberales que habían sido sobrepasados, a su vez por el programa democrático radical preconizado par los obreros. El partido liberal perdía de tal suerte los elementos aristócratas *whigs* y se iniciaba como una coalición de fuerzas afines: liberales y radicales. Ganaba, pues, en uniformidad, y la solidaridad resultante entre factores análogos, determinaría luego su cohesión y, con ella, el vigor que necesitaba. En esas condiciones, el partido liberal no se resignaba a las claudicaciones que los jefes le imponían. Como representante de ese espíritu de rebeldía e independencia, apareció, afirmando rotundamente ideas liberales en su política financiera, un antiguo e ilustre tory fiel a Sir Robert Peel en su escisión, Ministro de Hacienda luego con los liberales y en franca evolución radical: William Gladstone.

Hacia la misma época—1865—aparecen tres factores de suma importancia en la vida de los partidos. Al mismo tiempo que muere Palmerston se plantea la cuestión de la reforma electoral y decrece visiblemente la crisis de individualismo que debilitó a las organizaciones políticas. Como consecuencia, los partidos entran en una época de reorganización. Reconocida la supremacía del interés colectivo sobre el personal, los partidos vuelven a sus cauces normales; la desaparición de Palmerston, popular y batallador, elimina un factor importante de discordia entre los liberales y, por último, la perspectiva de la reforma electoral agrupa las fuerzas dispersas de los partidos, deseosos de ganar los futuros próximos elementos que vendrían a la vida pública, savia nueva con que vigorizar sus respectivos cuadros.

Los liberales eran los paladines de la reforma y entre ellos la fracción radical, cuyo jefe J. Bright, el «belicoso cuáquero» era el más activo y enérgico propagandista[1]; pero la reforma propuesta por Gladstone, no obstante su moderación, fue estimada radical por algunos de ellos; un grupo de moderados, whigs aristócratas, en pugna con la política del partido, acaudillados por los exministros Horsman y Robert Lowe se unieron a los conservadores. La labor de selección y depuración continuaba, pues, en el partido liberal. Los conservadores —Ministerio Derby-Disraeli—1866-68—, sin fuerte mayoría, no contaban con más refuerzo que aquellos disidentes liberales calificados por Bright de *adulamitas*[2]. La reforma electoral se les presentó como principal problema, que se imponía no solo por el aumento de población sino ante las pretensiones obreras insistentemente formuladas, ya que era el medio de lograr la entrada en el Parlamento de diputados proletarios, única manera, a su vez, de conseguir reivindicaciones que habían fracasado con el empleo de procedimientos más ruidosos e ineficaces. El partido conservador se vio en el Poder con la obligación de solventar el problema al que los liberales habían dado un comienzo de solución, y guiado por Disraeli entró con este motivo en una orientación enteramente democrática que le puso en contradicción con los Lores conservadores, cuyo espíritu tory se escandalizó del criterio progresivo de sus correligionarios de los Comunes. El proyecto presentado por el Gobierno fue sufriendo transformaciones sucesivas, moldeado por la puja de radicalismo en que se empeñaron liberales y conservadores. Estos, al fin, ganaron la partida en la verdadera subasta de ofrecimientos y la ley de 1867, de un radicalismo que

---

[1] «Hombres de Birminghara, si es que puedo llamaros hombres a vosotros que carecéis del derecho de sufragio»... Asi comenzaba una de sus peroraciones en favor de la reforma electoral.

[2] J. Bright les censuró diciendo: «como David en la caverna de Adullam habéis llamado a todos los descontentos»; desde entonces se les conoció con el nombre de aduUmitai.

colmaba todas las esperanzas, se ha estimado como el comienzo de la era democrática en Inglaterra.

Aquellas concepciones, nada conservadoras, que Disraeli expusiera en forma amena en sus obras literarias ganaron al partido entero salvo las fuerzas *tories* recluidas en la Cámara Alta. Se imponía de todas suertes al partido conservador sacrificar, siquiera en parte, sus tradiciones, ante la suprema necesidad de ponerse a tono con el temperamento político de las fuerzas que surgían a favor de la reforma electoral; el «torismo democrático» fue la fórmula de transacción donde armonizar las dos tendencias.

La primera aplicación de la reforma colocó a los recién venidos contra sus favorecedores directos. El partido liberal, en cambio, benefició de aquella medida que sus contrarios hicieron triunfar, pero la ganancia no remedió su situación. Gladstone, sucesor de Russell en la jefatura—1867,—encontró al partido liberal sin cohesión ni unidad y su labor parlamentaria agravó más aún las dificultades con que los liberales habían de luchar. La política de atracción para con Irlanda le concitó la enemiga de los protestantes del Ulster; la cuestión de la enseñanza agrupó una masa de no conformistas opuestos al programa político-religioso del Gobierno y los sindicatos se pronunciaron también hostiles al no encontrar en Gladstone apoyo para sus reivindicaciones. Comenzó entonces para el partido liberal una era de desintegración al parecer irremediable. La fracción radical, opuesta al criterio moderado y vacilante de Gladstone que no coincidía con ella en sus anhelos de reformas, declarábase en franca insubordinación. De entre estos censores de la política moderada de Gladstone descollaba por el vigor de sus ataques un diputado desconocido entonces, célebre más tarde: José Chamberlain. El partido liberal, impotente para resistir la avalancha de tantos factores de oposición, perdió las elecciones de 1874 y Gladstone se retiró de la vida pública dejando la dirección del partido a un whig moderado: Lord Hartington.

II

El partido conservador gozaba de una solidez basada, en su mayor parte, en el prestigio de Disraeli. El torismo democrático atrajo un núcleo de obreros conservadores y para asegurar estas fuerzas con lazos más fuertes que los puramente especulativos, los conservadores dedicáronse a una política social. Disraeli, sin embargo, desatendió la política interior. Ya no estimaba las colonias como «piedras atadas al cuello de Inglaterra»; su antiguo escepticismo colonial cedió el puesto a un afán inmoderado de dominación, absorbente y emprendedor. En esta exaltación del sentimiento patriótico degenerado, que definía la política exterior como «los asuntos de los ingleses en el extranjero», los imperialistas conservadores con la enseña *Imperium et libertas* llevaron al África sus anhelos ambiciosos de conquista e intervención. El partido liberal que pedía por boca de Gladstone una política de «manos limpias», se irritaba contra aquel espíritu desmedido de expansión. Las *atrocidades búlgaras* colmaron la exasperación de los liberales. Gladstone, temperamento enérgico y luchador, no se avenía con la inacción política a que voluntariamente se sometiera e indignado por la crueldad de los turcos salió de nuevo al palenque con todo el vigor que le prestaba una elocuencia en su más brillante período de apogeo; fustigando el jingoísmo de los conservadores, protectores de los turcos, «se pretende—llegó a decir—la supremacía de Inglaterra, pero es la esclavitud de las demás potencias lo que en realidad se pide.»

El cansancio recluyó a Disraeli en la Cámara de los Lores—1876—con el nombre de Lord Beaconsfield. Al perder el contacto inmediato con las fuerzas parlamentarias conservadoras, el partido se resintió en su fortaleza que dimanaba especialmente de la dirección y ascendiente del luchador Disraeli, y el espíritu de independencia, incompatible con la unidad, comenzó a germinar allí. Gladstone acabaría con la frágil consistencia del partido conservador. El país en general llegó a percatarse prácticamente de las consecuencias de la política tormentosa e imperialista de los conservadores y sus antiguos bríos cedieron ante las repercusiones financieras de aquella belicosa actuación. Una crisis económica resultado de malas cosechas completaba el disgusto general. El comercio y la industria ingleses protestaban también contra la perpetua inquietud y agitación del país, traba para su desarrollo y expansión, y aún dentro del partido surgía un núcleo hostil al temperamento arrollador de Disraeli. Gladstone contribuyó a cortar los últimos y débiles lazos que ataban o los descontentos en aquel partido. Su elocuencia, de una intensa y mística emotividad, le erigió en portavoz de la protesta general contra Disraeli. Así, las elecciones —1880[1]— sorprendieron y justificaban al mismo tiempo, el triunfo de los liberales, cuyo estado de división no auguraba grandes victorias; por tal manera, un movimiento popular colocó a Gladstone en el Poder contra todas las conjeturas.

El partido liberal, durante la ausencia de aquél de la jefatura, estuvo sujeto a la influencia moderada de Hartington que había de convivir con temperamentos tan discordes como los viejos radicales —J. Bright— y los nuevos radicales —J. Chamberlain. En esta situación volvía Gladstone a su frente con la difícil tarea de solucionar la embrollada política exterior, oneroso legado de los conservadores. Después de una vida accidentada, el Gabinete liberal vino a debilitarse por aquella misma política exterior que procuró desarrollar de modo pacífico. Las concesiones a los Boers y la cuestión de Egipto-caída de Kartum y muerte de Gordon —1881— iniciaron en el partido un resquebrajamiento que había de completarse con las incidencias provocadas por la cuestión de Irlanda.

Debido a Daniel O'Connell, (sucesor de Grattan en la dirección del partido irlandés) aristócrata de temperamento moderado, «casi un tory», como el mismo indicó, el partido nacionalista tuvo un comienzo de organización. Cifraba sus reivindicaciones en el *Repeal of Union*, abrogación de la Unión de 1800 por la que Irlanda se vio privada de su Parlamento. Junto a estos moderados fue apareciendo un elemento radicalmente hostil hacia Inglaterra que con programa más avanzado pedía la

---

[1] 317 liberales; 133 conservadores y 62 irlandeses.

completa separación. No conformes estos extremistas con las pretensiones mesuradas de O'Connell, que entraba en alianzas con los whigs, formaron un partido independiente y revolucionario, enemigo de pactos con los partidos ingleses, que pretendía alcanzar la soberanía de su patria con las armas[1], (i) Estas dos fuerzas, los moderados de O Connell y el partido de la *Joven Irlanda*, dividieron a los irlandeses introduciendo la confusión entre ellos con tan distintos predicados. El programa de *Home Government* llamado luego *Home Rule*, enunciado por el sucesor de O'Connell, Isacc Butt, hacia 1870, sirvió de terreno de inteligencia y de unión entre las fuerzas dispersas[2]. Las reivindicaciones irlandesas se resumían en la petición de un Parlamento irlandés con facultades para el gobierno propio, autónomo—*Home Rule.*—Irlanda continuaba desatendida, sin embargo, en sus aspiraciones y la cuestión irlandesa apenas si tomó estado de verdadera *cuestión*, relegada como estaba a un apartado margen de la política inglesa. La representación parlamentaria nacionalista no llegó a organizarse fuertemente ni pudo lograr personalidad de verdadero partido político.

De esta situación, nada halagüeña, el problema irlandés pasó bruscamente al primer plano de la vida política del Reino Unido, absorbió la general atención y llegó a trastornar esencialmente la fisonomía y la estructura de los partidos históricos; y la insignificante agrupación parlamentaria irlandesa surgió repentinamente como partido vigoroso y lozano entre los organismos decrépitos de las viejas colectividades políticas. Hubo, pues, *cuestión irlandesa* y, para mantenerla, un partido político nacionalista irlandés fuertemente organizado. El secreto de tan rápida transición se

---

[1] La emigración irlandesa a América, sobre todo a partir del arlo del hambre—1846—reunió los elementos organizados por O'Mahony en una agrupación llamada los *fenianos* nombre tomado de un personaje de la historia de Irlanda, Finn. La «*Joven Irlanda*», los *fenianos*, los *invencibles*, la *fuerza física*, los *sin feinn*, etc. son expresión inmutable del elemento revolucionario irlandés que preconiza intransigente la independencia, la completa separación, y que vivió siempre junto a los moderados, partidarios de la autonomía lograda por medios pacíficos y parlamentarios.

[2] V. Dubois L'Irlande contemporaine, París 1907 y G. Birot: Le home-rule irlandais: París 1914.

debe al sucesor de I. Butt en la jefatura del partido —1878—: Carlos Stwart Parnell. Protestante y nacido en Inglaterra propiamente dicha, carecía de aquellas dotes oratorias que Carlyle prescribe para llegar a estadista o a jefe de obreros en Inglaterra; pero compensaba ampliamente ese defecto su temperamento de gran parlamentario, hábil conocedor de los secretos de la táctica política y sus dotes eminentes de organizador. Su gran acierto fue poner a contribución del mismo fin todos Jos elementos vitales de Irlanda, enlazándolos en un núcleo complejo donde cada organismo gozaba de una función distinta y propia, encauzadas todas con unidad de propósito, La *Liga Agraria—Land League*—fundada por un antiguo *feniano* Miguel Davitt, fue la organización del elemento campesino; a las fuerzas parlamentarias las dio Parnell unidad y cohesión y los irlandeses emigrados en América aportaban el numerario preciso. A cada institución se le asignó su cometido: la *Liga* mantendría la agitación en los campos; el partido político adoptaría un procedimiento, hasta entonces empleado circunstancialmente en la Cámara, del que Parnell hacía condición de triunfo: la *obstrucción parlamentaria*; los irlandeses americanos contribuirían con sus donativos al fin común, resumido en una doble protesta: política: contra «la dominación extranjera»; económica: en cuanto a la condición precaria de los cultivadores irlandeses frente a los poderosos propietarios rurales ingleses—*landlords*—. Para anular la primera pedían gobierno autónomo—*Home Rule*—; para poner coto a los abusos que la segunda implicaba pretendían una reforma agraria. Este engranaje de organizaciones complementarias sabiamente combinadas puso en manos de Parnell un perfecto mecanismo que aseguró, bajo su dirección hábil y acertada, la potencia del partido irlandés.

La política de Gladstone encaminada a aflojar el yugo que oprimía a los arrendatarios irlandeses, no consiguió aplacar la irritación de Irlanda sobre la que pesaba un largo período de opresión. Los irlandeses, fuertes ahora, mantenían su petición intransigente de reforma radical, estimulados por Parnell que predicaba la resistencia al pago de arrendamientos. La práctica había consagrado una fórmula política, norma que regulaba las relaciones entre Irlanda y el Gobierno: alternativa de concesiones y medidas de rigor «*kicks and kindness*», y a ella se acogió Gladstone. La agitación violenta en Irlanda combinada con la *obstrucción parlamentaria* del partido nacionalista impuso a Gladstone la necesidad de apelar a las medidas de «*coertion*», al amparo de las cuales los jefes irlandeses fueron encarcelados. En esta lucha entre el Gobierno e Irlanda aquel claudicó desde el momento en que se firmó el «pacto de Kilmainham»—1882— entre Gladstone y Parnell. La era de conciliación que se abría fue brusca y violentamente interrumpida. Apenas firmado aquel convenio, los *invencibles* intransigentes, como una protesta contra el espíritu de conciliación de los *home rulers* asesinan en Phoenix Park a Lord Frederick Cavendish, Secretario para Irlanda. La época de terrorismo que siguió en Irlanda hizo perder prestigio a los nacionalistas y estimulado por la reprobación unánime contra los procedimientos anarquistas seguidos por los irlandeses, Gladstone pudo dictar medidas rigurosas contra Irlanda con aplauso general. Las represalias del partido nacionalista con su método de obstrucción afectaban al Gobierno, debilitado ya por los asuntos de África, y unidos conservadores e irlandeses derrotaron a Gladstone en la Cámara—1885—.

Los conservadores, que subieron al Poder—Ministerio Salisbury—venían sufriendo las consecuencias de la desaparición de Disraeli. Al morir Lord Bea-consfield—1881— dejó un partido en plena disolución. Los gérmenes que aparecieron en los últimos tiempos del leader alcanzaron entera madurez al desaparecer la influencia personal del antiguo colaborador de Lord Derby. Una de las manifestaciones de ese espíritu de insubordinación e independencia dentro del partido, fue suministrada por algunos elementos jóvenes que, recogiendo la concepción del jefe como herencia sagrada, aparecieron en calidad de continuadores del *tory demócrata*. Estimando que el partido conservador, en su estado actual, era un organismo anacrónico y caduco, en desarmonía con las circunstancias de tiempo, pretendían la depuración del programa que consideraban anticuado y fuera de lugar. Se erigían en representantes de un espíritu progresivo, necesario para reparar ese organismo agotado y vacilante, mostrábanse «socialistas conservadores», y se ofrecieron como encarnación de un temperamento osado y radical en pugna con el criterio moderado e indeciso de los jefes. Objeciones tan altruistas ocultaban, sin embargo, móviles bastardos. «Hombres plebeyos, o que al menos compartían esos sentimientos»[1], atentos a fines positivos, no ocultaban su despecho ante la postergación, que calificaban de injusta, en el reparto de prebendas administrativas, realizado en provecho de «los aristócratas que acaparaban todos los puestos.» Este era el programa y el *idearium* del *cuarto partido—Fourth party—*formado por Gorst, Randolph Churchill, Balfour y Drummond Woolf. La admisión del jefe, Churchill, en el Gabinete Salisbury, señaló un visible y significativo descenso en la acometividad de los jóvenes y ambiciosos *tories demócratas*.

Parnell, el «rey sin corona de Irlanda», encontró una nueva táctica parlamentaria. La obstrucción era ineficaz, estridente, de valor negativo y que solo conseguía dilatar, entorpecer; el talento diplomático del jefe nacionalista sustituyó ese medio de combate con una fórmula de positiva eficiencia que unía a la de pacífica, la ventajosa condición de parlamentaria. Su fundamento estaba en la situación que acusaba la balanza entre los partidos. Liberales y conservadores, maltrechos por sus divisiones, vinieron a parar en un estado que no les permitía aspirar a la supremacía absoluta. La balanza estaba sensiblemente en el fiel. Parnell colocó a su partido en este punto central de equilibrio de tal manera que su inclinación hacia uno u otro partido llevaba consigo la victoria para el favorecido. Las oscilaciones de la balanza estaban a su merced. Comerciar, poner precio, regateando, a esa postura de árbitro, fue el nuevo método parlamentario de los nacionalistas. En esta posición ingeniosa y típica de oportunismo, liberales y conservadores procuraron atraerse a Parnell, que era tanto como ganar la partida. Así, la pequeña mayoría obtenida por los conservadores en las elecciones de 1885[2] se afianzó con el refuerzo irlandés; pero las medidas de «*coertion*» contra Irlanda, anunciadas por Salisbury, rompiendo la amistad circunstancial entre ambos, determinaron la unión de liberales e irlandeses; la

---

[1] Ostrogorsky.—Ob. cit. I pag. 245.

[2] 333 conservadores; 251 liberales y 86 *home rulers*.

balanza osciló en favor de estos y Gladstone sube al Poder — 1886. El partido liberal, lejos de gozar de aquella unidad que hubiera resultado de la fusión de sus elementos integrantes, no era sino una coalición de fuerzas distintas que entrarían ahora en franca disolución merced al impulso centrífugo que en él había de ejercer la cuestión irlandesa. Un primer agrietamiento se operó por el hecho de prescindir Gladstone de los elementos whigs — Lord Hartington — en la formación del Gabinete.

Gladstone se inclinaba hacia el *Home Rule*. Se ha querido fundamentar esa adhesión en motivos interesados, políticos exclusivamente, tales como la ineficacia de las medidas de «coertion», el número creciente de diputados irlandeses y la consiguiente potencia en ascenso del partido de Parnell etc.; es indudable, sin embargo, que en la adopción del *Home Rule* influían en Gladstone motivos más puros de simpatía. «El defecto esencial del sistema administrativo actual de Irlanda, dijo, es que se mueve a impulsos de un motor inglés, no irlandés» y, en consecuencia, se mostró dispuesto a otorgar «generosas medidas de *self-government*», accediendo a la creación de un Parlamento irlandés, bajo la supremacía de un Parlamento central. Chamberlain opuesto a las facultades legislativas de que se trataba de investir a Irlanda, declaróse irreductible adversario de la medida patrocinada por Gladstone y se retiró del Gobierno. Las fuerzas liberales quedaban así disminuidas con la separación de los *whigs* de Lord Hartington y de los *nuevos radicales* de Chamberlain, y el proyecto de *Home Rule* elaborado por Gladstone fue rechazado en los Comunes. La cuestión irlandesa se amplió a la esfera privada y la creciente excitación ganó al país entero. Los factores racial y religioso adquirían su máximo relieve sirviendo de pilares a la encarnizada disputa. Los protestantes del Ulster — *orangistas* — amenazaban con la guerra civil antes que someterse al Parlamento irlandés. En este ambiente de ánimos exaltados hasta el paroxismo, iban a tener lugar las elecciones de 1886 y Gladstone, luchando contra todos decía: «llegado a este período de mi vida en que la naturaleza me habla con voz fuerte del descanso, solo la gravedad de la cuestión que se plantea me decide a solicitar vuestro apoyo». Tan hermosas y sentidas palabras encerraban algo más que una simple inclinación política, de pura conveniencia, hacia el *Home Rule*. Pero la elocuencia de Gladstone, que tantas veces enardeciera a las multitudes, no encontró el eco propicio en un medio de intransigente hostilidad. Es que surgía el espíritu de la vieja Inglaterra - *Old England* — con todos sus prejuicios ancestrales de raza y de religión, al conjuro de la pretendida autonomía de Irlanda; en las elecciones[1] quedaba castigado el atrevimiento de Gladstone contra quien se dirigían los rencores de la nación entera.

---

[1] *Gladstonianos* 191; irlandeses 86; conservadores 317; liberales disidentes 75.

III

El Home Rule fue la piedra de toque para graduar la consistencia del partido liberal y el comienzo de una nueva era en la fisonomía y en la constitución de los partidos ingleses. Las denominaciones consagradas de conservadores y liberales, correspondientes a las históricas colectividades políticas, desaparecieron. No era un arbitrario y caprichoso cambio de nombres; los nuevos calificativos indicaban una nueva modalidad en los partidos. Los liberales, en efecto, más bien eran *gladstonianos*, seguidores de un jefe; los conservadores formaron una coalición con los disidentes liberales—wihgs-Lord Hartington—y los nuevos radicales—J. Chamberlain—cobijada bajo el nombre común y significativo de *unionista*. Los *gladstonianos* y los irlandeses se unieron en un bloque *home-ruler*. Los radicales incorporados a la coalición unionista, llevaron allí su criterio avanzado, en tanto que los liberales de Gladstone, ya sin el freno de los *whigs* y elementos moderados, pudieron, sin trabas, mostrar un temperamento más democrático. Los *unionistas*, partidarios de la *unidad* del Imperio amenazado por los *home-rulers*, tomaron sobre sí el cuidado de vigilar la expansión y la defensa Imperial. Las dos concepciones tan afines se fundieron en un punto adoptado por la coalición unionista[1].

El Gabinete unionista Salisbury—1886-92—fue una ininterrumpida concesión a los elementos radicales del bloque que habían ganado en él gran ascendiente; en tal sentido pudo afirmar Chamberlain: «los tories están en funciones, pero quienes en realidad gobiernan son los radicales». En el desquiciamiento general de partidos, también los irlandeses se dividieron, después de triunfar de las insidias de los

---

[1] El jubileo de la Reina Victoria—1887—sirvió para sancionar esos principios y por entonces se formula el principio del two fower standard base del navalismo inglés que, según la fórmula del Conde Cawdor, consiste en la supremacía, en un 10 por too, de la flota inglesa sobre las fuerzas navales combinadas de las dos naciones más poderosas.

conservadores[1], a causa del desprestigio de Parnell culpable de adulterio. El partido nacionalista se escindió entonces en dos fracciones: *parnellistas* y *antiparnellistas*. Resultado de todas estas transformaciones fue la debilitación del partido liberal a causa de la dispersión de sus elementos componentes y por la falta de apoyo que encontró en el país, hostil en su mayoría a las pretensiones irlandesas; así como en tiempo de Peel los conservadores proteccionistas fueron abandonados durante algún tiempo por el país, país, ahora los liberales sufrirían idénticos efectos por distinto motivo de discrepancia. Los mismos fenómenos obraron en sentido opuesto dentro de la coalición unionista que vio calurosamente acogidos por la opinión sus tenaces esfuerzos *unitarios*. El partido liberal que caminaba a una rápida desintegración aceleró su marcha en tal sentido. Al fracasar el proyecto de Home Rule presentado por Gladstone en la etapa liberal-1892-95, el gran estadista — *the great old man* — se retiró de la vida pública a los 84 años sin haber logrado conseguir uno de sus más queridos ideales por el que luchara con denuedo. Antes de alejarse había lanzado en la política inglesa el germen de la lucha futura entre ambas Cámaras, preconizando la supremacía de los Comunes, de la que saldría el castigo contra la Asamblea de los Pares que derribó el proyecto de *Home Rule* presentada por aquel. El partido liberal se debilitaba más y más con las luchas intestinas provocadas por dos corrientes de opinión, favorables respectivamente a las jefaturas de Lord Rosebery — que sucedió a Gladstone, impuesto por la Reina — y de Sir W. Harcourt. La guerra con los Boers completaba la confusión reinante en el partido de cuyo seno, en vista de aquello, surgían los *Liberales imperialistas*.

---

[1] En Abril de 1887, el *Times*, periódico conservador, en una serie de artículos (*Parnellism and crime*) pretendía demostrar con cartas atribuidas a Parnell, la aprobación del jefe nacionalista a la obra sangrienta de los asesinos de *Phoenix Park*. Probada la falsedad de tales acusaciones por ser las cartas apócrifas, escritas y vendidas al *Times* por un llamado Pigott, aumentó extraordinariamente el psestigio de Parnell, íntimamente unido al de su agrupación política. El falsario Pigott, hayo a Madrid donde se suicidó al ser detenido.

Los unionistas se habían fundido bajo esa concepción y, como sanción del acuerdo, Chamberlain y Lord Hartington—duque de Devonshire desde 1891—formaron parte del Gobierno de Salisbury—1895— Los conservadores, fieles a su historia, dedicáronse con preferencia a la política exterior y su temperamento imperialista y dominador encontró su genuino representante en Chamberlain y una de sus manifestaciones en la guerra con los Boers. Las teorías económicas dieron luego al traste con la solidez del partido. Chamberlain, radical, reforzó las ideas proteccionistas conservadoras en tanto que el duque de Devonshire mantúvose fiel al libre cambismo whig. El nuevo jefe conservador Arthur James Balfour, sucesor de Salisbury en 1902, tampoco compartía las concepciones financieras de *Joe*. Por estas disensiones Chamberlain dimite con objeto de predicar libremente su sistema de reforma aduanera. Estas rencillas, que corroían las bases del partido, alejaban también de él a las masas que se acogían al sistema librecambista de los liberales como en tiempos de Peel. Los desaciertos cometidos por los conservadores en la guerra con los Boers; las consecuencias financieras de ella que se reflejarían en los tributos; la introducción 'del trabajo chino en África del Sur, que originó la protesta del elemento obrero inglés contra la «esclavitud china», fueron causas del desarraigado de los conservadores en el país, a lo cual contribuyó también la política vacilante y tortuosa de Balfour. El escaso prestigio del partido se concretó en Lord Lansdowne que concluyó el tratado de alianza con el Japón—1902—y negoció la *entente* con Francia —1904—. El partido liberal benefició de las faltas cometidas por sus adversarios al mismo tiempo que se reorganizaba bajo los pacientes y acertados esfuerzos de su jefe Sir Henry Campbell—Bannerman. La *New Liberal League*, fundada por los liberales imperialistas bajo la dirección de Lord Rosebery, contribuía eficazmente a las tentativas de reconstrucción del partido, que en las elecciones de 1906 triunfó de sus adversarios[1].

La crisis económica que siguió a las luchas con que se inaugura el siglo xix afectó profundamente a la situación de los obreros ingleses, y el malestar del proletariado fue el instrumento

---

[1] Mayoría del Gobierno, incluidos irlandeses y L. P. 510 unionistas 155.

utilizado por los *radicales*[1] para apoyar sus peticiones políticas. El espíritu de asociación en la clase trabajadora, concretado en las *trade-unions*, asociaciones creadas con fines benéficos, compuestas de obreros pertenecientes al mismo oficio, se acentuó con el movimiento amplio cooperativo iniciado por Owen. Con ese espíritu los obreros sirvieron de apoyo a los radicales y ambos a los whigs para conseguir la reforma electoral de 1832. No podían prescindir los proletarios del aspecto político que encauzaban los radicales, porque sus reivindicaciones de clase eran un fin que necesitaba antecedentes de aquella naturaleza; el sufragio constituía, en efecto, un privilegio; la legislación negaba la personalidad de los sindicatos o *trade-unions*, incluidos entre las asociaciones prohibidas; el medio de protesta de su condición, las huelgas, eran severamente castigadas. Se imponía, por consiguiente, la necesidad de modificar la legislación y para ello, como indispensable, la cooperación legislativa, parlamentaria, de los obreros, que no podía obtenerse sin una ampliación del sufragio. Este consiguiente del razonamiento lógico en su situación, unió a los obreros con sus aliados los radicales en una aspiración común, que determinó el movimiento *cartista*[2], — 1837-1848 — pidiendo el sufragio universal. Así, las *trade-unions* fatalmente habían de ejercer su actuación dentro de la esfera política porque sus reivindicaciones en último término eran de esa naturaleza. La solidaridad establecida en la coalición desarrolló un espíritu de clase que, afirmado luego, les valió algunas mejoras sociales. Después de la reforma electoral de

---

[1] Existía en Inglaterra un partido organizado desde 1793 que después tomó el nombre de radical y que pedía el sufragio universal como medio de llegar a la reforma política.

[2] El *cartismo* fue una coalición entre el antiguo partido político radical y el nuevo partido socialista obrero. Fue el primer ejemplo de un partido obrero (Seignobos, ob. cit. pág. 47). Su programa, que tendía a ñnes sociales empleando medios políticos, fue la Carla del pueblo — te ahí su denominación — dirigida en 1838 a las Asociaciones obreras por la *Working Men's Association* de Londres. Esta *Carta* o programa comprendía los siguientes extremos: sufragio universal, escrutinio secreto, indemnización a los diputados, abolición del censo de elegibilidad. Parlamento anual y división del país en circunscripciones para la equitativa distribución de puestos. Los jefes del cartismo fueron: Lowett, Bronterre, O'Brien, Benlow, O'Connor, etc.

1867, los sindicatos reclamaban el reconocimiento de su personalidad civil, que se les concede en 1871. Comienza entonces para esas organizaciones un período de prosperidad, y en las elecciones de 1874 consiguen ver elegidos los dos primeros diputados obreros que, en lugar de constituir un grupo aislado e independiente, se unen a las fuerzas liberales con el nombre de *Liberal Labour's Members*.

Ese espíritu de clase, sin embargo, no se contagió de socialismo, ni las organizaciones de tal naturaleza llegaron a prosperar. La *Social Democratic Federation*, fundada por un marxista puro, Hyndman, —1880—siguiendo el modelo de la Democracia Social alemana, y la *Fabian Society* (F. S.)—1883—compuesta de burgueses intelectuales, no encontraron adeptos entre el proletariado. De acuerdo con los principios de Stuart Mili: «la línea de conducta de los obreros debe consistir en pedir y obtener una representación directa de sus intereses», tendían a unirse en un partido exclusivamente de clase, y desconfiados de los servicios que pudieran prestarles los partidos históricos, renunciaban a su condición de instrumento de ambos partidos para concentrarse en una colectividad política obrera. Como resultado de estas aspiraciones, Keir Hardie, minero escocés, fundó en 1893 el Partido Independiente del Trabajo— *Independent Labour Party* (I.L.P.) Partido exclusivamente obrero, aunque socialista, era un primer intento de llevar a la práctica las ideas dominantes en el proletariado. Depurado aun más el común sentir se llegó en 1900 a la fundación del Comité para la representación obrera.—*Labour Representaron Committee*— integrado por elementos distintos: las tres organizaciones socialistas: *Social Democratic Federation*; *Fabian Society Independent Labour Party*;—*trade*—*unions* y partidos y asociaciones locales que, constituidos en federación, aparecieron en el Parlamento de 1906 con el nombre de *Partido Laborista*—*Labour Party*—(L.P.) Dentro de esta organización que, no obstante su carácter, nacía sin los doctrinarismos rígidos ni el principio de la lucha de clases, coexistían criterios distintos, dogmatismos socialistas junto a reivindicaciones empíricas de clase. Esta diversidad no dañó, sin embargo, a la personalidad del partido que, sin formular programa alguno, tan sólo ostentó una representación exclusivamente obrera[1].

La representación política de los obreros no estaba, a pesar de ello, monopolizada por el Labour Party. En el ala izquierda de los liberales, no fundido con el partido, existía un grupo a modo de extrema izquierda, representante de asociaciones obreras, que entendía conservar así su independencia rechazando el ingreso en el Labour Party que era tanto, a su entender, como someterse a los rígidos dogmatismos socialistas integrantes del partido obrero. Ese grupo liberal obrero, independiente de los laboristas, compuesto de una veintena de miembros, se llamó, para distinguirle de los liberales y del *Partido del trabajo*, *Liberal Labour's Members*.

El Labour Party apareció bruscamente en el Parlamento de 1906 con 29 diputados. Los partidos históricos contaban con un rival que absorbería sus fuerzas proletarias, y la política inglesa había de entrar por cauces, muy distintos a los hasta entonces seguidos. La era de imperialismo finalizó con la derrota de los conservadores en 1906, y el temple pacifista del Labour Party reforzaría el carácter, conciliante de suyo, del partido liberal. La solidaridad establecida entre laboristas, irlandeses y liberales suponía una labor política concentrada en lo interior del país, (reformas sociales) y al mismo tiempo la cuestión irlandesa se colocaría nuevamente en la categoría de problema primordial. La atracción naturalmente ejercida por el Labour Party sobre los elementos obreros parlamentarios dispersos y sobre el país, obligaría a los demás partidos a dar un paso adelante en sus radicalismos como medio de retener sus fuerzas, y en esta rivalidad de programas democráticos la política inglesa se deslizaría por una orientación francamente radical. El Labour Party no quiso enfeudarse a ninguno de los partidos históricos con el fin de adoptar la táctica oportunista de Parnell; lo mismo que el irlandés fue objeto de halagos por aquellos y como aquel

---

[1] Ha rehusado el título de socialista y se negó a patrocinar afirmaciones antireligiosas; en el Congreso de Hull — Enero 1908 — se votó por unanimidad una moción de adhesión a la institución familiar y al culto de la idea religiosa. Le Correspondant 1908. II pág. 203.

se inclinó a los liberales por creerles más dispuestos a patrocinar y acoger sus peticiones.

El partido liberal se había repuesto de su profunda postración merced a los pacientes trabajos de su nuevo leader Sir Henry Campell-Bannerman. Contaba, de otra parte, con el apoyo de irlandeses y *laboristas* y sus filas engrosaron con la incorporación de algunos unionistas librecambistas, entre ellos Winston Churchill, no conformes con el proteccionismo predicado por Chamberlain. De esta suerte subieron al Gobierno en 1905 y triunfaron en las elecciones de 1906.

Los conservadores desde su posición de minoría, débil por sus divisiones, tenían tras de sí una fuerza que les aseguraba, no obstante, la hegemonía indiscutible: la Cámara Alta. La labor parlamentaria del Gobierno, hiriendo las fibras más sensibles del temperamento conservador, provocó el comienzo de la hostilidad entre ambas cámaras como extensión de la lucha entre los dos partidos. La Iglesia anglicana vio amenazados sus privilegios en la enseñanza con el *Education Bill*, y las prerrogativas conservadoras pasaban por trance peligroso con el *Plural Voting Bill* que tendía a hacer desaparecer el voto plural de los grandes propietarios. La mayoría liberal de los Comunes fue vencida, sin embargo, por la oposición de la Cámara de los Lores a aprobar aquellos proyectos que así atacaban a instituciones cuya custodia ostentaba. La situación de impotencia de los vencedores hacía surgir de nuevo contra los Lores una animosidad que reanudaba los procedimientos de oposición sistemática a la obra de los liberales.

El sucesor de C. Bannerman en la jefatura, Asquith —1908—, no parecía dispuesto a continuar la lucha ya iniciada entre ambas Cámaras. Con la muerte de aquél la dirección del partido cambió en sus rasgos esenciales. C. Bannerman *home-ruler* como Gladstone y *Little Englander*[1], dejó el puesto a un liberal imperialista, partidario de aplazar la resolución del *Home-Rule*. El programa liberal quedaba reducido por la nueva dirección del partido a reformas sociales; y al Ministerio de Hacienda fue Lloyd George cuyas ideas democráticas avanzadas presagiaban

---

[1] Término opuesto a imperialista.

ya una política radical. La opinión, sin embargo, parecía encauzar la actividad del Gobierno por derroteros bien distintos. Los armamentos alemanes, despertando suspicacias y recelos,* provocaban en el país peticiones de defensa nacional, y con ello los liberales eran empujados a la complicidad en la aspiración belicosa bien ajena a su temperamento.

Los partidos, en tanto, concentraban sus fuerzas. Los unionistas dando tregua a sus discusiones sobre la *Tariff Reform*, llegaban a un estado tan próspero que hizo hablar del «renacimiento de la democracia tory». Los irlandeses coincidían en puntos comunes de un programa de *Home Rule*, y el Labour Party se preparaba a la colaboración en la política social reforzando sus contingentes; así, atrajo por absorción, a 22 de los 25 *Liberal Labour's Members*. Oct. 1908.

IV

El *Licensing Bill* presentado por el Gobierno, que planteaba el control del Estado sobre los establecimientos de bebidas alcohólicas, afectaba a los intereses de adictos al partido conservador. La Cámara Alta, tenaz en su defensa de los intereses del partido, rechazó el proyecto. Con ello los planes del Gobierno y las presunciones de sus aliados vinieron por tierra porque Asquith adoptó como finalidad primordial y especialísima, recoger la cuestión que dejara pendiente su antecesor, legado a su vez de Gladstone al partido liberal, y no cejar hasta privar a los Lores de su omnipotencia. El problema era esencial para los liberales, y el leader condicionaba la permanencia de su partido en el Poder a la reforma de la Cámara Alta. La crisis constitucional quedaba así planteada en toda su gravedad. Dimanaba en el fondo de la posición especial de los partidos. No era sino la ampliación a la esfera política en toda su amplitud, de una hostilidad entre aquellas colectividades.—La Cámara Alta era el asiento del espíritu tory; la plutocracia procedente de la industria y del comercio se encumbró hasta aquella Asamblea con ideas nada conservadoras. Prejuicios históricos, programas políticos, diferencias sociales, no conseguían, sin embargo, prevalecer en la Cámara aristocrática. El poder absorbente de la Asamblea fundiría las diferencias políticas y sociales en una concepción conservadora y aristocrática; y al cabo de más o menos tiempo, asimilados los elementos que se presentaron como refractarios, la Cámara Alta era siempre el depósito de las más puras tradiciones tories. Tan solo algunos espíritus rebeldes y poco sugestionables constituyeron una escasa e impotente minoría liberal.

Gladstone, el más enérgico enemigo de las prerrogativas de la Cámara de los Pares y tenaz paladín de la supremacía de los Comunes sobre la Corona sufrió la oposición constante y sistemática de aquella. Ante esa actitud fracasó su proyecto de *Home Rule* aprobado por la Cámara Baja, así como todas las reformas democráticas del último Gabinete Gladstone—1892-95.

La Cámara aristocrática, en su papel de árbitro, se creyó dueña absoluta de la situación política. Si los conservadores eran mayoría en los Comunes, el país, como dijo posteriormente Asquith, no tenía más que una sola Cámara, porque los Lores estaban identificados con sus colegas de la Asamblea popular, y en este caso ningún entorpecimiento hallaba la labor parlamentaria del Gabinete. Pero si los liberales eran Gobierno, la minoría conservadora de los Comunes encontraba en los Lores el mejor instrumento de una obstrucción, no dilatoria sino efectiva, que le otorgaba el veto absoluto, merced al cual fracasaban las medidas legislativas liberales o quedaban mutiladas hasta variar esencialmente su naturaleza. Los liberales se vieron, pues, reducidos a la condición de subordinados, y la protesta contra esa situación de inferioridad, que venía lentamente elaborándose, apareció ahora bajo el aspecto de una *crisis constitucional*.

El factor que provocó la solución inaplazable fue el presupuesto dictado por Lloyd George para 1909, 1910. Los gastos que en él se consignaban eran considerables; Lloyd George lo reconocía, pero lo justificaba diciendo: «es un presupuesto de guerra, de lucha implacable contra la pobreza; es preciso creer y esperar que antes de que esta generación haya desaparecido, habremos dado un gran paso hacia esos tiempos felices en que la miseria... esté tan lejos del pueblo inglés como los lobos que en otro tiempo infestaban estos bosques». Era necesario, en efecto, cubrir el déficit causado por los gastos que ocasionaban las reformas sociales—*Old age pensions*—y los exigidos por la marina de guerra.

Los liberales subieron al Poder haciendo economías en el presupuesto de guerra y con ideas pacifistas de desarme. Los recursos asignados a las construcciones navales no encontraban oposición por parte de los imperialistas conservadores. Antes al contrario, siguiendo el impulso recibido en su época de imperialismo exaltado, y recelosos e inquietos ante los progresos de la flota alemana, preconizaban una intensa preparación guerrera. Lord Roberts hablaba en la Cámara aristocrática—1908— de una posible invasión alemana en Inglaterra a favor de la escasa preparación militar de ésta; Balfour excitaba luego los mismos sentimientos señalando la concurrencia en el Mar del Norte de una gran potencia. El país acudió al señuelo, y los liberales con sus escasos entusiasmos belicosos se vieron forzados a echar por delante en la senda que se les imponía. Los conservadores, por consiguiente, no se oponían a los gastos navales, antes bien, los hubieran de buen grado ampliado aun más, Lo que despertó su encarnizada hostilidad fue el medio de lograr los recursos. El presupuesto de Lloyd George encerraba una serie de medidas financieras que recaían sobre los *Landlords,* núcleo del partido Conservador que consideraba la obra de Ll. George como un arma política tachada de socialista y revolucionaria que destruía las bases de la propiedad individual; era el radicalismo del «celta histérico», la demagogia disolvente de Ll. George, lo que enardecía a los tories. De esta suerte, la política radical del Ministro de Hacienda colocaba frente a frente los dos elementos político-sociales: ha nobleza, propietaria y opulenta, directamente atacada en el presupuesto, y las clases modestas y trabajadoras satisfechas de que los nuevos tributos gravitasen sobre la tierra y el capital; de una parte, la aristocracia con sus privilegios[1], de otra los elementos democráticos en una marcha segura, amenazadora y triunfante.

---

[1] Ll. George con su temperamento de demagogo, se dedicó a nna activa y feroz campaña contra la nobleza, que se estimó de dudoso gusto en sus crueles y sangrientas ironías. En un discurso en Newcastle, 9 de Octubre de 1909, decía: «Los duques están en baja. Gozaban de una cotización más bien alta en el mercado, especialmente en el mercado tory, pero he aquí que la prensa de ese matiz ha descubierto que valen muy poco. Un duque, particularmente costoso, pronunció un discurso y todos los deríódicos conservadores dijeron: «verdaderamente que si es en tales menesteres donde gastamos 5.350.000 francos anuales el resultado es desconsolador». Porque habéis de saber que cuesta tan caro mantener un duque como dos *Dreadnoughts,* con la diferencia de que los duques inspiran tanto miedo y duran más. En tanto que se conformaron con ser simples ídolos y mantenerse en el silencio solemne que conviene a su rango y a su inteligencia, todo marchó perfectamente... Pero vino el presupuesto y descendieron de sos travesanos, y lo mismo que cocheros, alborotan porque mi carreta ha desprendido uno de los filetes de oro de su antigua carroza de gala». En Edimbourg, en Noviembre, hablaba de «esos señores que nunca han ganado su vida en un comercio, en una profesión que exija esfuerzo intelectual», que «jamás ganaron el pan con el sudor de su frente».

En tales condiciones había de pronunciarse la Cámara Alta sobre el proyecto financiero de Lloyd George; la disyuntiva que inevitablemente se ofrecía ante ella, encerraba dos términos igualmente enojosos: si no admitía el presupuesto quebrantaba la tradición política inglesa que parecía residir bajo la custodia de los Lores, y la nación había de concitarse contra semejante atentado; si sancionaba el presupuesto tanto valía como rendirse ante el adversario y consagrar una política que atacaba sus propios intereses. El presupuesto fue rechazado, y la crisis constitucional, prevista e inminente, surgió por ese mismo hecho.

Los partidos se preparaban para las elecciones de 1910-Enero. En la heterogénea mayoría no había un criterio .unánime acerca de la «cuestión de los Lores». Los irlandeses, que profesaban un odio encarnizado a la Cámara aristocrática donde fracasó el proyecto de *Home Rule* de Gladstone, lo mismo que los radicales, preconizaban la supresión—*end*—de la Cámara Alta; en tanto que los liberales moderados limitábanse a pedir su reforma—*mend*.— El programa liberal, con sus promesas de reformas sociales y del *Home Rule*, tendía a asegurar la adhesión de obreros e irlandeses. Los conservadores accedían a una reforma de aquella Cámara; con esto introdujeron cierta confusión entre las filas liberales donde un gran núcleo de moderados no pedía más. Su programa electoral ensalzaba la *Tariff Reform* asignándola una triple ventaja: procurar los recursos pedidos exclusivamente a la tierra y a las sucesiones; dulcificar la dura existencia del pobre por el alza de salarios consiguiente a su establecimiento, y apretar los lazos de los factores componentes del Imperio. El temperamento clásico de los conservadores ofreció también al país el espectro de una Alemania fuerte, «tentacular», que se extendía por todo el mundo con su comercio. «Recorred Europa en la hora presente,—decía Balfour—consultad a los políticos y a los diplomáticos de los Estados pequeños y estoy plenamente convencido de que habéis de encontrarles unánimes en creer que, tarde o temprano, es inevitable un conflicto entre Inglaterra y Alemania». Los liberales, en cuyo Gabinete había antiguos y fervientes germanófilos, procuraban contrarrestar ese movimiento de opinión. Ll. George replicando a las arengas *jingoístas* decía: «no, jamás hemos tenido guerra con los alemanes; estaban junto a nosotros en Waterloo.»

El resultado de la elección[1] indicaba la ausencia de grandes apasionamientos en el país por las cuestiones sobre las que aquella giró. Todas las fracciones de la mayoría perdieron puestos y si bien quedaba a la coalición fuerza suficiente para gobernar, la disminución de los liberales les sometía más estrechamente al apoyo de sus aliados: obreros e irlandeses. Los nacionalistas de Redmond estaban en la posición soñada por Parnell. En estas circunstancias los irlandeses imponían su criterio de modo perentorio, y todo proyecto de conciliación sobre la cuestión de los Lores quedaba descartado ante la hostilidad intransigente de los nacionalistas hacia la Asamblea aristocrática. Estimulado de esta suerte por sus aliados imprescindibles, el Gobierno depositó en los Comunes el *Parliament Bill* — llamado también *Veto Bill*.

La muerte de Eduardo VII — Mayo-1910 — impuso una tregua en la lucha de los partidos. No faltaron pretextos más o menos sólidos y especiosos para justificar una actitud conciliante en los partidos acerca de la resolución de la crisis; la realidad, muy distinta, era el cansancio, la debilidad de aquellas agrupaciones, su incertidumbre en cuanto a Su arraigo en el país. El monarca difunto había tratado de conducir a un arreglo la cuestión, y desaparecido ese factor intermediario, los partidos convinieron en acudir a un terreno de transacción y concordia. La Conferencia «de los ocho», compuesta de dos Comisiones de ambos partidos[2], se reunió con ese objeto celebrando sus

---

[1] Liberales, de 373 descienden a 275; *laboristas* de 47 a 40; irlandeses de Redmond 71;de O'Brien 10; los unionistas suben de 168 a 273. (Entre los irlandeses, unos — Redmond, jefe de los parnelistas desde 1891, — mantenían en toda su pureza e integridad el programa de *Home Rule*, en tanto que otros ,- O'Briend-creyendo perjudicial para Irlanda esa intransigencia, mostrábanse propicios a las transacciones).

[2] Comisión del partido liberal: Asquith (leader en los Comunes), Lord Crewe (leader en los Lores), Ll. George y Birrell. Comisión de los unionistas: Balfoar (leader en los Comunes, Lord Lansdowne (leader en los Lores), A. Chamberlain y Lord Cawdor.

sesiones en Junio-Noviembre. El generoso intento fracasó. Nunca se conoció el resultado de aquella oficialmente; se sabe, sin embargo, que allí, se pretendió constituir un comité mixto, — *joint Comittee* — formado por representantes de las Cámaras, para resolver los conflictos entre ellas; pero no pudo llegarse a un acuerdo acerca de la representación numérica de ambos partidos en aquel organismo, ni sobre los conflictos que darían lugar a la intervención del Comité.

Después del fracaso de la Conferencia, la posición de los partidos era la misma que antes de reunirse aquella. En las elecciones anunciadas para el mismo año, Asquith reunió a sus huestes bajo la consigna de la supresión del veto a los Pares. Los nacionalistas irlandeses se preparaban para asegurar el triunfo. Sabían que el veto de la Cámara aristocrática era el obstáculo a sus anhelos y disponíanse a derribarlo. Redmond, que volvía de América en viaje de propaganda con 200.000 dólares, decía a sus electores: «No pertenezco a ningún partido inglés. Mis colegas y yo somos independientes de todos los partidos ingleses y hoy declaro que, sin preferencias por ninguno de ellos, iremos al Parlamento con, este exclusivo objeto: emplear toda la fuerza y todo el poder de que disponemos, en arrancar a los estadistas ingleses el reconocimiento de nuestros derechos». Redmond dedicaba sus palabras al partido liberal y ponía precio a su alianza. Llody George, por su parte, proseguía su campaña contra los Lores, «pieles rojas a los que sería preciso encerrar en un sitio donde pudieran a su gusto dormir, cazar y vanagloriarse de no hacer nada.»[1] (i)

Los conservadores estaban desprevenidos, y desorientados ante las segundas elecciones en un mismo año. Como medio de resolver las «cuestiones de gravedad, excepcional» habían propuesto el *referéndum*, y con este criterio democrático, que sobrepasaba al de los liberales, se ofrecían ante el pueblo. Balfour llegó a declarar que sometería al plebiscito popular, la

---

[1] En un distrito del N. de Escocia decía: «¿Qué haríais en Escocia con un perro que mordiese a los carneros? — Se le colgaría de una pata-respondieron. — Bien, — replicó Ll.George — nosotros seremos más misericordiosos; no colgaremos a los Lores; nos limitaremos a atarles por un pie. Así podrán gruñir y enseñar los dientes, pero no harán daño».

Tariff Reform si se hacía lo mismo con el *Home Rule*. Las aspiraciones irlandesas eran el medio indirecto de, defenderse los conservadores que, exponiendo al país la íntima relación entre la supresión del veto a la Cámara Alta y la concesión del *Home Rule*, daban por consumadas las pretensiones nacionalistas desde el momento en que se privase de aquella facultad a la Asamblea de los Pares.

El cuerpo electoral tampoco en estas elecciones—Diciembre1910—se mostró apasionado por las graves cuestiones sometidas a su decisión; ni el conflicto constitucional, ni el *Home Rule*, ni el *referéndum* sacaron al país de su apatía. La Cámara, esencialmente, continuaba lo mismo que en Enero de aquel año[1]. Pero, de hecho, las elecciones en torno a la cuestión del veto otorgaban al Gobierno la facultad de proseguir hasta el fin la solución democrática de la «cuestión de los Lores». Contra esa decisión firme del Gobierno se estrellaron las argucias políticas y las habilidades parlamentarias de los Lores, pero el temor a la tenacidad de la Cámara Alta obligó al Presidente a anunciar entre líneas la creación de una «hornada» de Pares que asegurase el triunfo del *Veto Bill*. La amenaza dividió a los Lores; un grupo bajo la dirección del veterano Lord Halsbury, rechazando la sumisión—*no surrender*—mostrábase dispuesto a afrontar la situación en toda su gravedad; en tanto que otro núcleo dirigido por Balfour y Lord Lansdovrne, se resignaba a la derrota. Abierta la brecha en la resistencia, el triunfo de los liberales quedó asegurado con una «alta y discreta presión» ejercida sobre número suficiente de miembros de la Cámara de los Pares, donde al fin pasó el *Parliament Bill*—Agosto 1911—. Desde entonces queda proclamada la supremacía financiera de la Cámara Baja, y el veto absoluto de aquella se reduce a veto suspensivo[2]. La hegemonía quedó de esta suerte vinculada en la Cámara de los Comunes.

---

[1] Liberales, pierden tres puestos (quedaron en 272); el Labour Party gana 2 (42); los irlandeses de Redmond ganan 5 (76) los irlandeses de O'Brien pierden 3 (8) y los conservadores unionistas 1 (272).

[2] En esa disposición se establece qne si nn *bill* no financiero votado por los Comunes en tres sesiones consecutivas y enviado a los Lores un mes, cuándo menos, antes del fin de la sesión, es rechazado por los Lores, ese *bill* después de haber sido rechazado por tercera vez en los Lores se someterá, a menos

El triunfo democrático tuvo lugar en una época francamente radical. El elemento obrero se veía solicitado por dos corrientes poderosas, divergentes, con aspiraciones a la supremacía dentro del partido; de un lado las *trade unions*; de otro las agrupaciones socialistas, deseosas unas y otras de eximiese de la tutela rival dentro del *Labour Party*, recabando su respectiva independencia que creyeron mutuamente amenazada. El *Social Democratic Party*, nombre que desde 1909 adoptó la *Social Democratic Federation*, pretendió, de acuerdo con el *Independent Labour Party*, llegar a un acuerdo en beneficio de la unidad de las ideas socialistas dispersas. El propósito, aun cuando no logró conmover la adhesión del *Partido Independiente* al *Labour Party*, significó un comienzo de desavenencia no solo en aquel, sino dentro del Partido del Trabajo, y con la enseña del credo socialista se consiguió atraer partidarios de esas ideas, organizados en 1911 en el *British Socialist Party* (B. S. P.) *Partido socialista inglés*.—Y aun hubo quienes, estimando moderadas las ideas de ese partido, agrupáronse bajo los auspicios de Tom Mann, minero como Keir Hardie, en una colectividad revolucionaria, sindicalista, que encabezó su programa con este artículo I.º: «Es preciso abolir la vieja política de identidad de intereses entre patrón y obrero, sustituyéndola por otra de abierta hostilidad». El socialismo entraba así en competencia victoriosa con las asociaciones exclusivamente proletarias, y en este movimiento de aspiraciones democráticas avanzadas y revolucionarias se ofreció como corolario la agitación entre los obreros—1911-12.

Una vez más, siguiendo la tradición, la cuestión irlandesa se impuso como preeminente en las luchas de los partidos. Las tentativas de Campbell-Bannerman, de acuerdo con las promesas hechas a loa irlandeses en el período anterior a las elecciones de Diciembre 1910, para satisfacer las aspiraciones autonomistas de modo gradual y progresivo, quedaron sin efecto ante el intransigente «todo o nada», de los irlandeses. La necesidad en que se encontraban los liberales de mantener la alianza parlamentaria con aquellos imponía una solución

---

que los Comunes decidan lo contrario, a S. M. y será ley después dé la sanción real aún cuando en la Cámara Alta no haya sido aceptado.

radical sin enmiendas ni dilaciones. Este procedimiento era el recomendado en: otro tiempo por Gladstone; «el mal existe — decía—» y es agudo; tratadle valientemente como cirujanos hábiles; cesad de conduciros como médicos tímidos y contemporizadores que sacrifican los días del enfermo por no asumir responsabilidades.» Los prejuicios políticos y religiosos fuertemente arraigados en el país fueron siempre la causa de que se aplicasen procedimientos paliativos, de la indecisión en afrontar resueltamente el problema. Ahora el ambiente era propicio para el triunfo de las aspiraciones irlandesas. Las antiguas intransigencias de índole confesional y política habían cedido en intensidad y en extensión. Ya no era aquella lucha apasionada, en la que figuraban estadistas de la talla de Gladstone y Chamberlain, sostenida en tiempos de mayor arraigo en las creencias religiosas. Los resultados del *self-government* concedido a los Boers disminuyó, además, la rigidez de las concepciones imperialistas, y, por último, el *Parliament Act* aseguraba el éxito del *Home Rule* en fecha más o menos lejana. Lo inevitable de ello introdujo el desfallecimiento entre los Unionistas, forzados a resignarse en su fracaso. Todos los partidos coincidían, por otra parte, en la necesidad de resolver urgentemente esta cuestión que paralizaba la vida política inglesa: los conservadores querían concentrar, en la vida internacional esa actividad estancada, para asegurar la, a su entender, amenazada posición de Inglaterra; el Labour Party prestaba su apoyo a irlandeses y liberales; para solventar definitivamente el problema a fin de encauzar la política por derroteros sociales, y los liberales se verían con más libertad de movimientos al quedar desligados de la traba que para ellos suponía el compromiso del *Home Rule*. Flotaba, además, sobre los partidos, como un punto de común inteligencia, aun cuando no de modo unánime compartido, o sea el sistema federativo — *Home Rule all round* — que otorgaba la autonomía, generalizando la medida, no solo a Irlanda sino a las otras comarcas de la Gran Bretaña.

Contra todo este ambiente favorable se elevaba, sin embargo, el último baluarte de la resistencia desesperada y tenaz del viejo espíritu tory. Es que esta cuestión tan compleja, influid* por motivos de naturaleza diversa y especialmente religiosa[1], «era la lucha entre el Norte y el Sur, entre una mayoría celta, católica, pobre y oprimida durante mucho tiempo, que quería el *Home Rule*, y una minoría sajona, protestante, rica y privilegiada que le rechazaba; la querella exasperada de dos razas yuxtapuestas en una misma isla; entre el «naranja, y el «verde», tras los cuales se alinean todas las fuerzas de las dos Inglaterras, la radical y la torista[2]. Conservadores intransigentes y habitantes del Ulster fueron los representantes del espíritu irreductiblemente hostil a la autonomía irlandesa. Fracasaron las tentativas conciliantes de Asquith para vencer la resistencia de los últimos concediéndoles un derecho de exclusión temporal en la nueva situación planeada. Los *ulstermen*, organizados militarmente bajo la dirección de Edward Carsons, que en modo alguno accedían a someterse a la raza hasta entonces oprimida, veían en el *Home Rule* una amenaza confesional resumida por ellos en la fórmula de *Rome Rule*. El *Parliament Act* permitió la aprobación del proyecto de autonomía en 1912-13; sería ley, mecánicamente por virtud de aquella disposición, en 1914 y los *orangistas* se preparaban para la guerra civil. En esta tensión insostenible, que llegó a complicar esencialmente la política inglesa, sorprendió a los partidos la guerra europea que vino a poner una tregua en una contienda cuyos resultados, por previstos, conmovían hondamente al país[3].

---

[1] V. E. Pfeiffer: Autour du Home Rule.— Rev. polit. et parl. 1914. I. y xxx Le Home-Rule irlandais. Le Correspondant. 1912. II. pág. 209 y sigtes.

[2] P. Hamelle. La nouvelle question d'Irlande. Rev. polit. Et parl. 1914. II, pág. 456.

[3] A fines de 1914 quedó definitivamente aprobado el .proyecto de Home Rule, si bien atendiendo a las circunstancias excepcionales se estipuló que no entraría en vigor hasta después de un *amendment bill* que se discutiría al terminar la guerra europea.

PORTUGAL

Una política confusa, una administración inmoral y partidos políticos sin cohesión ni ideales, cayos Ministerios eran «bancos en que su clientela electoral se distribuía... el dinero, y los empleos»; todo ello dentro de un «parlamentarismo vicioso a la ver por su incompetencia y por su corrupción que desorganizaba el Estado y arruinaba al país[1]»: tal era la herencia que la República portuguesa recogía del régimen caído.

Los partidos políticos bajo la monarquía, donde el «sufragio era una ficción y la opinión un mito», no fueron sino «una organización de ataque al presupuesto[2]. Los partidos monárquicos encontraban su razón de ser en motivos positivistas y bastardos; decíanse fieles al Trono y su adhesión no pasaba de un apego egoísta a las prebendas y ventajas que concede el Poder; y tan manifiesta era la ficción, que el rey Carlos ya enunció la paradoja de su reino: «una monarquía sin monárquicos». Agrupaciones de políticos, más bien que partidos, no les unían otros lazos que los puramente materiales. Su aspiración al logro de fines comunes les condujo, en complicidad, a la implantación de un mecanismo que les aseguraba el disfrute alternativo y plácido del Poder sin las estridencias consiguientes a la lucha; era una tácita transacción, el «sistema rogativo», equivalente al «turno pacífico». El personalismo que les animaba les llevó después a una época de querellas y rivalidades ya que era imposible concordar ambiciones opuestas. De ahí, como consecuencia, la disgregación y el aumento de fracciones. En los últimos tiempos de la Monarquía, los *regeneradores* o derecha, se dividían en regeneradores de Hintze Ribeiro, tronco del que salieron los demás; regeneradores liberales de Juan Franco, de Porto, de Vilhena. Otras tantas agrupaciones se escinden de los progresistas (Luciano de Castro), o izquierda, y aparte existían

---

[1] *Le Correspondant*. 1908. I. pág. 622.

[2] F. de Llanos y Torriglia. Conferencias sobre Cómo se hizo la revolución en Portugal. Madrid 1914– pág. 53.

los *nacionalistas* (católicos) de Jacinto Cándido y los republicanos.

Estos últimos formaban la oposición. La aspiración a organizar un partido republicano tenía un remoto y vago origen en los comienzos del siglo XIX, que toma consistencia hacia 1880. Al frente de esta colectividad política «marchaban hombres de gran cultura y no menores ambiciones[1]»: A. Costa, de ideas muy avanzadas; J. Chagas; el Dr. Almeida, «que parecía no asombrarse de las ideas anarquistas»[2]; Brito Camacho etc. Tomó muy pronto el partido una orientación más bien extraparlamentaria y constituyó hacia 1891 una sociedad secreta supeditada a la masonería, la *Carbonaria*, que tenía sus, antecedentes en la organización de 1823, para desde allí, manteniendo ocultas su potencia, y sus maniobras, extender su acción de proselitismo sin despertar recelos de los monárquicos. Precaución ésta última, inútil e inocente, ya que, las relaciones de complicidad entre ambos[3], hacía copartícipes a los republicanos de las granjerías de la Administración sin ninguno de los inconvenientes que supone el ejercicio del Poder.

Los republicanos desde la Carbonaria, como los jóvenes turcos desde el Comité Unión y Progreso dedicáronse con fruto a sus trabajos de zapa contra la Monarquía. Beneficiaban en su tarea de varias circunstancias que facilitaron el triunfo: el descrédito de aquélla por culpas más o menos imputables a ella misma; la

---

[1] F. de Llanos y Torriglia. Ob. Cit. pág. 25.

[2] A. Marvaud. Le Portugal et ses Colonies.—París 1912, Pág- 44.

[3] «Tenía en su seno (el partido republicano) todos los vicios, todos los defectos de los partidos rotativos sin ninguna de sus virtudes. Sus fundadores fueron coroneles y generales en activo, profesores de la Escuela militar y burócratas civiles de la más alta categoría. Á fin de ser tolerado por los partidos monárquicos, ha colaborado con ellos en la obra; de corrupción de perversión del carácter nacional. Su labor se ha limitado a ser el auxiliar de los monárquicos de oposición contra los que estaban eu el Poder. Era a la vez el enemigo, el cómplice y el aliado de todos... El verdadero objeto de los jefes republicanos... era obtener el Poder para mejor satisfacer sus desmesuradas ambiciones... Sus armas fueron siempre la calumnia y la promesa charlatanesca de un cambio instantáneo y radical el día del triunfo». Homem Christo Filho. La Question portugaise. En Le Correspondant. 1912. III. pág. 763 y sigs.

cuestión de los *adeantamentos* o anticipos del Tesoro a la Corona, mezquinamente dotada, y los agravios en general del país contra ésta, hábilmente explotados por los republicanos; en segundo término, la torpeza o mala fe de los políticos monárquicos «que, debido a sus perpetuas y estériles divisiones y a su ceguera que confinaba con la demencia, si no con la traición... eran los mejores auxiliares de la propaganda republicana»[1]; y por último, una concatenación de intereses divergentes o paralelos pero que sin acuerdo expreso de voluntades se inclinaba hacia el fin propuesto por aquéllos: derrocar la Monarquía.

En este ambiente de confusión, (concomitancias inmorales de los partidos, mengua del principio de autoridad) y con tales factores, era imposible rehabilitara la Corona que había sido conducida o que cayó por sí misma en el desprestigio. La tentativa en este sentido fue, en efecto, ineficaz porque era tardía, ya que el régimen que se trataba de salvar, agonizaba. Al mismo tiempo, la dictadura de Juan Franco, «que quiso gobernar el país contra los partidos para dominarlos y someterlos al interés general o eliminarlos definitivamente de la política», produjo en esas colectividades un efecto diametralmente contrarío al perseguido. En lugar de agruparse los partidos monárquicos junto a la Corona, como carecían de ideales o eran excesivamente maleables, y su interés personal y sus ambiciones se sobreponían a cualquier otra consideración, el gobierno de Juan Franco se concitó sus rencores y su hostilidad porque el «sistema rotativo» tocaba a fin, y con él; el régimen inmoral donde pudieron medrar egoísmos y codicias. De esta suerte, republicanos y monárquicos se encontraron unidos en la oposición. Desaparece Juan Franco del Gobierno después del asesinato del rey Carlos y del príncipe heredero, y en el período subsiguiente muéstrase más ostensible el desamparo en que los partidos monárquicos dejan a la Corona, y la ausencia de una voluntad enérgica que impusiera el orden sobre la lucha de apetitos; los republicanos gozan entonces de tal hegemonía que la instauración de la República deducíase como consecuencia lógica.

---

[1] A. Marvaud. Ob. cit. pág. 4.

I

Triunfante la revolución y proclamada la República –Octubre 1910– el Gobierno provisional (Teófilo Braga) se apresuró a legislar con prodigalidad inusitada, sin espirar la reunión de las Cortes, y con una orientación sectaria, anticatólica. Según los republicanos, el éxito de la revolución se debía a un movimiento de protesta contra la preponderancia adquirida en Portugal por el clero regular y especialmente por los jesuitas. Su labor legislativa se concentró por lo mismo en materias religiosas, y después de abolir las leyes de excepción contra los anarquistas, de 1896, se decreta la libertad religiosa separando la Iglesia del Estado; se restauran viejas leyes monárquicas de 1759-67 y 1834 que justifican la expulsión de los regulares, suprimiendo sus conventos e instituciones benéficas; se confiscan los bienes de los jesuitas; se declaran secuestrados los de los demás religiosos y se legisla acerca del divorcio con un sentido laico. El criterio antirreligioso y positivista de los republicanos descollaba con un relieve particular dentro de su programa político.

La mayoría de los monárquicos, dando una prueba evidente de la consistencia de sus convicciones políticas no tardaron en engrosar los partidos republicanos. Los fieles al antiguo régimen manifestaron su hostilidad al nuevo sistema mediante la abstención parlamentaria. Así, los republicanos carecían en la Cámara de adversarios que hubieran podido suscitar la unión entre ellos. No había, por tanto, oposición parlamentaria contra aquellas fracciones republicanas. Alfonso Costa acaudillaba el *partido demócrata*, antigua «Carbonaria», con un programa radical; J. A. de Almeida era jefe de los *evolucionistas*, no tan avanzados; los moderados eran los *unionistas* de Brito Camacho, «el Catón de la República»; y los *independientes* de Machado dos Santos. Estos últimos casi llegaban a constituir un remedo de oposición, parlamentaria por su descontento de la situación política[1].

---

[1] G. Young. Portugal old and young-Oxford 1917.-pág 288.

En estas condiciones y por los factores enunciados, se elabora una Constitución sancionada por la Asamblea Nacional Constituyente en 21 de Agosto de 1911[1]. Según ella el Poder legislativo se ejerce por el Congreso de la República formado por dos Cámaras: *Cámara de diputados* que consta de 164 miembros elegidos por 3 años mediante sufragio directo, y Senado compuesto de 71 miembros elegidos por 6 años y renovables por mitad. El Poder ejecutivo es ejercido por el Presidente de la República mediante los Ministros. Aquél es elegido por un período de 4 años por el Congreso y no puede ser reelegido para el siguiente cuatrienio. Presidente de la República y Ministros son responsables en las condiciones y formas determinadas por la Constitución.

Los partidos republicanos entraban en el nuevo sistema político con todos los vicios y los gérmenes disolventes que corroían a los partidos monárquicos, en el antiguo régimen. Apenas instalada la República, los jefes de las fracciones comenzaban una labor personalista y ambiciosa tratando de organizar alianzas de grupos que les permitiesen constituir Ministerios de coalición. Esta lucha de intereses y rivalidades podía desarrollarse en toda su plenitud por la ausencia de adversarios que impusieran un límite a la contienda egoísta de las banderías. Se vieron forzados, sin embargo, a mantener una unión, más aparente que real, en posición defensiva, para afrontar el peligro de los «blancos» y de los «rojos» que ponían en peligro la estabilidad de las instituciones republicanas. Los primeros, los monárquicos, realizaban incursiones armadas en Portugal desde España. (La frecuencia de estas algaradas determinó repetidas reclamaciones diplomáticas por parte de la

---

[1] En una de las discusiones en la Constituyente, decía Teofilo Braga, Presidente del Gobierno provisional: «Once proyectos de Constitución se han presentado a esta Asamblea, lo cual es un fenómeno especial de psicología muy interesante para el estudio del estado mental de la Cámara sobre este gran problema... En el proyecto adoptado para la discusión se observa falta de doctrina, de criterio científico, y aun de orientación política; es una cosa... amalgamada, sin conexión e ilógica... Se ha fabricado una droga, pero no una Constitución... Hemos ido al Brasil y hemos tomado de su Constitución lo que nos ha parecido, y lo mismo hemos hecho en cuanto a Francia, a los Estados Suidos, a Suiza»-

flamante República a nuestro Gobierno, origen luego de cierta tirantez de relaciones). La efectividad de la amenaza aumentó para los republicanos cuando D. Manuel, el rey destronado, y el pretendiente D. Miguel, llegaron a un acuerdo en sus respectivas aspiraciones. El peligro «rojo», constituido por los *republicanos radicales* que pedían una República radical, implicaba el sindicalismo revolucionario que pudo implantarse y medrar merced a la desorganización general del país. Los obreros agrupados, en el *partido socialista de Portugal*[1], recibían la influencia de esos elementos anarquizantes, y en el nuevo régimen, que les otorga el derecho a la huelga, castigada bajo la Monarquía, se orientan, movidos por aquéllos, en sentido revolucionario[2]. La desorganización de los partidos y la dispersión dé sus fuerzas, dificultaba la tarea de organizar lo» elementos todos del país. Sin mayoría, parlamentaria homogénea, los Gobiernos habían forzosamente de ser de coalición. (Vasconcellos: Nov. 1911.-Jun. 1912; Duarte Leite: Jun. 1912-Ener. 1913)[3]. Los demócratas (Costa), con mayoría relativa[4] constituyeron Ministerio homogéneo (Enero 1913). Sus antecesores fracasaron en los intentos de organización general y no pudieron acabar con los dos factores de subversión en el país. El Ministerio Costa logró destruir las organizaciones de los radicales dé Lisboa y poner cierto orden en la Hacienda salvando los principales escollos que se oponían a la marcha de la República. Pero, en cambio, los partidos se coligaron contra

---

[1] Este partido, organizado a raíz del establecimiento de la República, tenía sus antecedentes en una organización marxista fundada en 1876 por militantes marxistas españoles de la «Federación madrileña».

[2] En 191 hubo 36 huelgas con 11.000 huelguistas, y en 1911, 42 con 25.670.

[3] Antonio José d'Almeida, jefe *evolucionista*; escribía en su periódico A *República* (Mayo 1912): «De hecho, en Portugal, no hay Gobierno. Es una República oligárquica, un sofisma odioso de la democracia; República solamente de nombre; tan solo de etiqueta porque no existe en ella respeto alguno para la soberanía popular... Vivimos en una dictadura permanente, más aún, en la peor de las dictaduras porque es la dictadura efe las facciones, ea la canalla de las calles la que ordena, es la urania de las guaridas la que manda... ¡Miseria suprema! ¡Suprema Vergüenza!

[4] 61 *demócratas* (Costa); 30 *evolucionistas* (Antonio de Almeida); 21 *unionistas* (Brito Camacho); 14 *independientes* y 10 «salvajes».

él. Malavenidos con el ostracismo a que se les condenaba; añorando las ventajas administrativas, ahora inaccesibles para ellos, pronunciáronse en sentido hostil al Gobierno[1] reforzando así un sentimiento general de oposición contra aquél, integrado por distintos factores agraviados por la República o por el Gobierno demócrata: el clero, los sindicalistas, socialistas, anarquistas y monárquicos, alianza que denunciaba en la Cámara el jefe del Gobierno. No obstante la labor realizada por el Gabinete demócrata, la situación de Portugal era crítica.

Dentro de tan confusa situación, el país no gozaba de aquella tranquilidad que hubiera alcanzado con Gobiernos fuertes y prestigiosos que se impusieran por su propia autoridad. El pesimismo invadía a la. nación entera que esperaba de hombres desinteresados e inteligentes, un trabajo de unión y de concordia en el país.

Bernardino Machado fue el elegido para conjurar la crisis de la República. Su Gobierno (Febr. 1914), con la flexibilidad y el tacto impresos por el primer ministro, después de la política agitada y de combate, señalábase como de conciliación, destinado a mitigar pasiones exacerbadas. La amnistía general concedida a los presos políticos fue el comienzo de una era, bruscamente interrumpida por la guerra europea, en que la República se afirmaba y el orden renacía.

---

[1] En una interview celebrada con Machado dos Santos reproducida por el periódico *A República* (30 Diciembre 1913) decía el jefe de los independientes: «Tal como actualmente es, la República portuguesa es vilipendiada por toda Europa y aún por el mismo pueblo portugués. Le falta, en efecto la base jurídica esencial qut ha de servir de lazo de unión entre la tradición y las ideas de hoy... No existe ninguna libertad de pensamiento ni de reunión, ni de asociación, en Portugal... No vivimos, vegetamos... Actualmente el pueblo portugués vive en temor a todo y a todos; no se respira más que miedo; aun los mismos ciudadanos se temen unos a otros. Una República que ha llevado al país a tal situación no vivirá ni puede vivir... Si el año 1914 es para la República portuguesa lo que ha sido el 1913, nuestra Patria está irremisiblemente perdida».

IMPERIO ALEMÁN

Después de un proceso laborioso (Sacro Romano Imperio h. 1806; Confederación del Rhin – 1806-1813; Confederación Germánica – 1815 – 1867 y Confederación de la Alemania del Norte – 1867 – 1871 –) consigue Alemania su unidad consagrada en el Imperio (proclamado en Versalles – Enero-1871, donde el rey de Prusia fue coronado Emperador), como consecuencia de la derrota francesa en la guerra franco-prusiana-1870-1871.

La Constitución del nuevo Imperio, promulgada en Abr. 1871, (no rigió en Alsacia-Lorena, incorporada a aquél en calidad de «país del Imperio» – Reichsland – hasta 1° Enero 1874) le define como una «Confederación perpetua», presidida-Proesidium-por el rey de Prusia que lleva el título de Emperador alemán – Deutscher Kaiser – Corresponde al Emperador la representación del Imperio en las relaciones internacionales, declara la guerra, hace la paz y concluye alianzas y otros convenios con los Estados extranjeros. El Poder ejecutivo se le atribuye también, auxiliado por el Canciller que es el primer funcionario del Imperio, «apoderado responsable Emperador», presidente del Consejo federal y de la Delegación prusiana. – El Poder legislativo, en cuanto a materias comunes a los Estados federados, taxativamente marcadas en la Constitución, se ejerce por el Consejo federal – Bundesrath – en común con el Reichstag. El primero, cuya presidencia corresponde al Canciller, se comporte de los representantes de cada uno de los Estados del Imperio, que tienen en aquella Asamblea distinto número de votos (Prusia 17; Baviera 6; Sajonia y Wurtemberg 4; Baden, Hesse y Alsacia Lorena 3; Meckleemburgo – Schwerin y Brunswick 2, y los restantes 1. El Reichstag es la representación del pueblo alemán. Sus miembros – diputados – son elegidos por sufragio universal, directo y secreto por un periodo de 3 años; en 1888 se prorrogó a 5. Ambas Cámaras son convocadas anualmente por él Emperador. El Consejo Federal puede 'ser convocado sin el Reichstag, pero no éste sin aquél.

Los partidos que actualmente – 1914 – componen el *Reichstag*, existían con anterioridad al nuevo sistema político. Dentro ya de él, se unen los elementos análogos diseminados hasta entonces en las Dietas particulares-*Landtags*-agrupándose en partidos imperiales. Adquieren, por lo mismo, una robustez de que antes carecían; se intensifica su labor de organización, y una vida política agitada y vigorosa es el ambiente en que medran o se disgregan; y si unos ganan en esa tarea política, activa e intensa, otros carecen de solidez suficiente para resistir las luchas, que dan al traste con su unidad.

El partido conservador alemán, que «radica principalmente en el antiguo espíritu gubernamental prusiano[1]», agrupó a los aristócratas, celosos de sus privilegios, contra los avances democráticos de los burgueses progresistas. Defensores tradicionales de la autoridad real y de la Iglesia protestante ortodoxa, llegaron posteriormente, sin olvidar esos ideales, a constituir un partido de clase. Los intereses de sus elementos, grandes propietarios, agrícolas, hicieron al partido conservador formular reivindicaciones de orden más práctico. La concurrencia industrial nacional y extranjera, nada favorable para la agricultura alemana, llevó al partido a patrocinar fórmulas exultantes de un conglomerado de concepciones relacionadas entre sí. Su espíritu particularista prusiano con relación al Imperio se avenía perfectamente con enunciados tan acordes como el proteccionismo, principio requerido, de otra parte, por aquella situación de malestar de los intereses agrícolas. Y partiendo de estos criterios restrictivos, el partido conservador era consecuente con su temperamento al pedir, por extensión, al mismo tiempo que barreras aduaneras protectoras, iguales obstáculos infranqueables de orden moral e intelectual que separasen al Imperio del resto del mundo. Era ello, un aspecto de su tenaz particularismo prusiano ampliado luego, una vez que aceptaron el Imperio, suscribiendo así un a modo de *particularismo imperial* con relación a los demás pueblos.

Su carácter aristocrático cedió en gran parte, debido no sólo a una ley general e imperiosa, de democratización, sino a la influencia de la *Unión de los agricultores*—1893—. Las tendencias librecambistas de Caprivi establecieron mecánicamente vínculos de solidaridad entre los agricultores, que se unieron en aquella

---

[1] P. de Bülow. La politique allemande. Trad. del alem. por M. Herbette. París 1914, pág. 171

agrupación al objeto de sostener el criterio proteccionista. Mezcláronse allí toda clase de intereses agrícolas, de los grandes propietarios nobles junto a los de modestos agricultores, representantes del coeficiente más elevado, —un 97 por ciento—, en la *Unión*. Entre esta entidad y el partido conservador entabláronse relaciones complementarias de mutuo auxilio cuya mayor eficacia resaltaba en las elecciones, de tal suerte que los diputados conservadores llegaron a ser verdaderos mandatarios de aquélla con poderes limitados, al menos en cuestiones económicas. La preponderancia lograda por la *Unión* sobre el partido implica cierta supremacía de los agricultores modestos, traducida luego políticamente en un matiz democrático, impreso al partido conservador. Este, por consiguiente, había de armonizar su carácter innato aristocrático con una concepción democrática dictada por su consorcio con la *Unión* e impuesta por sus intereses.

El partido conservador, poco antes de la constitución del Imperio, —1867— se dividió en dos fracciones: *partido conservador alemán*—Deutsch-konservative Partei—y *partido conservador-liberal*—Frei-konservative Partei en la Cámara prusiana, —o *partido del Imperio-Reichspartei*—llamado también *partido alemán del Imperio*—Deutsch Reichspartei.—El primero mantenía los antiguos ideales del partido en toda su pureza e intransigencia; era el partido de los *junkers*, adictos al Emperador, protestantes ortodoxos y antisemitas. El segundo, del cual se ha dicho que tiene una opinión más que número de miembros, es como la izquierda del partido; cede aquí el criterio inflexible de aquéllos; armonizan su credo con el espíritu de la época presente y estiman una abdicación, que rechazan desde luego, someterse a la *Unión de agricultores*; son «la edición moderna del partido conservador.» Los sentimientos hostiles a los judíos, «extranjeros del interior», comunes a los conservadores, se concentraron más especialmente en el *partido cristiano-social*, organizado en 1878 como partido democrático con un programa socialista cristiano, antisemita, proteccionista, —Stöcker, Wagnef, Naumann—y de reivindicaciones obreras. El comercio y la industria en pequeña escala, le suministraron sus elementos principales. Fue fundado en aquella fecha por Adolfo Stöcker, predicador de la Corte, como medio de detener los progresos socialistas y a modo de salvaguardia de la Iglesia protestante en tiempos del Kulturkampf.

El *partido liberal progresista—Fortshrittspartei—*se había organizado con elementos burgueses intelectuales hacia la misma época que las fuerzas conservadoras-1861-. Después de Sadowa y cuando se produjo la escisión en el partido conservador-1867 los liberales se dividieron también. Del partido se separó un núcleo, el más importante por el número y calidad de sus fuerzas, animado de un espíritu imperialista y decidido a colaborar en la obra unitaria de Bismarck. Así quedó constituido el *partido nacional-liberal-National Liberal Partei*.-El antiguo partido progresista, que es el elemento radical, anticlerical como los nacionales-liberales o moderados, se distinguió de, éstos por su particularismo prusiano. El partido nacional-liberal fue el apoyo de Bismarck en la. implantación de la unidad alemana y su colaborador del Kulturkampf. El librecambismo de este partido frente a la evolución proteccionista del Canciller determinó una nueva escisión. Un grupo siguió a Bismarck en su orientación proteccionista en tanto que el núcleo de la «secesión» le abandona —1880— por seguir fiel al programa del parado, que preconizaba además, un régimen parlamentario inadmisible de todo punto para el Canciller. Esta fracción terminó por fundirse—1884—en el partido progresista, llamado desde entonces *partido liberal alemán—Deutsche Freisinnige Partei*. Los nacionales-liberales faldearon visiblemente su liberalismo para caer en el oportunismo sin conservar más que el matiz nacionalista. Del mismo modo que los conservadores llegaron a ser un partido de clase, amparo de la agricultura, los nacionales-liberales fueron con el tiempo los representantes de la gran industria. Como medio de contrarrestar la influencia de la *Unión de agricultores* se creó—Junio 1909—la *Liga de la Hansa*, organismo desde el que la industria y el comercio alemanes se propusieron defender sus intereses. Los diputados de la *Liga*, nacionales-liberales y progresistas, no consiguieron la unidad y cohesión de los conservadores de la *Unión*, y la lucha de intereses y la oposición de criterios económicos inconciliables dentro de aquel organismo les debilitó. El partido nacional-liberal, poderosamente influido por ésta y otras organizaciones patronales que buscan en el Parlamento defensores de sus intereses, ha llegado a ser el órgano político de la gran industria alemana, así como los progresistas se apoyan en el comercio. En el terreno político el partido nacional-liberal, atraído por los dos partidos que le limitan, ha sufrido una dislocación; en parte ha evolucionado hacia la izquierda empujado por los «jóvenes liberales», como quedó plenamente consagrado en sus alianzas con los socialistas en distintos Estados del Imperio y en la formación del «Gran bloque» de las izquierdas para las elecciones al Reichstag, en tanto que los elementos más moderados se inclinaron hacia los conservadores. El partido radical perdió su unidad por la disparidad de criterios que les dividió en tres fracciones: *Freisinnige Vereeniging.*-Unión liberal—*Freisinnige Volkspartei,*-liberal demócrata- y *Suddeutsche Volkspartei*[1].

Hacia 1850 existía en el Landtag prusiano una modesta «fracción católica» con un programa de naturaleza preponderantemente social, inspirado en la obra de Ketteler— su fundador con el abate Heinrich—*La cuestión obrera y el cristianismo*, y que comprendía entre otras aspiraciones políticas el sufragio universal. Esta agrupación, llamada *Centro* por el sitio que ocupaban sus miembros, fue disminuyendo, hasta desaparecer poco antes de la fundación del Imperio. Reaparece luego vigorosa en la Dieta de Prusia en 1870, y en las primeras elecciones para el Parlamento imperial se constituye en partido político con el nombre de *Centro-Centrum.*—De estructura singular, este partido, uno de los más numerosos en el Reichstag, ha jugado papel importantísimo, acaso el primordial, en la historia alemana[2]. Los partidos alemanes, en general, son de clase. El partido conservador es órgano de intereses agrícolas; de industriales y comerciales el liberal; de reivindicaciones proletarias el socialista, esencialmente de clase;

---

[1] Este *partido demócrata de la Alemania del Sur*, laico y radical, mantenedor de los principios democráticos avanzados de 1848, se llama así por reclutarse en su mayor parte en esa región de Alemania especialmente en Wurtemberg.

[2] ...«el Centro católico... logra que todos loa gobiernos sucesores de la semidictadura bismarckiana tengan que apoyar sobre la base de aquella agrupación poderosa, una política oportunista... E. Gil y Robles. Carta a D. Joaquín Costa sobre Oligarquía y Caciquismo. Salamanca 1901— pág. 19.

en el Centro están todos incluidos sin que pueda afirmarse que ostente la representación especial de alguno de ellos. Allí se mezclan príncipes y obreros, «aristócratas y héroes de las barricadas», reivindicaciones comerciales y agrícolas, industriales y obreras; «representa a la vez —decía Bülow— intereses aristocráticos y democráticos, reaccionarios y liberales, ultramontanos y nacionales».

El vínculo religioso es el secreto de la unidad de este partido, que fundó sus disensiones internas en el mismo punto. Nació al amparo del ideal religioso, católico; se templó en la lucha confesional del Kulturkampf y triunfó de la política implacable anticatólica. En la adversidad apretó sus filas contra el enemigo y al propio tiempo ganaba una cohesión vigorosa, proverbial después. Ante la idea primordial, idealista, que informa la constitución y la vida del Centro se subordinan, dentro, del partido, todas las concepciones de otro orden. Solo así se compren de la coexistencia en el mismo seno de los intereses más encontrados y de las fuerzas más opuestas. La preponderancia religiosa, la absorción por la idea católica, base fuerte sobre la que el partido se edificara, de todas las demás aspiraciones, imprime al Centro una actuación política que se ha calificado de incoherente y contradictoria. Es que los varios criterios que le integran exigen políticas distintas que pueden estimarse como el elemento secundario, de variedad, dentro de la idea principal unitaria, religiosa, por lo cual es condición lógica en él la de oportunista.

Ante tal preeminencia del ideal religioso, parece ocioso discutir acerca de si es o no partido confesional[1]. Sin embargo, las opiniones son varias, y si Windthorst, que en el Congreso de Münster—1885—no tuvo inconveniente en definir el Centro como «la representación parlamentaria de los católicos de Alemania», rechazó de modo expreso aquel calificativo, Bülow dice que «el Centro es el fuerte baluarte que se ha creado la parte católica del pueblo alemán, para defenderse de los ataques de la mayoría protestante.» El vínculo religioso, origen de su disciplina y potencia, sobre el cual se ha tratado de fundamentar

---

[1] Véase: G.Goyau Bismarck et l'Eglise.París.-1911-I-pág.92

la condición confesional del Centro, determinó también el nacimiento de gérmenes peligrosos de disociación. Los progresos de la Democracia Social afectaban por igual a protestantes y católicos. Entre estos últimos cundió la idea de unirse a los primeros en una coalición *cristiana*, dentro de una esfera, no política como la conseguida por Kuyper y Schaepman en Holanda, sino social expresada en sindicatos mixtos. Esta pretensión hizo brotar la discordia en él Centro, a últimos del siglo IXI, que se dividió por tal motivo en dos concepciones: *tendencia de Colonia* favorable a la creación de sindicatos mixtos de católicos y protestantes — Christliche Werkschaften — fuera de la órbita de acción del clero. Esta tendencia, que lleva implícita la teoría de un Centro político no confesional y constituyó el ala izquierda del partido, fue suscrita por la inmensa mayoría del Centro — Schell, Bachem, Kopp, Schneider, Fischer — entre ella figuras eminentes del clero católico alemán. Formaba el ala derecha la *tendencia de Berlín*, calurosamente defendida por Roeren y Bitter, que preconizaba sindicatos puros, exclusivamente católicos, y la teoría de un Centro Confesional.

Esta profunda escisión no llegó a ejercer influencia sobre la fortaleza proverbial del Centro, en auge siempre contra todas las circunstancias que han conspirado contra su homogeneidad y solidez, lo cual ha hecho decir de modo gráfico que «su existencia es un milagro permanente», acaso debido a que por encima de las discusiones quedaba incólume e intangible la idea religiosa; hasta el punto de que una gran autoridad en la materia no conceda trascendencia alguna a la tendencia de Colonia[1] por el hecho de reconocer la primacía eh el partido de la concepción católica.

Dentro de la órbita del Centro, giran los pequeños grupos *protestatarios* animados de una. oposición común hacia el Poder central, como *protesta* contra la anexión de sus respectivos territorios: daneses del Schleswig, polacos, güelfos — welfen — de Hanover y alsaciano — loreneses, desde 1874; solidarios todos de

---

[1] El Príncipe de Bülow dice a este respecto: «Por muy sutilmente que se arguya en Colonia y en Berlín acerca del concepto de partido confesional, el Centro es y será siempre un partido que se mantiene unido por la religión».

aquel en virtud de la semejanza de sentimientos federalistas y, en general, de ideas religiosas.

El movimiento socialista alemán es muy anterior a la fundación del Imperio, pero el origen más directo e inmediato de la Social Democracia radica en la organización dada al proletariado por Fernando Lassalle. Al mismo tiempo que los obreros querían eximirse de la amistad interesada y absorbente de los progresistas, Lassalle predicaba la unión del proletariado en un partido exclusivamente obrero, de clase. Su *Carta abierta* de 1863 fue el comienzo de la campaña en tal sentido, señalando como arma principal de la futura organización el sufragio universal[1]. En el mismo año fundaba la *Asociación general de los obreros alemanes, —Allegemeiner deutscher Arbeiterverein.—* La tendencia de este socialismo era pacífica, evolucionista, moderada, nacionalista, particularista prusiana. Las discrepancias entre Schweitzer, segundo sucesor de Lassalle, y Liebknecht y Bebel, los cuales censuraban a aquél su «socialismo imperialista» colaborador del «cesarismo bismarckiano», determinaron el nacimiento de una nueva fracción disconforme con la orientación de los «lassalianos». Liebknecht y Bebel fundaron en el Congreso de Eisenach—1869—el *Partido obrero demócrata-socialista-Sozialdemokratische Arbeiterpartei*. La lucha entre el espíritu de la *Asociación* de Lassalle y el criterio marxista revolucionario e internacionalista de los «eisenaquianos., llena este período hasta 1875. Convencidas ambas fracciones de que sus divisiones les debilitan en beneficio del Gobierno, llegan a la unión en el Congreso de Gotha—22—27 Mayo 1875 —que fue una transacción entre los dos términos. De este Congreso salían unificados los socialistas en el *Partido obrero socialista de Alemania-Socialistische Arbeiterpartei Deutschland-*. Terminaron, por consiguiente, las concomitancias entre Bismarck y el «socialismo imperialista» de los moderados y viene una época difícil para el partido socialista, seriamente, amenazado por las leyes de excepción, durante la cual mantuvo oculto sus ideales

---

[1] «El secreto de los éxitos prácticos—decía,—está en concentrar en todo momento toda la fuerza en un solo punto—el más importante—sin mirar a derecha ni a izquierda. Obrad así, pues; no miréis a ningún lado, permaneced sordos a todo lo que no sea el sufragio universal y directo, o no se relacione con ello ni pueda conducir a ese fin».

en los sindicatos; no renovadas esas medidas en 1890, comienza la reorganización del partido en el Congreso de Erfurt —1891 — completado luego en los de Maguncia— 1900 y —Yena—1906.— En el Congreso de Erfurt triunfó el marxismo, y un grupo de «jóvenes» revolucionarios radicales, no conformes con el matiz «burgués» que veían en el partido socialista, agrupáronse en el *partido socialista independiente* que, a su vez, se dislocó en dos fracciones: una que volvió al seno de la Democracia Social y otra declarada francamente anarquista, con su periódico *Sozialist*. Posteriormente surgió una tendencia moderada a la que siguen con sus votos las masas descontentas, en razón de su disgusto por la orientación política del Imperio, y ajenas por completo al programa socialista. Al frente de esta tendencia moderada iban Vollmar, su tribuno, Bernstein, su expositor teórico, Franck, Südekum, Heine, Landsberg, Schippel etc. El grueso del partido socialista estaba compuesto por intelectuales adictos fervientes a las ideas marxistas, cuya ortodoxia integral representó Bebel, y a la extrema izquierda se colocó un pequeño grupo violento e intransigente de escasa influencia, que representó en los últimos tiempos el Dr. Lensch.

El partido socialista alemán, que ha servido de modelo a los análogos de otros países, está dotado de una fuerte organización. Este hecho explica en parte su potencia, acrecentada después de Bismarck que no pudo conseguir sus propósitos de aplastarle; el partido triunfó también de la misma táctica seguida luego, con idéntico resultado infructuoso, por el príncipe de Bülow. Contribuye a vigorizarle más, el hecho de que ha llegado a ser cómo el receptáculo dé todas las protestas del país. La discrepancia de las masas con la política del Gobierno se manifiesta en la adhesión a este partido, enemigo del régimen, como expresión enérgica y eficaz de malestar político, económico o social. La burguesía sancionó el procedimiento con el hábito de conceder sus sufragios a La Democracia Social.

En el terreno económico los católicos y los protestantes, enemigos en religión de los socialistas[1], les han disputado

---

[1] Bebel expresaba el credo socialista diciendo: «queremos en política la república, en economía el socialismo, en religión él ateísmo».

victoriosamente el terreno organizando a los obreros en sindicatos, asociaciones y centros.

El Gobierno alemán no concede beligerancia parlamentaría al partido socialista, opuesto, a su vez, del mismo modo sistemático, al régimen fundamental político. Siempre desconoció el Poder central a este partido que, en virtud de su espíritu revolucionario «mina las bases de nuestra vida gubernamental[1]», dice Bülow. Por esta circunstancia el ministerialismo no es materia de discusiones en la Democracia Social alemana. Saben desde luego que no han de llegar a posiciones que les permitan entrever la posibilidad siquiera de entrar en el Gobierno, con lo cual se elimina del partido una causa de división muy corriente en los partidos socialistas europeos.

La fracción socialista de Lassalle era nacionalista frente a los internacionalistas «eisenaquianos». La Social Democracia, ya unificada y reorganizada, pese a todas sus confesiones de internacionalismo, era, en el fondo, nacionalista. Dentro de su internacionalismo la Democracia Social intercaló un concepto condicional, el de la hegemonía alemana que convertía aquel en un nacionalismo innegable, más franco aún, al tratarse de la posibilidad de una guerra defensiva, ante lo cual Bebel confesaba que «los socialistas rechazarían los ataques contra su patria tan enérgicamente como cualquier otro partido», y en alguna ocasión los propios interesados no se han recaudo de afirmar que «los fines internacionales no les hacían olvidar sus deberes de alemanes[2]».

---

[1] P. de Bülow. Ob. cit. pág. 313.

[2] Se presenta, a veces, al socialismo como enemigo de la Patria en virtud de la concepción internacionalista que adoptaba. Sin embargo, los socialistas alemanes, ortodoxos, nada sospechosos en cuanto a la pureza de su credo, que de modo intransigente e íntegro representó como nadie Bebel, desmienten de modo bien explícito aquella solidaridad de conceptos. En 1904 este jefe socialista decía: «Todos (los socialistas), desde el más joven hasta el mis viejo están dispuestos a tomar el fusil al hombro y marchar contra el enemigo. (Le Correspondant. 1908-IV. página 620) — El mismo Bebel en una reunión electoral — 21 Abril 1907 — hablaba así... «Tampoco somos enemigos de la paria porque pertenece a los socialistas del mismo modo que a los conservadores y a los nacionales-liberales. Queremos hacer de éste, un país más próspero que

No obstante las discusiones en el partido, la disciplina se mantuvo, y sobre la diversidad de criterios pesó el prestigio y la autoridad de Bebel que consiguió, en un avance progresivo de sufragios en el país y de votos en el Parlamento, hacer del socialista el partido más numeroso del Reichstag, después de resistir victoriosamente furiosos asaltos del Gobierno; 2 puestos tenía en 1871, y en 1912 subió a 110 con 4.250.000 sufragios.

En el estudio de los partidos alemanes es preliminar la afirmación de la influencia prusiana en el Imperio. Prusia dirigió la obra unitaria y, conseguida, conservó en el nuevo sistema un predicamento consagrado en la ley política y en la práctica. Su rey es jefe nato de la Federación; en el Bundesrath tiene mayor número de votos que los demás Estados; su política general se refleja poderosamente en la del Imperio y en este Estado núcleo aparecieron, en general, los partidos del Reichstag y allí tienen su más vigorosa representación. Efecto de esa supremacía es la preponderancia en el Imperio, del Poder central con el Emperador a su cabeza y la ausencia de régimen parlamentario en un Parlamento elegido por sufragio universal.

El sistema político resultante, afecta intensamente a la fisonomía de los partidos alemanes[1]. A la inversa de los que viven en un régimen parlamentario, su actuación política es ineficaz. Los partidos alemanes por mucho arraigo que tengan en el país, manifestado en brillantes triunfos electorales, no su ben al Poder con sus jefes, no gobiernan. De ahí que no pueda hablarse

---

ninguno». Id. 1907-II. págs. 619-620 — Vollmar, en el Congreso socialista internacional de Stuttgart—1907—declaraba: «No es verdad que internacionalismo sea igual que antipatriotismo y que no tengamos patria». En ese Congreso, los socialistas alemanes, no solo no aceptaron el programa de Hervé, «huelga militar, insurrección», sino que arrojaron del partido en calidad de anarquista, al Dr. Friedeberg por mostrarse *herveista*. — Noske, diputado socialista, se expresaba de esta suerte en el Congreso social demócrata de Essen— 1907: «No, no somos traidores a la patria. Aun los más radicales de entre nosotros, quieren defender el pedazo de tierra en que nacieron y cuyo idioma hablan.» Id. 1907. IV.-pág. 205. Y como éstos pudieran citarse infinidad de datos conduyentes. Véase: Cb. Andler: Le socialisme imperialiste dans l'Állemagne contemporaine. París 1918.

[1] V. un estudio psicológico de los partidos alemanes en S. Grumbach: Les elections allemandes, en la Revista Le mouvement socialiste.—1912—I—pág. 177 y sigts.

tratándose de Alemania, de partidos ministeriales y de oposición. Puntos concretos, circunstancias diversas y variables, imprimen nuevas orientaciones, modifican el concepto de los partidos sobre problemas sometidos a su consideración. De tal suerte, pueden pasar, sin violencia, de una mayoría, que no está Unida al Gobierno en la persona de ninguno de sus miembros por el interés partidista, a la oposición y viceversa. En el sistema parlamentarlo, un partido encuentra en la subida al Poder el medió de llevar a la práctica sus ideales, sus programas. Los alemanes, para conseguir sus aspiraciones, han de moverse en una esfera de regateos, de transacciones y componendas en las que entra como precio en cambio, su apoyo al Gobierno.

En principio general puede afirmarse que los partidos alemanes han de carecer de cohesión y de afinidad como resultado natural de su estructura. No pueden, en efecto, ser compactas, colectividades constituidas por un conglomerado de tendencias diversas y centrífugas--particularismos políticos, religiosos y sociales[1],— a las que se une para aumentar esos motivos de disgregación, una propensión innata al pormenor, a constituir agrupaciones pequeñas[2], que se opone a la existencia de grandes partidos unidos y sólidos. La política resultante del sistema constitucional alemán multiplica extraordinariamente tales defectos. El Gobierno, ya que los partidos son factores de triunfo en su labor parlamentaria, trata de asegurar su política mediante la formación de mayorías sin más consideración que sus aspiraciones numéricas; toma, pues, las mayorías donde las hay, donde puede encontrarlas, por lo cual siendo heterogéneas han de ser efímeras. Con esa obra gubernamental los partidos se gastan; se agudizan en la convivencia impuesta y transitoria los contrastes y las asperezas, y, por último, los continuos cambios a que están sometidos y las luchas a que el Gobierno les arroja, son otras tantas causas de división, en pugna con la existencia de partidos fuertes.

---

[1] L. Lowel: Governments and parties in continental Europe. Londres-1917 — II pág. 46 y sigts.

[2] P. de Bülow: Ob. cit. pág. 136.

Aun en problema de índole tan práctica como es la política, los alemanes, por temperamento, tienden, a elevarse sobre la realidad construyendo teorías, «subordinando frecuentemente las cuestiones prosaicas de la política a la lucha por las ideas universales[1]». Este «filosofismo político» contrasta con el temperamento esencialmente práctico del pueblo inglés. Debido a él, los partidos ingleses son flexibles y maleables, circunstancias que les permiten ajustarse instintiva y mecánicamente a la vida con la que van siempre en íntimo contacto; por eso los partidos ingleses pueden caer en el empirismo. Por el contrario, el doctrinarismo alemán hace de los del Imperio agrupaciones rígidas y dogmáticas que pretenden encerrar en sus programas la misma realidad, por lo cual, en general, son irrealizables[2]; por eso lo» partidos alemanes tienden a la utopía.

Un partido puede apreciar el grado de realización de sus doctrinas en tanto en cuanto intentó llevarlas a la práctica desde el Poder. La práctica de gobernar, en efecto, enseña a los partidos la mayor o menor efectividad de sus programas; la relación entre los dogmas y los hechos; las dificultades de adaptar las ideas a la vida; la responsabilidad que lleva consigo la implantación de una determinada tendencia o modalidad política. Toda esta labor, con los triunfos y los fracasos que implica, es perpetua enseñanza, escuela de educación más o menos dura y amarga. De ella salen los partidos más prudentes y moderados porque han aprendido a ceder, transigir, armonizar, porque, en una palabra, han adquirido sentido político. Los partidos alemanes, en tanto permanezcan alejados del gobierno directo, seguirán aferrados a sus dogmatismos ya que han de estimar realizables unos programas que no han sido contrastados por los hechos. De ahí sus intransigencias y sus durezas. Otros dos extremos aumentan la inflexibilidad de los partidos alemanes: la inalterable adhesión al programa, el apego sistemático e irreflexivo que reside en la psicología del pueblo alemán[3], y el espíritu de clase tan arraigado dentro de estas

---

[1] P. de Bülow: Ob. cit. pág. 156-159-160.

[2] P. de Bülow: Ob. cit. pág. 159.

[3] P. de Bülow: Ob. cit. pág. 147 a 150.

colectividades. Los partidos alemanes tras de enarbolar principios idealistas, adoptaron concepciones positivas, concretas y tangibles. El espíritu de casta, tan desarrollado aquí como en Inglaterra, que informaba en gran parte los partidos, se unió después, en tiempos de gran desarrollo mercantil e industrial, a un sentido de defensa de sus intereses materiales amenazados en una contienda económica entrañada por aspiraciones diversas y a veces incompatibles. Ese espíritu de clase, de una parte, reforzó la adhesión al partido acreciendo las intransigencias partidistas; y de otra, modificó la naturaleza de los partidos que, sufriendo una verdadera tiranía de esta nueva modalidad, acogieron con preferencia las ideas políticas y sociales al servicio de la defensa de aquellos intereses materiales. Comprobando el hecho, se ha señalado la circunstancia de que más bien se distinguen entre sí aquellas colectividades en virtud de concepciones e intereses económicos, que de criterios políticos[1].

El particularismo alemán persiste aunque aminorado[2]; su última y más moderna manifestación reside en los partidos políticos. En los tiempos siguientes a la constitución del Imperio, ese particularismo se exteriorizó en un espíritu nacionalista, expresión, a su vez de tendencias federalistas. El tiempo fue estableciendo la fusión entre los distintos Estados federados, y como resabios y reminiscencias de tales sentimientos, quedó en los partidos la sedimentación particularista que Bismarck, vencedor del particularismo político, no pudo dominar en aquéllos[3]. Sin embargo, la continua e íntima colaboración en una política común, imperial, ha logrado si no borrarlo por completo, cuando menos atenuarlo. La excepción radical en esta materia está en los llamados partidos *protestatarios*, irreductibles en sus ideales y reivindicaciones nacionalistas, que no han llegado a transigir con la incorporación al imperio de sus respectivos territorios.

---

[1] Este espíritu de clase, reforzando la unión de los partidos, cristalizó en dos instituciones principalmente: la *Unión de los Agricultores* (conservadores) y la *Liga de la Hamo* (liberales).

[2] P. de Bülow: Ob. cit. pág, 139.142.

[3] P. de Bülow. Ob. cit. pág. 147.

El espíritu de organización y disciplina, reconocido universalmente en el pueblo alemán, tiene una de sus más elocuentes manifestaciones en los partidos políticos del Imperio. La conocida frase irónica de Heine: «dejad tres alemanes en una isla solitaria y lo primero que harán es constituir una asociación», encierra un fondo de verdad que aquellas colectividades demuestran prácticamente. Las ya enunciadas circunstancias disolventes que tienden a disgregar los partidos encuentran su mayor y más potente contrapeso en el espíritu de clase que les preside y en esta tendencia a la organización. Sirvan de ejemplo, en cuanto a la última cualidad, el Centro y la Democracia Social. Ambos fueron rudamente combatidos por Bismarck; salen más fuertes de la lucha y llegan a ser los partidos más vigorosos e importantes no solo en el Reichstag[1] sino en el país, donde se disputan la conquista del pueblo mediante sus asociaciones, centros, sindicatos, etc. Solo una inteligente organización y una severa disciplina han podido triunfar de sus propias internas divisiones y de sus perseguidores; y si Bülow coloca al partido socialista alemán entre las organizaciones perfectas existentes sobre la tierra[2], Bismarck rendía al partido católico el homenaje, valioso por desinteresado, del adversario: «debemos aprender del Centro — decía — que la disciplina y el sacrificio de todos los intereses accesorios se deben al gran fin que persiguen los jefes».

---

[1] «Sin los dos vigilantes parlamentarios extremos, el Centro y el Socialismo, el partido de los liberales-nacionales y el progresista, ciudadelas donde se resguarda una burguesía típica por la irreligión, el escepticismo y el utilitarismo sin conciencia, habrían convertido a Alemania... en un resurgido reino del Israel talmúdico que es la patria natural e indefectible de los pueblos descristianizados.» S. Gil y Robles. Ob. cit. pág. 19.

[2] P. de Bülow. Ob. cit pág. 224.

I

Organizados los partidos liberal, conservador y socialista algún tiempo antes de la fundación del Imperio; la «fracción católica» qué en otro tiempo se sentara en el Landtag prusiano, habla desaparecido. En los comienzos de 1871, los católicos constituyéronse en partido político con su periódico *Germania*, para defenderse desde su posición de minoría, contra los protestantes, y recogiendo la antigua denominación nació el *partido católico del Centro*[1]. Su programa contenía tres puntos principales, expresión de su temperamento político-social: 1.º Perseguir el bien moral y material de todas las clases populares; 2.º Conservar «las particularidades especiales» compatibles con el conjunto del Imperio; 3.º Libertad de las Iglesias[2]. Era un partido social, y particularista; el dictado de confesional lo rechazó expresamente Windthrost. Desde su aparición, el Centro ganaba la enemiga del Canciller. Bismarck no podía admitir un socialismo fuera del Estado, que no estuviese dirigido y encauzado por él; el fundador del Imperio no transigiría con el particularismo del nuevo partido, y su inclusión por sus adversarios políticos entre los partidos confesionales, le presentaba como sujeto a Roma, ultramontano, y antinacional por consiguiente. Era, en concepto de sus enemigos, una fracción más que un partido que pretendían voluntariamente ignorar, si bien, la importancia de su programa destruía, imponiéndose, todas las sutilezas.

La radical oposición de intereses y de criterios entre el Centro y el Canciller presagiaba la mortal enemiga tan próxima como inevitable. El terreno en que primero se manifestó, de modo encarnizado, fue el religioso. En Mayo de 1871 se celebraban las primeras elecciones al Reichstag, «entre las salvas de artillería—

---

[1] Entre sus miembros estaban: Savigny, Probat, Mallín-ckrodt, los hermanos Reichensperger, Franckenstein, Ketteler, Windthorst, Schoorlemer, etc. Su jefe era Windthorst, güelfo de Hanover, donde había sido ministro, orador eminente y gran parlamentario.

[2] G. Goyau. Ob. cit.-I. pág. 89.

dice Bebel—y el repiqué de las campanas celebrando los preliminares de la paz de Versalles.» En esta exaltación patriótica, coadyuvaba, más bien que «el ateísmo, compañero habitual de las victorias[1]», una explosión de fanatismo religioso anticatólico, manifestado por los nacionales-liberales, que confundían en un mismo punto el triunfo guerrero y sus creencias protestantes, anunciando como necesidad imprescindible y fatal, complementaria de la victoria, el aplastamiento de la Iglesia Romana. Contribuyendo a mantener la lucha en esta esfera, coincidía aquella agitación con las peticiones de la misma naturaleza presentadas por los católicos. Iba a elaborarse la Constitución Imperial, y el Centro, defendiendo a sus hermanos en creencias de algunos Estados alemanes, a quienes el hecho de su confesión colocaba en situación precaria, y con vistas al futuro, formuló sus pretensiones en sentido de que se incluyesen en la Constitución del Imperio las garantías que desde 1850 gozaban en Prusia. En último término, derivaciones del Concilio Vaticano, —1870— vinieron a completar los antecedentes de la pelea confesional, ya planteada, proporcionando a Bismarck el motivo para entrar en franca lucha con la Iglesia Católica. La infalibilidad pontificia decretada por el Concilio no fue unánimemente admitida, y aun cuando, en general, la minoría disconforme se sometió a la decisión, en Alemania, un grupo de católicos dirigidos por el teólogo Ignacio Doellinger, profesor en Múnich, y el canónigo de Breslau, Reinkens, en actitud cismática, se declaró en contra. La destitución de sus cátedras impuesta por Roma a los jefes de los desde entonces llamados «viejos católicos», determinó la intervención de Bismarck en nombre de los intereses del Poder civil, que él estimó lesionados por aquella intromisión de la Iglesia. Acogidos los «viejos católicos» a la protección tan de buen grado otorgada por el Estado, Bismarck comprendió toda la utilidad que podían proporcionarle en la contienda preparada y, en defensa de sus derechos, planteó la cuestión de límites de las respectivas jurisdicciones civil y eclesiástica. Así comenzó la lucha contra los católicos, que Virchow designó con el nombre de *kulturkampf*—lucha por la civilización,—y en la que «los

---

[1] B. Serrigny. L'evolution de l'empire allemand.—París— 1914- pág. 81.

viejos católicos» pueden ser considerados, en cierto modo, como «el tercer factor[1]». En 1872 se priva al clero de la inspección de las escuelas en Prusia; se expulsa a los jesuitas del Imperio; se lleva a Falk, enemigo de los católicos, a la nueva Dirección de Cultos que sustituyó a la Dirección católica en el Ministerio prusiano de Cultos, y Bismarck fracasa en sus negociaciones con la Santa Sede en cuanto al nombramiento de Embajador en Roma. La tirantez de relaciones entre ambos Poderes terminó con la ruptura; se retira la Embajada Imperial de Roma, y Bismarck pronuncia sus famosas y arrogantes palabras: «no temáis, no iremos a Canossa[2]», que la realidad había luego de desmentir.

Los católicos resistieron bravamente la lucha con el Canciller. Reconfortados por el estímulo de las protestas pontificias contra los ataques a la Iglesia, se sometieron, sin claudicar, a las violencias de Bismarck. Los obispos, encarcelados y desterrados, hacían frente con su pasividad al poderoso Ministro. Las «leyes de Mayo» de 1873 no tuvieron otro resultado que fortalecer al Centro que apretaba sus filas para la defensa. La cuestión religiosa enardeció los ánimos, y sus efectos se extendieron de Prusia al resto del Imperio. Las elecciones de 1874, en este ambiente peligroso de pasiones irritadas, hicieron subir al Centro de 57 puestos a 94; los liberales-nacionales llegaban a 150; los partidos intermedios, en cambio, disminuyeron. Las «leyes de Mayo» de 1874 no tuvieron más éxito que las precedentes. El Canciller, que creyó poder aplastar a la Iglesia y al Centro, se exasperaba ante la vitalidad de un partido que había de defenderse en el Landtag de Prusia y en el Reichstag. En ambas Cámaras resistió valientemente los embates del Gobierno, bajo la dirección enérgica y hábil de Windthorst, «infatigable, jamás desconcertado, nunca desalentado». A fin de concitar contra él la animosidad general, Bismarck presentaba al Centro como «una batería que apunta al Estado», y el atentado

---

[1] G. Gorma. Ob. cit. I. pág. 136.

[2] Alusión a la, sumisión de Enrique IV de Alemania al Pontífice Gregorio VII. Combatían ambos sobre la concesión de dignidades eclesiásticas, y vencido y excomulgado el Soberano, acudió al castillo de Canossa (prov. de Módena) a solicitar humildemente el perdón del Papa, que le fue otorgado.

de que fue víctima en Kissingen —1874— le sirvió de excelente pretexto para hacer resaltar la condición subversiva y antinacional del Centro. Preguntado por el Canciller el autor del atentado, Luis Kullman, acerca de los motivos de la agresión contestó: —«Habéis ofendido a mi partido.—¿Cuál es vuestro partido?—El Centro»,—repuso aquél. Esta declaración sirvió de base para avivar una lucha envenenada ya por los apasionamientos confesionales. Pio IX excitaba el celo de los católicos alemanes invitándoles a una resistencia pasiva, al incumplimiento de las disposiciones dictadas contra ellos. A la Encíclica *Quod nunquam nos*—en los comienzos de 1875,—el Canciller respondió con las nuevas «leyes de Mayo» del mismo año.— A pesar de todo, el Canciller estaba moralmente vencido por el Centro, que no se rompía.

Bismarck se cansaba ya de la lucha infructuosa en la que todo parecía conjurarse contra sus fines. Los conservadores protestantes salían de su penumbra y se colocaban frente a él[1]. La lucha contra la Iglesia Católica les hizo ver el criterio religioso del Gobierno Imperial, francamente hostil, a lo que parecía, no solo a la Iglesia Romana sino, en general, a todas las creencias; y sus sentimientos cristianos les impulsaban, a abandonar un régimen antirreligioso; así, el primer Ministro hubo de contemplar la deserción de viejos amigos protestantes, entre ellos su antiguo maestro Gerlach. La Corte, al mismo tiempo, no podía disimular su sentir opuesto a la continuación de la lucha. Bismarck había, pues, dado armas al contrario llevando adeptos a su causa.

Para el combate confesional, el Canciller se apoyó en los nacionales-liberales en virtud de la solidaridad establecida entre ambos por una concepción común, unitaria, y por los sentimientos anticatólicos. Desconfiaban, sin embargo, los nacionales-liberales, de la consecuencia política de Bismarck, cuyo temperamento no era accesible a las sumisiones; tenían el ejemplo de la ruptura de su antigua alianza con los conservadores motivada en la necesidad de constituir el Imperio; también, de los sentimientos benévolos hacia los

---

[1] Esa hostilidad de los conservadores se manifestó en las intrigas contra el Canciller, a quien trataban de sustituir por el Conde de Arnim.

católicos, (señuelo para atraer a los Estados alemanes del Sur con el mismo fin unitario), había el Canciller pasado, en una transición violenta, al Kulturkampf. Los nacionales-liberales tendían a imponer su posición política, preeminente a la sazón; tanto vale como decir que la unión mantenida hasta entonces con el Gobierno vacilaba. Las pretensiones de los nacionales-liberales favorables a un régimen parlamentario, eran inconciliables con el criterio absolutista que Bismarck procuró mantener en el sistema político; el librecambismo de aquéllos chocaba, además, con el nuevo rumbo económico planeado por el Canciller. El fracaso de las negociaciones entabladas para llegar a un acuerdo entre aquél y el jefe liberal Bennigsen,-1877- era el preliminar de la ruptura.

Durante el Kulturkampf había surgido un nuevo factor, temible para el Gobierno: el socialismo. Unificado e independiente de la política de Bismarck desde el Congreso de Gotha,—1875—el Canciller se propuso acabar con él. Los atentados contra el Emperador—Mayo-Junio 1878—justificaron al Gobierno de la cruzada emprendida contra los socialistas. Los liberales-nacionales se mostraban reacios a suscribir las leyes de excepción contra aquéllos, pero disuelto el Reichstag perdieron su mayoría, divididos ya sobre la conducta que habían de seguir con respecto al Canciller, y las leyes contra la Social Democracia fueron votadas. El partido socialista, como anteriormente el Centro, sufrió las iras del primer Ministro. Las circunstancias se entremezclaron en sentido favorable a la norma que Bismarck se había dictado. Para sostener el proteccionismo, a fin de conjurar la crisis económica iniciada a raíz de la constitución del Imperio,—1873—tenía forzosamente que apoyarse en los conservadores, proteccionistas también, y si quería combatir eficazmente al socialismo, imponíase la colaboración de los partidos de orden, conservadores y Centro. Sus relaciones con éste eran de franca enemistad pero a la necesidad de sumarle a sus planes, subordinaría su política como tantas veces.

La nueva orientación de Bismarck originó la división de los liberales-nacionales; un grupo moderado le siguió en su cambio de postura, en tanto que otro, fiel al programa librecambista del partido, se sopara de ambos—1879-80—formando el «partido de la secesión» bajo Lasker, Forkenberg y Stauffenberg. El partido liberal quedó de esta suerte sin cohesión, y su antigua hegemonía desapareció para siempre al faltar Bennigsen (se retiró de la política en 1883) y con la muerte de uno de sus prestigios: Lasker-1884.

II

Para llevar a feliz terminó la nueva política, el Canciller necesitaba borrar la época del Kulturkampf. El temperamento diplomático y sagaz del nuevo Pontífice, León XIII, «cuya figura solemne se imponía hasta a sus mismos adversarios[1]», era garantía de acuerdo en tal sentido. En 1879 la Dirección de Cultos pasa de Falk a un diputado conservador: Puttkamer, y en 1881 se dicta en Prusia la «primera ley de paz». Las asperezas se suavizaban, y el Centro y el Gobierno ratificaban su aproximación con la reconciliación de Windthorst y Bismarck. El conflicto de las Carolinas entre España y Alemania sirvió a este último para testimoniar sus cordiales sentimientos al Pontífice sometiendo a su mediación la decisión del litigio. El promotor del Kulturkampf reconocía, por ese mismo hecho, al Pontífice la cualidad de Soberano temporal[2]. A pesar de todas sus protestas, el Canciller, moralmente vencido, fue a Canossa, y el Centro salía victorioso del combate.

Bien a pesar de los propósitos de Bismarck, el partido católico aumentó en número y en prestigio, y la adversidad apretó más los lazos religiosos que le unían. Los liberales-nacionales, en cambio, colaboradores de Bismarck, quedaron destrozados, y los que antaño cantaban victoria estaban hoy a merced de las supuestas víctimas.

En las elecciones de 1881, Centro, progresistas y protestatarios ganaban puestos; liberales, conservadores y socialistas disminuyeron. La coalición del Centro y de los conservadores era imprescindible, más que necesaria, al Gobierno, porque los progresistas, además de esa victoria electoral, contaban con la reorganización ulterior del partido por fusión del grupo de la secesión—1884. El partido liberal alemán resultante -*Deutsche Freissinnige Partei*- combatía vigorosamente al Canciller bajo la

---

[1] R. Murri. La política clerical y la democracia. Madrid. Trad. esp. por S. Rojal pág. 49.

[2] Sabido es que en Derecho internacional, mediadora diferencia de arbitro, no puede ser una entidad particular, sino un Soberano.

dirección de su jefe Richter, «la pesadilla del gran hombre». La coalición de las derechas permitió gobernar a Bismarck, pero la incompatibilidad de criterios entre el Canciller y el Centro sobre créditos coloniales dio por terminada la colaboración, y el partido católico, unido a progresistas y protéstatenos, bacía fracasar la política del Gobierno. Para las elecciones siguientes a la disolución del Parlamento, —1887—Bismarck consiguió un compromiso electoral de mutua ayuda—*Kartell*—entre conservadores y nacionales-liberales. El triunfo de la coalición hizo posible a Bismarck continuar su labor parlamentaria, f entre ella, la prórroga de la ley contra los socialistas a la que en otro tiempo los liberales, por boca de Bennigsen, sé habían opuesto resueltamente.

El *Kartell* era el comienzo de una serie de combinaciones inestables, todas de la misma naturaleza, cuyos fracasos no desanimaron, sin embargo, a los gobernantes alemanes. Era imposible que pudiesen mantenerse unidos criterios tan opuestos, sobre todo en materia religiosa, como el laicismo de los liberales y los sentimientos religiosos, protestantes, de los conservadores. Por ello, ni aun el deseo de mantener la unión, manifestado expresamente por el nuevo Emperador Guillermo II, pudo detener la disociación de elementos tan contradictorios. Resultado lógico fue la derrota del *Kartell* en las elecciones de 1890.

Bismarck, en desavenencia con el nuevo Emperador, abandonó la Cancillería—1890. Los partidos intermedios, conservadores y nacionales-liberales, que fueron elementos dóciles para su política, quedaban destrozados. Trató de aplastar al Centro y llegó a un grado de prosperidad inesperado; 57 diputados tenía en 1871 y en 1890, 107. Emprendió luego la lucha contra el socialismo y fracasó del mismo modo. No consiguió sino exacerbar los ánimos de la Social-Democracia y provocar en ella una irritación del espíritu revolucionario y del odio, peligroso, hacia el sistema político del Imperio. En vez de disminuir el partido socialista, perseguido como el Centro, ganó en sufragios; de 310.000 con que contaba en 1881 consiguió llegar en 1890 a 1.427.000, y sus 2 representantes parlamentarios en 1871, eran 24 en 1890.

Al desaparecer «el obstáculo de la personalidad demasiado vigorosa de Bismarck», pareció que la vida política en general, y en ella los partidos, se vio libre de una traba que hasta entonces dificultó todo movimiento. A la antigua política de combate seguía una orientación moderada y conciliante. Las leyes de excepción contra los socialistas no se renovaron, y el partido, ya en libertad de acción pacífica, tomó derroteros económicos más que de oposición política; el tratado de *contraseguro* con Rusia, olvido o premeditación que tanto censuró Bismarck, expiró sin prórroga, lo cual, unido a medidas favorables a los polacos, reconcilió a éstos con el Gobierno. El mismo sistema de halagos hizo disminuir la tensión de relaciones con los alsacianos. Y, por último, el Centro se impuso con su fuerza como partido gubernamental y, en reciprocidad, consiguió la exención del servicio militar para los estudiantes católicos de teología.

La política militar del nuevo Canciller, Caprivi, dividió a los progresistas, y su política económica modificó el aspecto del partido conservador. Los créditos militares solicitados por el Gobierno Imperial introdujeron la división entre los progresistas al entrar en las elecciones de 1893. Una fracción apoyaba las pretensiones de aquél; otra, constituida en él partido *Freisinnige Vereeniging*—Unión liberal—se oponía a ellas. En esas elecciones el grueso del partido, *Freisinnige Volkspartei*— partido demócrata—que seguía bajo la dirección de Richter, llevó la mejor parte; el recién formado quedó muy reducido. Los tratados de comercio celebrados por Alemania con algunas naciones,—Austria-Hungría e Italia—1891; Suiza, Bélgica, Serbia, España—1893; y Rusia—1894,—inclinados más bien hacia el libre cambio, puesto que se trataba de disminuir los derechos a la importación de granos a trueque de condiciones favorables en los mercados para la industria alemana, suscitaron la oposición enérgica de los rurales que se unieron en la *Liga de los Agricultores*—*Bund der Landwirte*—1893. —Este partido agrario entró en relaciones íntimas con el conservador, que luego fueron de sumisión por parte de éste cuando cayó bajo la influencia de la *Liga*.

Durante el Gobierno de Hohenlohe el espíritu de clase de los conservadores permanecía vigilante. Otra política, sin embargo, reclamaba la atención del Gobierno, y las luchas de los partidos se desenvolvieron en distinto terreno. El Emperador Guillermo quería dotar al Imperio de una flota poderosa, complemento de su formidable poder terrestre y base necesaria de protección para los intereses alemanes. La política mundial alemana—*Weltpolitik*—requería un apoyo indispensable en una potente flota «como instrumento de protección y afianzamiento dé la seguridad nacional». Para ganar la adhesión general a este propósito, una intensa propaganda llevada a cabo por asociaciones fundadas con tal objeto, como la *Liga Naval-Flottenverein*,—excitaba los sentimientos patrióticos alemanes. La empresa, en la cual «el Emperador Guillermo II había comprometido todo el valor de su personalidad», consiguió ganar la opinión pública. Los partidos perdían, en gran parte, la libertad de movimientos desde el momento en que habían de sujetarse al imperativo del país. El proyecto de 1898 dio ocasión a que los partidos se manifestasen aún reacios a admitir las construcciones navales. El Centro se dividía, y los radicales liberales con los socialistas se negaron a dar su consentimiento. El proyecto de 1900 ya no encontró en el Centro los distingos que el anterior, y el Gobierno consiguió también el aumento de la nota, pero a Costa de componendas y transacciones con los partidos, que no estaban persuadidos de la necesidad de la marina de Guerra o que pretendían comerciar con su asentimiento. El Centro había contribuido en gran parte al triunfo de la política del Gobierno, como colaborador en los fundamentos de la política mundial alemana.

Bajo el régimen del Canciller Bülow—1900—comienza de nuevo la agitación entre los conservadores agrarios. La política del primer Ministro había de ser campo abonado para afirmar el espíritu de clase de los partidos, y en la lucha de criterios económicos otra vez el Centro salvaría de su compromiso al Gobierno. Bülow, que concedía una enorme importancia a la agricultura[1], estaba interesado en dedicar una protección especial a esos intereses vitales, a su juicio, para su patria. Los nuevos aranceles propuestos significaban una salvaguardia para la agricultura, que Caprivi había dejado al descubierto en sus

---

[1] Encariñado con la agricultura decía en 1907: «cuando abandone la vida política... se me podrá conceder esto epitafio: fui un Canciller agrario.»

tratados. Por que no desconocía el Canciller las legítimas exigencias de los intereses industriales y comerciales, la protección a la agricultura era moderada, sin menoscabo para aquéllos. La *Liga agraria*, sin embargo, se pronunciaba adoptando un punto de vista protector exagerado e inadmisible, contra la nueva tarifa, por estimarla insuficiente. Los conservadores agrarios, intransigentes y egoístas, no se avenían a reconocer más que tarifas cuyos derechos satisficiesen sus pretensiones, aun cuando hubieran de traducirse en perjuicio para los intereses ajenos. Los liberales, librecambistas, protestando en nombre de sus ideas económicas de aquella medida, declaraban al Canciller entregado a los conservadores. Los socialistas eran también opuestos a los nuevos aranceles, y el Gobierno, combatido por todos, lo esperaba todo del Centro, que, en efecto, sacó al Gobierno de su zozobra votando la tarifa— 1902—. Como consecuencia de este apoyo, el Gobierno se declaró dispuesto, sin abrogar la ley de destierro que pesaba sobre la Compañía de Jesús, a permitir la residencia individual en Alemania de los miembros de esa Orden, y se vencían las dificultados para la erección de una Facultad católica en Estrasburgo. La oposición, disgustada por estas complacencias, fustigaba al Gobierno, prisionero, a su entender, de los católicos, como antes le censuró por someterse a los agrarios.

En las elecciones de 1903 el Centro continuaba su tradición de fortaleza y disciplina. Los socialistas consiguieron un triunfo sorprendente e inesperado; de 56 puestos subían a 81. En realidad no era la victoria de las ideas mantenidas por el partido; significaba la exteriorización del malestar en el país, el descontento por la situación económica, la discrepancia con la orientación política del Gobierno, fenómenos que eligieron a la Social-Democracia como vehículo para mostrarse.

El Centro, consciente de su fortaleza, comprendió lo inexcusable de su apoyo para el Gobierno, y con la amenaza tácita de una coalición con la potente Democracia Social y los protestatarios, exageró la importancia de su posición, y de colaborador pretendió pasar a la dirección de la política. Bülow, sin embargo, se resistía a someterse a esa dictadura en perspectiva, y las limitaciones impuestas al Centro, hostil al ministro de las Colonias, el judío Dernburg, en su intervención en la política colonial, eran los comienzos del fin en la colaboración con el Gobierno. La coalición de católicos y socialistas,—calificada por Bülow de «no solamente enorme falta política sino injusticia moral»,—polacos y güelfos, hizo fracasar las peticiones de créditos y del aumento en el contingente militar en las colonias de África— 1906—. La ruptura entre el Centro y el Gobierno se había consumado. Sensible era para éste, pero «se trataba de principios fundamentales del Estado que no podían abandonarse», de «un momento en que la lucha se imponía en interés del país», y Bülow se resignó, por imprescindible, a la pérdida del colaborador.

III

La disolución del Reichstag abrió el período electoral. Los socialistas, a quienes el Emperador había llamado «traidores indignos de llevar el nombre de alemanes[1]», eran objeto de una particular enemiga por parte de Bülow que estimaba como «deber de todo gobernante alemán, luchar contra el socialismo hasta destrozarle o modificarle», ya que «había reconocido en el movimiento socialista un grave y formal peligro[2]». La coalición formada por el Centro y la Democracia Social facilitaba la táctica del Gobierno que encontró unidos a sus dos enemigos, formidables por su potencia y organización. El Gobierno necesitaba mayoría y creyó encontrarla en la alianza de conservadores y liberales. Así formó la agrupación llamada por el Gobierno, «bloque», «expresión quizá poco feliz – dice el P. de Bülow – tomada del vocabulario de los parlamentarios franceses», llamada también «bloque azul-rosa» y que Bebel calificó de «bloque hotentote». Era un segundo episodio del Kartell formado a instancias de Bismarck, aunque sin la dirección de Bismarck; fue, en efecto, «la realización de una idea antigua en condiciones más modernas, adaptada a los cambios de situación determinados por el tiempo». Y si ni aun la personalidad y la mano dura de aquél pudieron conjurar la disolución, fatal por su propia naturaleza, de la alianza, la suerte que le estaba reservada al «bloque» era de antemano conocida y Bulow no se recató de afirmarlo luego[3]. Se intentó, en efecto, mezclar elementos cuya coexistencia era imposible. Los conservadores, creyentes, no se avenían de buen grado a convivir con los liberales escépticos. Estos estaban desunidos y vivían de las glorias y el prestigio pretéritos. El programa mínimo de Fráncfort, a que llegaron poco antes de la disolución del Reichstag las fracciones radicales, no alejaba los peligros, que esencialmente persistían, de la desunión. El bloque, además

---

[1] A. Tardieu. – Le Prince de Bülow: París. – pág 241.

[2] P. de Bülow. – Ob. cit. pág. 205.

[3] P. de Bülow. – Ob. cit. pág. 179.

de esos gérmenes de instabilidad, se veía solicitado por los partidos extremos en virtud de afinidades políticas y religiosas. El Centro atraía a los conservadores en la misma medida que éstos pugnaban por separarse de sus aliados; los liberales radicales—progresistas—deseaban mejor la alianza con la Democracia Social, y los liberales moderados —nacionales-liberales—eran, unos, arrastrados por la izquierda del partido hacia los progresistas, hostiles a la alianza, en tanto que otros, mantenían la tendencia contraria.

Con estos elementos tan poco unidos pensó el Canciller dar la batalla a los dos partidos más disciplinados del Reichstag. El fin del Gobierno era deshacer la mayoría formada por el Centro y la Social Democracia, y para ello dio la consigna nacional. La experiencia había enseñado al Canciller qué el disgusto de la nación manifestábase en la adhesión al programa, hostil al Gobierno y negativo, del partido socialista. Ahora el ambiente prometía a éste opimo fruto en el descontento de los pangermanistas por los resultados de la Conferencia de Algeciras,—1906—y de gran parte del país contra «los estadistas servidores de un alto personaje», contra el gobierno personal y «el bizantinismo» cuyo incienso impedía al pueblo y al Trono «verse recíprocamente». La única manera de contrarrestar esa corriente de recelos y de hosquedad, que había de traducirse en ganancias socialistas, era interponer el concepto nacional, atraer en nombre del sentimiento patriótico a los descontentos. De este modo se pensó combatir eficaz y negativamente, restándole adeptos, a la Social Democracia. El Canciller, que estimaba «las cuestiones nacionales y la lucha contra la Democracia Social como los dos problemas a los que se subordina en el fondo la política interior alemana», había hecho personalmente una activa y feroz campaña contra los socialistas, y en un manifiesto electoral en forma de carta al general Lieber, presidente de la *Liga del Imperio contra el socialismo*, daba la orden expresa de combatir a este partido. La opinión fue cuidadosamente preparada para ello con los discursos del Canciller. Al Centro no se le combatía tan sañudamente; se le creía tan solo de «alianza poco segura», en tanto que a los socialistas «les consideraba como enemigos peligrosos del Estado». Sin embargo, la elección se dirige «contra el Centro faccioso y el socialismo internacional».

Al Centro no podía afectarle la frase del Canciller cuando dijo que abandonó a este partido por «carecer de sentido nacional». La notoria injusticia de tal afirmación quedaba desmentida con recordar, como el mismo Bülow afirmó luego, que «el Centro durante los diez y siete años transcurridos entre el *Kartell* y el *Bloque* había colaborado de un modo digno de gratitud en las tareas nacionales, ante todo en las leyes sobre construcción de flota, en las arancelarias, y de un modo eminente en la política social[1]». La exaltación de los sentimientos religiosos, que subrayaba las diferencias entre los partidos, suscitada por las campañas de Dernburg, diríase que prologaba un nuevo Kulturkampf. El Centro beneficiaba de este ambiente creado que le permitía, reavivando como antaño las creencias católicas, mantener el celo de sus adictos y excitar a los indiferentes. El *los von Rome* —rompamos con Roma— de los luteranos era la mejor propaganda para el Centro, que se presentaba en las elecciones no solo con el bagaje nacional, de colaboración patriótica, que atestiguaba su historia, sino como defensor de los derechos del Parlamento subordinado a la Corona. El resultado de las elecciones, —Enero 1907— no era el triunfo del «bloque» y del Gobierno. El Centro, de 102 llegó a 104 puestos; lo mismo que en la era de Bismarck se templaba y crecía en la adversidad. La Social Democracia quedó aplastada. Los sentimientos patrióticos, removidos por las elecciones nacionales, estaban soliviantados por la política exterior *d'encerclement* que pretendía mantener al Imperio en un aislamiento peligroso, y el descontento que otras veces engrosó el partido socialista, se trocó ahora en la confianza y ayuda al Gobierno lo cual significaba la adhesión a la patria; el corolario fue la derrota socialista; de 81 diputados quedaban en 43. Las causas del desastre había que buscarlas en sus divisiones, en un ostentoso internacionalismo, más aparente que real, por otra parte no muy acorde con los tiempos en que se ventilaba una política exterior de horizontes nada despejados. Bernstein[2] hacía notar, en parte,

---

[1] P. de Bülow. Ob. cit. pág. 187.

[2] Jefe socialista del movimiento llamado «revisionista».

el origen de la derrota: «nuestro fracaso, decía, es el resultado de numerosas faltas y de querellas y escándalos dentro del partido... Las organizaciones obreras católicas y protestantes se han desarrollado y cuentan hoy como nuestros sindicatos, en el nuevo Reichstag, con diputados que nos discutirán el derecho de hablar allí en nombre del proletariado... Las elecciones nos han llamado a la realidad demostrándonos que no somos invencibles».

La hegemonía del Centro significaba la retirada del Canciller porque desde entonces el partido católico dedicaría sus esfuerzos a romper el «bloque»; tanto valía como derribar a Bülow, supuestos los procedimientos parlamentarios que parecía consagrar en su conducta política. El Gobierno no obtuvo sino una treintena de votos de mayoría, y ésta comenzó muy pronto a dar señales de desavenencia. El proyecto del Gobierno sobre los *derechos de reunión y asociación*, presentado en el Reichstag, incluía un párrafo 7.º dirigido contra los polacos, que suscitó discusiones entre los liberales; los disidentes se unieron a la oposición, y el resto permaneció fiel al Gobierno; el temperamento *idealista* de éstos últimos quedaba reflejado en las palabras del jefe liberal Payer: «más vale votar ese párrafo 7.º obligados por la fuerza impuesta por la situación parlamentaria, que ser excluidos de la mayoría y dejar al Centro que recupere su antigua posición de partido gubernamental. Además, las respectivas concepciones político-económicas de los elementos que integraban la mayoría eran discordantes, lo cual anunciaba la ruptura. Preconizaban los liberales el establecimiento del régimen parlamentario en el Reichstag y el sufragio universal para las elecciones al Landtag prusiano, lo mismo que ya existía para el Parlamento Central. Los conservadores eran irreductiblemente opuestos a tales criterios democráticos. La necesidad de créditos para cubrir los déficits, que originaron una crisis financiera, consecuencia de los enormes gastos a que obligaba la política social, militar y colonial del Imperio, mejor dicho, los medios de procurarse esos recursos, cuya necesidad se reconocía, ahondó la desunión entre liberales y conservadores. Discutían sobre si los impuestos para arbitrar aquellos créditos serían directos o indirectos y, como partidos representantes de intereses tan antagónicos, procuraban defender a sus representados tratando de echar sobre el contrario el peso de la tributación. El impuesto sobre las sucesiones proyectado por el Gobierno provocó la oposición intransigente de la *Liga agraria* que veía en el proyecto un espíritu socialista inadmisible. El Centro en tanto, vigilante, se reservaba. Su astucia le indicaba un excelente terreno donde llevar al Canciller para derrotarle. Explotando la ¡irritación de los agrarios ahondó más y más la disociación latente en el bloque; prestó oído y aquiescencia a las quejas de los *junkers* y absorbió fuerzas de la mayoría.

Los conservadores habían comenzado disgustados; la era del «bloque», y sus ideas políticas no eran muy acordes tampoco con las del Canciller. Bülow apareció como un primer Ministro que inauguraba prácticamente una concepción parlamentaria no aceptada por aquellos. La inclusión de los liberales en la mayoría hizo ya temer a los conservadores una orientación hacia la izquierda que no llegó, sin embargo, a prosperar. Las concesiones a los liberales eran demasiado inocentes para que pudieran suscitar los recelos de la derecha. Vio esta, tranquilizada en sus suspicacias, que el Canciller se negó rotunda y expresamente a las pretensiones de establecer el sufragio universal en Prusia. Pero después, del mismo modo expreso, pudo observar en Bülow una inclinación sospechosa en su promesa de atender aquella petición democrática. Al mismo tiempo, el Centro trabajaba tenazmente para recoger el fruto sazonado por la labor del propio Canciller. Los conservadores alarmados por la política de Bülow se echaban en brazos del Centro. Mal auguraba el Ministro cuando decía: «estoy convencido de que el «bloque» va a recobrar una vida nueva bajo una u otra forma y que nos sobrevivirá a todos». El bloque, por el contrario, se desmoronaba, y en su lugar preparábase otro de muy distinta naturaleza.

Las discrepancias entre liberales y conservadores obligaron al Canciller a hacerles notar las consecuencias de sus querellas. Bülow no se avenía a someterse a las exigencias contradictorias de la alianza heterogénea y precaria. «En un país—decía—en que partido alguno posee la mayoría, ninguno de ellos puede exigir del Gobierno que le escuche a él solo. Precisamente porque no podía someterse al Centro se ha producido la ruptura entre él y el Gobierno. Hoy tampoco es posible someterse a los partidos de la derecha, lo cual no es obstáculo para que yo reconozca toda la importancia del partido conservador». El Canciller, inflexible, mostrábase reacio a claudicar ante la mayoría y, con criterio parlamentario, planteaba la cuestión de confianza. La ocasión pacientemente esperada por el Centro había llegado; completó su trabajo de aislamiento entre el grueso del bloque y los conservadores, que desdeñaron las concesiones del Canciller, y en la votación del proyecto sobre las sucesiones, una coalición de Centro, conservadores y polacos derrotó al Gobierno. «Comprendo perfectamente—decía Bülow en una interview—los motivos de la zancadilla del Centro. No me quejo tampoco de los polacos, que han obrado de ese modo por odio a mí. Es muy justo; en la guerra como en la guerra. Pero lo que no se me alcanza es la actitud de los conservadores. Sabían que su táctica me obligaba a dimitir»; y consecuente con los principios parlamentarios con que inauguró su Gobierno dimitió, en efecto—1909—[1].

El nuevo Canciller Bethmann-Hollweg encontró una mayoría en el «bloque azul-negro»,—conservadores-Centro.—El Centro, sin embargo, no estaba propicio a hipotecar su independencia. Prefería mantenerse a la expectativa, atento a una política provechosa, oportunista. La promesa hecha por Bülow en nombre del Emperador, de una reforma electoral en Prusia, no obstante la vaguedad de la fórmula, había reforzado la alianza entre el Centro y los conservadores por la oposición de éstos a aquella pretensión. La insistencia en ello, con el proyecto de esa reforma, era un momento crítico en las relaciones del bloque Centro-conservadores con el Gobierno, y de los partidos entre sí. La posición de los conservadores era difícil. De una parte, se les ofrecía una dolorosa perspectiva en la desaparición de sus privilegios si la reforma electoral prosperaba; de otra, caso de oponerse a ella, entraban en conflicto con sus sentimientos de adhesión tradicional al rey de Prusia que había formulado la promesa. El Canciller pretendía orientarse en sentido

---

[1] El Centro coronó su obra obligando a dimitir, con su actuación parlamentaria, a su antiguo enemigo Demburg, Secretario Imperial del Departamento de las Colonias.

conservador, y la reforma electoral en Prusia le hizo temer por la suerte de la mayoría que para tal objeto imaginara. Los varios intereses se armonizaron, sin embargo; el nuevo bloque y el Canciller amañaron un proyecto que en nada respondía a las esperanzas puestas en el sufragio universal pero que, en realidad, no dejaba de ser reforma. Las izquierdas estimaron como una burla el régimen electoral propuesto, y la confusión producida en los partidos la aprovechó Bethmann-Hollweg para retirar el proyecto. No otra cosa venían a significar las palabras del Canciller: «no siendo posible la inteligencia entre los partidos, el Gobierno no concede importancia alguna a la continuación de los debates», la colaboración futura de los conservadores y el Gobierno estaba, pues, asegurada.

Libre del escollo que oponía la reforma electoral en Prusia a la inteligencia con los conservadores, el Canciller se dedicó a formar una mayoría conservadora antidemócrata, en la que entraría el Centro expurgado de los elementos inconvenientes; indujeron a Bethmann-Hollweg a decidirse en tal sentido los trabajos de unificación de las izquierdas. En otro tiempo, el liberal Barth hubo de sufrir las censuras de todos por sus pretensiones a ampliar el bloque de las izquierdas, en el que no figuraban los socialistas, para llegar al «Gran bloque» que acogiera también a los últimos. Era sospechosa para liberales y socialistas la actitud conciliadora de tales propagandas. Ahora, sin embargo, arraigaba la idea antes tan combatida. Es que los hechos habían demostrado la eficacia de la unión, y, de otra parte, la política del Canciller les empujaba a fortalecerse en la alianza. Los socialistas se rehacían visiblemente del fracaso de 1907. En Sajonia triunfaron de las trabas que suponía para ellos el voto plural allí vigente; en el Gran Ducado de Badén, «el país modelo del liberalismo», la alianza liberal-socialista, victoriosa, les hizo pensar en la renovación de ella para las elecciones al Reichstag. En esa labor de unificación habían de comenzar los radicales por deponer sus discrepancias y, con tal propósito, las tres fracciones: liberal-demócrata, Unión liberal y partido demócrata del Sur de Alemania, publicaban en un manifiesto el programa del partido *liberal-demócrata-alemán* futuro, resultado de la fusión de aquéllas. Con los liberales-nacionales no había que contar; sus eclecticismos destrozaban al partido, según regla general en esta clase de organismos intermedios, en dos fracciones similares a los que se hallaban a sus extremos: conservadores y radicales.

IV

Continuador Bethmann-Hollweg de la política antisocialista de su antecesor Bülow, entendía necesario preservar al país de una dominación social-demócrata oponiendo, para ello, el bloque de las derechas, táctica que excitó el instinto defensivo de las izquierdas que se encaminaban a la formación del« Gran bloque». La Democracia Social, que gozaba de gran predicamento en el Imperio, aumentaba su poder ofensivo con el «bloque rojo». Su unión con los liberales era un fenómeno de indudable trascendencia política. El espíritu de Bismarck vería con asombro e indignación las concomitancias de los herederos de sus antiguos colaboradores, (partido constitucional afecto al régimen, que fue atraído bajo el Gobierno de Bülow a una colaboración parlamentaria nacional) con los elementos subversivos social-demócratas que él, ni su legatario político Bülow, pudieron desarraigar del Imperio a pesar de sus potentes esfuerzos. La nueva alianza hacía desaparecer un factor de triunfo para las derechas, factor negativo pero de positiva eficiencia: el aislamiento de liberales y socialistas. La ley que Bülow dedujo de la derrota infligida en 1907 a la Democracia Social, o sea que la unión entre liberalismo y conservatismo era el medio de vencer a los socialistas[1], en adelante carecería de base.

Situación tan halagüeña para los socialistas encontró mayor solidez en las circunstancias impuesta» por la labor parlamentaria. Las relaciones entre el Gobierno y la Democracia Social desde la fundación del Imperio fueron sistemáticamente hostiles. Bismarck y Bülow trataron por todos los medios de aplastar al partido socialista, y siempre se le negó la beligerancia de colectividad política parlamentaria. Con mayor motivo, jamás pudo pensarse en la colaboración, de esa índole, de un partido calificado de revolucionario, que conspiraba contra las bases políticas fundamentales del Imperio. La oposición de los conservadores y elementos nacionalistas y *chauvinistas* al

---

[1] P. de Bülow. Obr. cit pág. 203.

proyecto del Gobierno relativo al otorgamiento de la Constitución a Alsacia-Lorena, hizo dudar al Canciller del éxito en la empresa, porque a esas fuerzas se sumaban los alsaciano-loreneses intransigentes llamados «autonomistas», partidarios de la fórmula «todo o nada». Era, por consiguiente, imprescindible el apoyo socialista para hacer prosperar el proyecto y, a cambio de la concesión a Alsacia-Lorena del sufragio universal directo, los votos socialistas, en efecto, con los del Centro y de los liberales lograron el deseo del Gobierno— 1911.

La colaboración socialista con el Gobierno era un fenómeno transcendental en la historia política alemana. Una tradición rigurosamente mantenida, desaparecía. El Canciller ganó en libertad de movimientos eximiéndose de la sujeción forzosa a los partidos gubernamentales. Los partidos contaron con un nuevo camarada en el terreno de colaboración parlamentaria. Desde entonces la política de regateo, Oportunista, descendería de valor, afectada por las consecuencias de la ley económica elemental de la oferta y la demanda. Las intransigencias y las amenazas de las agrupaciones políticas para con el Gobierno, no tendrían razón de ser por un nuevo factor que simplificaba la tarea del canciller en sus combinaciones parlamentarias. El «Centro omnipotente» encontraría en adelante un temible rival.

Sin embargo, la unión del Gobierno con la Social Democracia fue transitoria y excepcional, desprovista de tan graves consecuencias. Se aproximaban las elecciones, y el Gobierno no abandonó la idea de combatir al partido socialista. Persiguiendo el mismo fin que Bülow, eligió medios idénticos. La situación internacional, que sirvió de base a éste para excitar los sentimientos patrióticos de los burgueses alemanes, manteníase igual. Las relaciones con Inglaterra, a causa de los asuntos de Marruecos, eran tendidas. Bethmann-Hollweg para conseguir los mismos efectos tenía a su favor causas análogas, y la consigna fue, por consiguiente, como en 1907, *nacionalista*. De esta suerte logró agrupar en torno al Gobierno, primero al Centro y después a los conservadores, reconciliados con el Canciller en ese terreno. Como resultado, en las *elecciones nacionales* se presentaba frente al «bloque rojo» del as izquierdas, el «bloque azul-negro». La misma difícil situación económica que en 1907, resultado de la tributación que pesaba duramente sobre las clases modestas, y el disgusto general por la carestía de la vida, auguraban un triunfo al partido socialista, portavoz consagrado ya en Alemania de estos movimientos de protesta. Bülow supo adelantarse a ese fenómeno con el señuelo nacionalista y patriótico, en calidad de arma dirigida contra el internacionalismo de la Democracia Social. Pero ahora, los socialistas, por cálculo o por convicción, trastocaron los términos en que la cuestión se planteaba. Los «tiempos graves en que se ventilaba el porvenir de la patria», invocados por el Canciller, influyeron poderosamente en el cuerpo electoral; sin embargo, en estas elecciones no suscribían los social-demócratas un concepto opuesto a ese nacionalismo; la Democracia Social influida por el patriotismo desbordante en el Imperio, dentro del que se fundían todos los antagonismos para hacer frente a los adversarios o rivales de fuera, declaró «que el partido socialista alemán es un partido nacional en el mejor sentido de la palabra»[1]. La coartada era tan hábil como certera para deshacerlos cálculos del Gobierno. El partido socialista no era, pues, antipatriótico; podía servir de medio para expresar también la adhesión a la política nacional, y desde el momento en que se estimó compatible dentro de un solo organismo el testimonio de adhesión a la patria y la expresión de malestar económico, los sufragios de los descontentos fueron como siempre al partido socialista. Los conservadores y el Centro, previendo el triunfo socialista, se aprestaban a colaborar con él siguiendo miras determinadas mediante combinaciones electorales; querían, con ello, provocar una reacción en los burgueses que favorecían con el sufragio a los socialistas infundiéndoles, con la victoria de los últimos, el temor a la «ola roja» para conseguir, como fin propuesto, el alejamiento definitivo entre ambos elementos, acreciendo así las filas de la derecha.

Las *elecciones nacionales* de 1912 arrebataron la mayoría al Gobierno no obstante sus previsoras medidas. Los socialistas serían en el Reichstag el partido más numeroso. El Centro, a causa de sus divisiones, y como castigo por su negligencia

---

[1] A. Viallate-La vie politiqme dans les Deux Mondes, VI. pág. 131.

acerca de una política económica favorable a sus elementos proletarios, perdió puestos[1].

La mayoría de la oposición era pequeña, pero suficiente para obligar al Gobierno a buscar fórmulas de compensación. El Canciller descansaba confiado en la labor natural, disolvente, de los gérmenes de disociación del «bloque rojo». La adhesión a éste de los nacionales-liberales era muy problemática; les repugnaba la alianza con aquellos «que negaban al Emperador el homenaje de la cortesía.» las votaciones en los nombramientos de la constitución preliminar del Reichstag, ya determinaron el resquebrajamiento del bloque de las izquierdas, y discrepancias de principios ampliaron luego las divergencias dentro de la alianza. Las leyes militares y navales presentadas por el Gobierno, seguramente contaban con la aquiescencia de los liberales que no renegaron de la política nacional; pero el Centro, adherido de antemano a esos proyectos, estuvo a punto de echar por tierra las esperanzas del Canciller. El partido católico mostraba una exaltada irritabilidad contra éste, atribuida por algunos a un estado de nerviosismo derivado de las discusiones intestinas entre las *tendencias de Berlín y de Colonia*. Los debates parlamentarios suscitados por la cuestión del duelo en el Ejército[2], colocaron al Centro frente al Gobierno, actitud que ponía en peligro los proyectos militares; reconciliados luego, y con el voto en contra de socialistas y partidos protestarlos, se consiguieron las leyes sobre armamentos —1912—.

---

[1] BLOQUE MINISTERIAL.

Centro, 95, antes 104.—Conservadores, 46, antes 61.—Polacos, 18, antes 20.—Partido del Imperio, 13, antes 25.—Otea* agrupaciones, 22.—Total, 194.

OPOSICIÓN.

Socialistas, 110, antes 43.—Liberal, dem., 42, antes 49.—Nacion. liber., 45, antes 51.—Otras agrupaciones, 6.-Total, 203.

[2] El Centro te pronunció contra el criterio del Gobierno que estimaba lícito separar del ejército a un oficial por no que-rer batirse, escudado en sus creencias religiosas. La actitud amenazadora del Centro hizo que se votara una moción que negaba esa facultad de separar del ejército a un oficial por rehusar batíase en duelo. Por este medio el Gobierno y el Centro llegaron a un acuerdo.

Los créditos para cubrir los gastos que aquéllas implicaban, plantearon nuevamente la cuestión de la materia imponible de los tributos. Los liberales pedían el impuesto sobre las sucesiones, rechazado enérgicamente por los conservadores. El partido socialista y el Centro se encontraban en este punto en situación equívoca. La Social Democracia vio en ese impuesto un beneficio para el proletariado, pero si halagaba a su espíritu de clase, el antimilitarismo de que se ufanaba la situó ante un dilema de solución difícil: si votaba a favor del impuesto sobre las sucesiones cumplía con el mandato de sus intereses materiales pero coadyuvaba indirectamente a los armamentos que su credo rechaza; en el caso contrario, sancionaba la concepción económica conservadora y su actitud pudiera determinar modificaciones en el proyecto, que se dejaran sentir económicamente sobre el pueblo. El Centro se vio acuciado, a la sazón, por sus elementos obreros que pedían aportase a la política general del Imperio un criterio económico favorable a sus intereses. Se temía que en la ocasión presente el Centro se pronunciase contra el impuesto sobre las sucesiones como hiciera en otro tiempo unido a los conservadores; tal actitud se explica porque el partido católico, en aquella ocasión, subordinó toda su política al deseo de derribar a Bülow; pero actualmente los miembros obreros del Centro obligaban al partido a votar por aquel impuesto que les libraría de aumentar su contribución a las cargas del Estado. Hábilmente supo el Centro hacer prevalecer su opinión, de acuerdo con su temperamento oportunista; la proposición Ezberger (Centro) — Bassermann (nac. liber.) no era sino el impuesto sobre las sucesiones, al cual «se le había quitado los dientes venenosos», con ciertas concesiones a los intransigentes agrarios. El partido socialista, triunfando de la división de criterios que discutían en su seno, votó por unanimidad a favor del proyecto[1], y tan solo los conservadores se manifestaron en contra.

La ruptura del «bloque azul-negro», por defección del Centro y la intervención principal de este partido en la elaboración del

---

[1] El xxi Congreso socialista-Iena, Set. 1913 — absolvió a los socialistas que aceptaron con su voto las leyes fiscales para hacer frente a los gastos de la ley de armamentos.

proyecto citado, reanudaban los días gloriosos de «Santo Centro», por un momento amenazado en su hegemonía por la Social Democracia. . En su posición tradicional, el partido católico poníase frente a frente del Canciller dirigiendo y encauzando las protestas parlamentarias contra éste, a quien derrotaba.

Los dos bloques habían fracasado. Los partidos, ya en posiciones de independencia, marchaban un tanto desorientados por caminos secundarios. Se columbraba una cuestión, esperada con ansiedad, que durante cierto tiempo quedó relegada a un segundo término: la reforma electoral en Prusia. La concesión a Alsacia-Lorena del sufragio universal, parecía tener el valor de una favorable disposición gubernamental en pro de una tendencia democrática, y ahora, en 1914, los partidos subordinaban toda su política a aquel problema antiguo en el Imperio, esperanzados en que un espíritu de reciprocidad por parte del Gobierno premiase el voto de las leyes militares y de sus anejas las fiscales. La cuestión del sufragio para el Landtag prusiano, era, pues, de esperar que encauzase por normas estables y definidas a los partidos políticos del Imperio.

FRANCIA

Desde el 4 de Septiembre de 1870, en que fue proclamada la República por destronamiento de Napoleón III, derrotado en Sedán, Francia vivió en un régimen político provisional, que adquiere carácter definitivo en 1875 con la confirmación del sistema republicanos la promulgación de las leyes constitucionales (relativas a la organización del Senado – 24 Febr. 1875; – organización de los Poderes públicos – 25 Febr. – y relaciones entre los Poderes públicos – 16 Jul.) – que en unión de las disposiciones sobre la elección de senadores y diputados – 2 Ag. y 30 Nov. 1875 – vinieron a completar la ley del Septenado de 1873. Según estas disposiciones el Presidente es elegido por siete años (septenado) en Asamblea o Congreso Nacional compuesto de ambas Cámaras y por mayoría absoluta de sufragios; es irresponsable como un monarca constitucional, y sus actos políticos, como los de aquél, van refrendados por un ministro que es el responsable; nombra los ministros, responsables solidariamente ante las Cámaras tiene la facultad de disolver la Cámara con asentimiento de Senado. El Poder legislativo corresponde a las dos Asambleas: Cámara de Diputados elegida por sufragio universal cada cuatro años, y Senado, elegido por nueve años y renovable en su tercera parte cada trienio. Las Cámaras' se reúnen todos los años y sus miembros perciben indemnización parlamentaria.

Los partidos políticos franceses en el nuevo régimen de la República parlamentaria (1870), se dividían en dos grandes agrupaciones: *monárquicos* y *republicanos*. Los primeros abarcaban varias fracciones:

a) *Legitimistas* —extrema derecha—llamados también *chevau-légers*. Eran partidarios de la «Monarquía integral, de Enrique V, Conde de Chambord, descendiente de Luis XIV; régimen que, asegurando la preponderancia de la aristocracia y del clero, encarnaba concepciones político-religiosas en las que se asociaban íntimamente las doctrinas de la Iglesia Católica con la idea de una Monarquía de derecho divino, sucesora legítima de la dinastía de los Borbones, y bajo la supremacía de aquella Institución. No aceptaban las conquistas democráticas consagradas en la nueva forma de Gobierno que ellos estimaban producto genuinamente revolucionario, ni transigían con el liberalismo de los orleanistas a los que tachaban de volterianos. Sus elementos, escasos en el país, los suministraban antiguas familias nobles, alto clero, «magistrados prudentes y piadosos», escritores, etc., y, en general, gentes de orden que por encima de todo colocaban sus sentimientos de profunda e inalterable adhesión a la Iglesia Romana.

b) Los *bonapartistas*, desorganizados y maltrechos al caer el Imperio (1870), hubieron de soportar la hostilidad general en virtud de la solidaridad que se establecía entre ellos, representantes póstumos de aquél, y el desastre a que Francia fue conducida por su Gobierno. Consiguieron, no obstante, rehacerse de su postración, y Rohuer, organizándoles, constituyó el partido plebiscitario del *appel au peuple* que llegó a ganar cierta importancia.

c) Los *orleanistas*, -Centro derecha- que ya se organizaron secretamente en las postrimerías del reinado de Carlos X (1829) bajo la dirección de Thiers, Talleyrand y el barón Louis, gobernaron en Francia con la «Monarquía de Julio», régimen en el cual, Luis Felipe aseguró la influencia de la burguesía. Nuevamente en la oposición dentro de la tercera República, se reorganizaron con elementos de la burguesía liberal que... «rechazaban—dice Julio Simón—la legitimidad por quimérica; la dictadura republicana y la dictadura cesarista por odiosas; preferían una Monarquía liberal a una República moderada, pero sin estimar que fuese necesario apelar a una revolución, únicamente para que la presidencia de la República fuese hereditaria»[1]. Dentro de un criterio amplio, liberal y parlamentario, se dividieron en dos tendencias: una (Conde de París) moderada; otra, Duque de Aumale) de ideas más avanzadas, servía de transición, sin solución apenas de continuidad, a los partidos republicanos.

---

[1] L. Colonel Roasiet. Trente ans d'Histoire   París—I. pág. 11.

El grueso de las fuerzas republicanas carecía de unidad. Era una amalgama indefinible de factores heterogéneos donde se mezclaban continuadores de los antiguos republicanos con nuevas generaciones: *republicanos demócratas*, moderados, burgueses, que limitaban sus aspiraciones a la reforma política; descontentos de otros regímenes que prestaban a la República una adhesión negativa; gentes que condicionaban su republicanismo a sus intereses materiales; revolucionarios y socialistas de matices diversos que aspiraban a la *República democrática y social* y los *radicales* o *Irreconciliables*. Este partido se organizó bajo el Imperio con el famoso programa electoral de Gambetta llamado de Belleville (1869) y cuyo *liberalismo radical* ocultaba su verdadera personalidad, ya que «servía de equivalente lícito a la palabra ilícita República». Los socialistas que integraban el núcleo republicano carecían de cohesión y de unidad, porque no tenían la dirección ni el engarce de un programa. Estos, como los radicales, renunciaron voluntariamente a crearse una personalidad que les hubiera destacado de la masa republicana otorgándoles la independencia. Atentos con preferencia a consolidar el nuevo régimen, y con la experiencia de los fracasos anteriores que les impidieron estabilizar sus victorias, se funden en el conjunto animados de un deseo común de conservar lo ganado. Así, socialistas y radicales «formaron juntos la pequeña falange de los «republicanos sin epíteto», aguerrida vanguardia que por un momento quedó sola en el campo de batalla en espera de que tras de ella se reorganizase el grueso del ejército»[1].

Un grupo flotante e indeciso entre republicanos y monárquicos se constituyó en el llamado *Centro izquierda*. Formó la derecha republicana y servía de unión, mediante los orleanistas del Duque de Aumale, con los partidos monárquicos. Sus componentes y sus ideas le asimilaban al *Centro derecha*. Ambos estaban formados por burgueses pacíficos que aspiraban a ordenar las fuerzas del país, trastocadas desde la Revolución por una época continua de agitaciones, y si los orleanistas preconizaron una Monarquía liberal, el Centro izquierda entendía llegar al fin indicado mediante una República

---

[1] F. Buisson. - La politique radicale. — París —1908.

moderada y conservadora. Ingresaron en él valiosos elementos— C. Perier, Dufaure, Waddington, etc.—acaudillados por un antiguo y prestigioso conspirador orleanista, Thiers, que, más que jefe, «era el partido mismo».

Las agrupaciones monárquicas y republicanas sufrieron modificaciones esenciales a medida que la República se consolidaba. Las primeras, una vez convencidas de la esterilidad de sus esfuerzos para restaurar la Monarquía y colocar en el trono a los respectivos pretendientes, acabaron por aceptar, en su mayoría, el régimen constituido. A ello contribuyó eficazmente la invitación en tal sentido hecha a los católicos por S.S. León XIII, que por venir a raíz de la crisis *boulangista* (aprovechada por los monárquicos para sus fines, y cuyo fracaso apagó sus entusiasmos, debilitó sus ánimos y acabó con sus esperanzas), obtuvo resultados más positivos. De tal suerte, en lugar de estos partidos anticonstitucionales apareció una *oposición constitucional conservadora*. Persiste, sin embargo, un sedimento anticonstitucional en los plebiscitarios (bonapartistas) y en los orleanistas («realistas de *L'Action Frangaise*»).

En cuanto a los republicanos, la contienda ya tradicional en Francia, entre los criterios moderado y revolucionario, sirvió para seleccionar y ordenar sus fuerzas. En lucha defensiva, la República moderada tendió al exterminio del socialismo revolucionario con la represión contra la *Commune*, por lo cual se vio este obligado a permanecer oculto en los sindicatos. El proletariado no engrosaba las filas socialistas; temía el castigo duro y violento empleado contra el movimiento insurreccional; recelaba de la consecuencia de los socialistas[1]; no conseguía asimilarse aquellos dogmatismos demasiado abstrusos para no iniciados, y se encontraba solicitado en nombre de las mismas ideas por republicanos y bonapartistas[2]; con ello, los esfuerzos

---

[1] Un periódico obrero, el *Prolétaire*, decía en 1878: «un socialista es un *farsante* que nos expone brillantes teorías, pero que no se encuentra donde es preciso cuando se trata de aplicarlas», cit. p. G. Weill. Histoire du mouvement social en France. París, pág. 227.

[2] El principal factor de este socialismo bonapartista fue el periodista Julio Amigues.

colectivistas quedaban muy amortiguados. El proletariado se unía, pues, a la burguesía republicana, atraídos ambos por el fin común de impedir el retorno de la Monarquía.

Pero, no obstante, tomaba cuerpo la aspiración de formar un partido obrero, de clase, encauzada y fortalecida por la actividad de Jules Guesde que tendía a formar «un partido distinto sobre la base de la República, pero lejos de los republicanos, de la clase directora, y contra ellos». Así surge el *Partido obrero* (Congreso de Marsella, Oct. 1879) al que se dotó de un programa marxista en el Congreso de París—Jul. 1880—. Muy pronto se inicia una escisión; a un lado quedan los marxistas puros, inflexibles; a otro los moderados, oportunistas y transigentes, animados todos por ambiciones y preferencias personalistas. Así, en el Congreso de Saint-Etienne-1882—los moderados o *posibilistas*[1], organizados en la *Federación de los trabajadores socialistas* (grupo de Brousse o *broussistas*), con su periódico el *Prolétaire*, se separan de los marxistas puros o Partido obrero, (grupo de Guesde o *guesdistas*) que tenía su órgano oficial en *L'Egalité*. De otra parte, los amnistiados de la *Commune*— 1880 —al volver de Londres, donde se habían refugiado, fundaron el *Comité revolucionario central*,—C. R. C. — (Vaillant, Duval, Rigault etc.) continuador de las ideas revolucionarias de Blanqui. Desdeñaban la acción económica dejándola para los sindicatos, concentrando su actividad en la lucha política. El carácter de esta fracción puede deducirse del título de su periódico. *Ni dieu ni maître* (Ni Dios m amo).— Existía, además, un núcleo de socialistas, rebeldes a engrosar las existentes organizaciones que, agrupándose junto a la *Revue Socialiste*, fundada en 1885 por B. Malou, formaron una fracción «que no quería encerrar sus afirmaciones doctrinales en una fórmula cuya estrechez no podía contener las múltiples aspiraciones del mundo moderno»; estos fueron los llamados *independientes*, que carecieron de programa y de organización hasta 1889 en que constituyen dos *Federaciones*, unidas luego en

---

[1] El nombre de *posibilistas* se les aplicó—1881—tomando, como base un articulo del *Prolétaire* periódico de P. Brousse en que se decía: «es preciso fraccionar el fin ideal en varias etapas prácticas, inmediatizar en cierto modo algunas de nuestras reivindicaciones para hacerlas, en fin, *posibles*».

la *Confederación de los socialistas independientes* (Jaures, Fourniére, Colly, etc.).

La moderación del grupo *broussista* hizo nacer en algunos de sus elementos el deseo de volver por la pureza del marxismo que creyeron bastardeada por las contemporizaciones de la *Federación de los trabajadores socialistas*; este es el origen de la escisión; (Congreso de Châtellerault — 1890) pero la reacción fue demasiado violenta, y el nuevo grupo, *Partido obrero socialista revolucionario* (P. O. S. R.) — grupo de Allemane o *allemanistas* — adoptó conclusiones violentas contra la burguesía, entre ellas la huelga general[1]. Esta agrupación tuvo como característica el régimen autoritario impuesto por Allemane, hasta el punto de que «ninguna fracción exigió más estrictamente la disciplina en sus filas, ni comprimió más sistemáticamente las ambiciones personales»[2]. En ello se fundó la escisión de parte de sus fuerzas en 1896 (*Alianza comunista revolucionaria*).

Todas estas fracciones socialistas muestran ya una serie de gradaciones que llegan desde la extrema derecha, compuesta por los sindicalistas, que no actuaban sino en la esfera económica, llamados por eso *cooperadores*, nombre con que les designaban despectivamente sus correligionarios más avanzados, hasta la extrema izquierda o anarquistas, de los que se expurgaba el socialismo, pasando por los colectivistas de los diversos matices indicados.

---

[1] Ya desde los comienzos de la República parlamentaria, los socialistas venían discutiendo acerca de la legitimidad y eficacia de la huelga general. A título de curiosidad véase lo que sobre este punto y sus consecuencias decía un periódico anarquista que a la sazón se publicaba en Barcelona, *La Solidaridad Obrera*: «En un día fijado, la inmensa maquinaria del trabajo se detiene; las minas carecen de obreros; las fábricas y los talleres están vacíos; los trenes se paran sobre sus railes; las calles no tienen alumbrado; el comercio no dispone de servicio de Correos; el Gobierno sin telégrafo; las panaderías están sin pan; las carnicerías. sin carne; y el pueblo entero, en la calle, responde a sus dueños anonadados: no reanudaré el trabajo hasta que la propiedad sea transformada, hasta que los instrumentos de trabajo estén en mis manos, en manos de los trabajadores».

[2] P. Louis. Le parti socialiste en France, pág. 38.

En el conjunto de fuerzas tan varias y diseminadas, se imponía la unidad si habían de salir de una actuación estéril, formando una agrupación que concentrase sus potencias respectivas. Jaurès, de una parte, se dedicaba con afán desde 1893 a lograr esa unidad, y Millerand, por otra, trataba de encontrar un terreno común, un programa mínimo, como base del imaginado partido único. A ello obedeció el célebre programa de Saint Mandé[1], discurso de 30 de Mayo de 1896. El *Comité permanente de vigilancia*, creado a raíz del *affaire* Dreyfus—1898,— desde el que los socialistas se propusieron descubrir y anular los manejos que a su entender ponían a la República en trance peligroso, fue un paso más en la obra unitaria. Los *independientes*, entonces, se organizan en *Federación nacional* agrupados en torno a su periódico *La Petite République Française*, y envían delegados a aquella entidad que se convierte en *Comité d'entente* y dura hasta 1899. La entrada de Millerand como Ministro en el Gobierno de W. Rousseau (1899) fue un obstáculo poderoso para la realización de la unidad socialista. La diversa apreciación de aquel acto por parte de los colectivistas determinó divisiones y luchas cuyas consecuencias no pudieron armonizar ni impedir los Congresos celebrados. No obstante, al antiguo fraccionamiento, seguía, después del Congreso de Lyon (Mayo 1901), la constitución de dos grandes agrupaciones:

1. *Partido socialista de Francia*—P.S.d.F.— (Unidad socialista revolucionaria) compuesto por distintas entidades: *Partido socialista revolucionario*—P.S.R.[2]—, Partido obrero francés—P. O. F. (guesdistas) y algunas federaciones

---

[1] Como Lassalle, reía en el sufragio universal el arma más poderosa para llegar al colectivismo. Patriota y moderado, Millerand señala en este discurso como puntos necesarios y suficientes para caracterizar un programa socialista: intervención del Estado para hacer pasar del dominio capitalista al dominio nacional las diversas categorías de medios de producción y de cambio- conquista de los Poderes públicos mediante el sufragio universal,— inteligencia internacional entre los trabajadores.

[2] Este era el *Partido blanquista* o *Comité revolucionario central* que adoptó, para designar la organización general del partido, la nueva denominación desde 1898, sin que por eso desapareciera el nombre antiguo, que se aplicó al Comité central del partido. Engrosó por unión de la *Alianta comunista* agrupación escindida—1896— de la fracción *allemanista*, que no se avenía a soportar el régimen autoritario y de estrecha disciplina impuesto por Allemane.

autónomas. Este partido socialista de Francia constituyó la izquierda socialista. «Partido de revolución social», afirmaba que «en circunstancia alguna, mediante la participación en el Poder central, ni por el voto del presupuesto, ni por alianzas con los partidos burgueses, suministrará ninguno de los medios susceptibles de prolongar la dominación de la clase enemiga».

2. *Partido socialista francés* P.S.F.-compuesto por: *Federación de los trabajadores socialistas*; P.O.S.R.M *Confederación de los socialistas independientes* y organizaciones autónomas. Era un partido moderado, —derecha socialista— que en el Congreso de Tours (Marzo 1902) dictó su programa. Se declaró profundamente republicano porque «puede afirmarse, —decía— que el socialismo no solo es republicano, sino la misma República, puesto 'que es la extensión de ella al régimen de la propiedad y del trabajo». En cuanto al *ministerialismo*, declaraba que «ningún socialista podía entrar en una combinación ministerial en tanto que un Congreso del partido no haya decidido otra cosa». Se manifestó, pues, partidario condicional de la colaboración ministerial, lo cual, en realidad, le denunciaba como «participacionista». Era ello un reflejo de las ideas de Jaurès que, con Briand, Viviani y algunos otros, estaba a la cabeza del partido. Aquél, en efecto, se inclinaba a la conquista del Poder de un modo progresivo, lento, respetando la «continuidad histórica», de acuerdo con la marcha uniforme de la evolución[1], y, por lo mismo, aplaudió el ingreso de Millerand en el Gobierno. La lucha de clases, a pesar de la moderación de esta colectividad, «es—decía Jaurès—el principio, la base, la ley misma del partido. Los que no la admiten podrán ser republicanos, demócratas, radicales, o, mejor, radicales-socialistas, pero no socialistas»[2].

La lucha entre estas dos grandes fracciones socialistas llega hasta el Congreso internacional socialista de Ámsterdam (Agosto 1904) en que se asientan los preliminares de la unidad, que se sanciona, al fin, en el Congreso de París (23-25 Abril 1905). Entonces aparece el *Partido socialista*, (Sección Francesa de

---

[1] Véase Ch. Rappofort.—J. Jaurès.—París 1915.

[2] Ch. Rappofort. Ob. cit. píg. 55.

la Internacional Obrera)—S.F.I.O.—No fue completa, sin embargo, la fusión, ni la unidad perfecta[1]. Algunos moderados que no aceptaban los dogmatismos intransigentes de unos ni el espíritu revolucionario de otros, se separan del partido, y, unidos a otros elementos, constituyen el *Partido socialista francés*, en oposición a los «unificados» del *Partido socialista*.

Entre los republicanos, durante este proceso de organización socialista, se afirmaba una orientación francamente radical, hasta el punto de que los moderados apenas si tenían significación apreciable parlamentaria frente a la potencia de los radicales. En su avance a la izquierda, el radicalismo, en conexión con las doctrinas colectivistas, dio origen a un tipo híbrido: el radical-socialista[2], que desde el Gobierno se dedicó a una política sectaria, calificada de «abyecta» por Millerand, en tanto que el socialismo, que beneficiaba de las complacencias, cuando no de la complicidad, de los radicales, mantúvose en concomitancias con los revolucionarios y anarquistas de la Confederación General del Trabajo. Merced a estos maridajes pudo mantenerse esta institución que conspiró contra la tranquilidad del país, protegida, o consentida al menos, por los Gobiernos radicales. La reacción general contra las demasías de los elementos revolucionarios, antipatriotas y antimilitaristas, trajo como consecuencia una tendencia moderada. Este nuevo ciclo,—en los últimos tiempos del período que estudiamos,—se caracteriza por la «crisis del radicalismo». Los elementos moderados, en efecto, ganan terreno a expensas de aquél, y los

---

[1] Los socialistas carecen de unidad sólida. Se oponen a ella, la «antinomia entre las tendencias... la... división profunda y la rivalidad entre los jefes, que, bajo la apariencia engañosa de unidad, se combaten y se odian con todo el ardor que aportan a la afirmación de sus ideas...» O. Bonnamour.—L'apaisement. — París—1913. pág. 23.

[2] Los radicales-socialistas representaban una transición al socialismo. Dentro del partido, sin embargo, había algunos no colectivistas que exigían una demarcación, porque «o bien el partido *radical puro* tiene idéntico objetiva que el partido *radical socialista*, y en ese caso es absurdo establecer diferencias entre ellos, o, por el contrario, el partido radical tiene existencia propia y entonces, por su propio interés, debe precisarse». V.Brisson. Ob. cit. pág. 113 y sigts.; el *Programa Oficial del partido*, pág- 343 y sigts.; y sus comentarios págs. 125 a 264

partidos se agrupan en dos grandes concepciones opuestas, de límites confusos: defensores del orden y de los fundamentos de la sociedad y de la patria, y partidarios de la revolución y de la anarquía. Los socialistas, dentro de esta nueva era política general, tienden a agruparse en dos bandos: uno marcha hacia la izquierda (Jaurès, Vaillant), en tanto que otro consolida su evolución en una orientación moderada y burguesa (Millerand, Briand). Y de tal suerte es poderosa esta influencia, que Hervé, que había conseguido crear el *herveismo*, concreción y expresión máxima de la hostilidad a la Patria y al Ejército, «echó agua en su vitriolo», según expresión propia, convirtiéndose, a los ojos de sus antiguos camaradas, en un perfecto «burgués»[1].

Los católicos no formaron partido político. Como en todos los países, el Vaticano no se atrevió a patrocinar ostensiblemente en Francia una colectividad política confesional que le hubiera reportado ventajas problemáticas con graves y positivos inconvenientes. En Estados donde la mayoría radical tiene el Poder, como en Francia, la formación de un partido católico no serviría sino para estimular más aún la hostilidad de los jacobinos, y comprometer el prestigio del Papa en el apasionamiento lógico de las luchas confesionales. Sólo circunstancialmente se han unido los católicos a impulsos de un instinto de defensa; de tal suerte, las medidas del Gobierno contra la Iglesia tuvieron esa virtud. Monseñor Dupanloup, en carta a La Guéronniére en 1861, ya establecía estos principios, aun hoy aplicables: «no hay ni puede haber — decía — partido católico; existen, sí, católicos en todos los partidos, que se unen de vez en vez y momentáneamente cuando su fe está en peligro, y libremente se separan inmediatamente después». Los esfuerzos políticos de los católicos fueron más notables y manifiestos en cuanto al socialismo. Oponiendo a la lucha de

---

[1] Los socialistas, después de la orientación moderada de Hervé, decían que en su primera época revolucionaria, «las exageraciones de lenguaje, las fórmulas efectistas, inspiradas en la preocupación de llamar la atención mediante el escándalo y el ruido», fueron sus procedimientos; pero que «desde su ruidosa aparición en la escena política no ha sido más que un demócrata que vio en las tropas socialistas uua fuerza útil para ponerla al servicio de sus principios democráticos»... «demócrata y nada más que demócrata»... J. B. Séverac — Du «Bloc»; en Le Mouvement Socialiste. 1913 — II. pág. 154 y sig.

clases patrocinada por el colectivismo marxista, concepciones sociales sacadas del Evangelio y de los documentos pontificios, fundaron un *socialismo cristiano* cuyos principales campeones fueron dos oficiales del ejército, el Conde Alberto de Mun y Enrique de la Tour du Pin y los abates Maignen y Le Boucher. Los católicos, sin formar partido propio e independiente, están diseminados en los partidos moderados y conservadores, y forman el núcleo del llamado *partido liberal o católico*[1].

La plétora de energías que implica la intensa agitación política en que casi constantemente vivió Francia desde la Revolución hasta 1870, hubiera sido un substractum resistente, y vigoroso fundamento de organizaciones políticas. Pero, al propio tiempo, la misma intensidad y energía de la vida política, produjo una enorme confusión, dentro de la cual se incubaban antagonismos inconciliables. Diferencias sobre la forma de gobierno y confesionales distinguieron principalmente, como derivación de aquélla, a los partidos políticos dentro de la tercera República; diferencias que perduran, especialmente la última, a través de su historia, comunicando una mayor aspereza a la lucha de los partidos.

Del estudio de la política interior de los países meridionales europeos, parece deducirse como una ley general que presidiera su desarrollo, sometiendo a los partidos a idénticas influencias que les prestan, por tanto, análoga fisonomía. En Francia, la falta de sentido colectivo, el individualismo y la ausencia consiguiente de sentimientos de solidaridad, la postergación del supremo interés del todo al de la parte, constituyen otros tantos obstáculos casi insuperables para la constitución de partidos políticos, y son la premisa de todos los defectos de la vida política francesa.

En lugar de partidos no existen sino grupos, fracciones, banderías, *coteries*, y aun dentro de círculos tan estrechos no se encuentran indicios de cohesión; la personalidad individual, el diputado, conserva allí un relieve incompatible con la más elemental disciplina. En ese estado de supremacía individual,

---

[1] Véase sobre los católicos y sus diferencias políticas. — G. Weill -Histoire du Catholicisme libéral en France. — 1828-1908. — París — 1909.

las luchas de facciones, y fracciones dirigidas por móviles bastardos, tienden a mantener celosamente un nivel, para lo cual llegan a eliminar a un político cuando es demasiado fuerte, porque constituye una disonancia dentro de la uniformidad de la masa[1].

De otra parte, los intereses locales, aquellos «charcos de agua estancada», de que hablaba Briand, coadyuvan a la dirección de la política francesa y son trabas poderosas para una administración sana.

Los dos principios anteriores imponen a los Gobiernos la necesidad de constituir mayorías heterogéneas, ya que no existe un partido compacto que pueda servirles de apoyo, y al mismo tiempo les obligan a supeditar sus programas de gobierno a una política electoral y parlamentaria. Es preciso, en efecto, para lograr el primer enunciado, atraer, no solo a los jefes de grupo, sino a los miembros, que dentro de esos círculos conservan una gran, preponderancia. En esta tarea, el Gobierno forzosamente ha de halagar los apetitos, fomentar las ambiciones y satisfacer las codicias, y aun para mantener en la obediencia a la mayoría de esta suerte formada, es preciso perseverar en el mismo terreno de corrupción y de soborno, no salir del sistema de mercedes y recompensas. Se crea, por tal modo, un ambiente propicio para que puedan medrar «la miseria de nuestras

---

[1] L. Lowell. Governments and partis... I. pág. 83.

costumbres políticas[1], ,el cinismo de ciertos políticos, y un favoritismo descarado», de que hablaba Labori[2].

Esta política electoral, merced a la cual los Gobiernos viven, extiende la corrupción por todo el país en una concatenación de intereses, porque «no hay empleo vacante en la administración por pequeño que sea, que no pueda servir de sinecura a un elector influyente, y pagar, por tanto, su voto presente o futuro... orden de cosas que transforma el gobierno parlamentario instituido, en una vulgar oligarquía»[3]. Merced a esta posición de intermediario, entre la avidez de los intereses locales y personales, y la Administración como depósito y dispensadora de mercedes, el diputado, de simple mandatario pasa a la categoría de verdadera potencia y es «S. M. el Diputado»[4]. El éxito en sus gestiones, de la naturaleza indicada, desvirtúa el carácter del mandato, y desde ese momento su cometido es, más bien que cargo público de gestión

---

[1] «Si redacta una profesión de fe, (se refiere a los diputados) y hace declaraciones públicas, sabe por experiencia que este método de propaganda es insuficiente para asegurarle la mayoría. Por eso se esfuersa en conseguirla por otros medios. Hace a sus electores visitas numerosas; distribuye apretones de manes; multiplica sus promesas. Si es candidato oficial, obliga a los funcionarios de todos los órdenes a convertirse en agentes electorales a sauservicio. Proclama cínicamente que es el único capaz, por su influencia con los ministros y los gobernadores, de arreglar los asuntos municipales y provinciales en interés de sue electores, y de lograr para sus partidarios todos los favores de que el Gobierno puede aún disponer en un régimen que se dice democrático.» G. Lachapelle. Les elections générales et la nouvelle Chambre. Rev. de Deux Mondes. 1914. 111, pág.-624 y sigts.

[2] Carta a sus electores de Fontainebleau – 1909.-Le Correspondant. 1909-IV pág. 1234.

[3] A. Lafye. Vers la IV. République. París, 1914 pág. 41.

[4] L. Lowell Governments and partis... pág. 132.

desinteresada y altruista, de interés general, profesión[1] fructífera ejercida en provecho propio y de las clientelas[2].

Estos antecedentes permiten afirmar, como conclusión, que en Francia «no existen partidos, no se conocen más que etiquetas», y aún así, «todo en ellos en instable y vago, nombre, programa, miembros»[3]...

---

[1] En un discurso en Commercy-23 Agost. 1896-decía Poincaré: «La diputación se ha convertido en un empleo, en un oficio... en lugar de ser un contrato de buena fe entre electores y elegidos; y aun nos encaminamos, acaso rápidamente, hacia el tiempo en que no será más que, salvo raras excepciones, el lujo de la riqueza o el medio de vida de políticos de aventura».

[2] ...«a los 15.000 francos (que los dipntados cobran anualmente desde Enero de 1907,) se añaden las gratificaciones (*pots-de-vie*) que en el *Palais Bourbon* son moneda corriente. Existe en primer lugar el clásico pot-de-vin que no es sino la corrupción pura y simple; se le recibe de los ministras o de poderosos financieros, sea por votar una ley, o por abstenerse, o por votar en contra, o por derribar un ministerio, o por sostenerle. Después vienen todos los asuntos de loa que se ruega al señor diputado se ocupe: asuntos comerciales, asuntos industriales, asuntos financieros. Y, observadlo bien, no se dirigen para ello al hombre, tino al diputado. Que el asunto tea bueno o malo, el acto moral ea el mismo; hay compra de influencia. Si el asunto se logra, y esto sucede con frecuencia, se ruega al señor diputado que se ha ocupado de él, que acepte un puesto de administrador en el Consejo». A. Lafaye-Ob. cit. pág. 42.

[3] W. Martin. La crise politiqne de l'Allemagne contempaine. París 1913. pág. 110.

I

Las elecciones de 8 de Febrero de 1871, que tuvieron lugar bajo las difíciles y anormales circunstancias impuestas por la ocupación militar del país y el armisticio concedido por Bismarck, dieron el triunfo a las derechas. La Asamblea nacional, con ese carácter, no sancionó la forma republicana y, proclamando un régimen transitorio, eligió *jefe del Poder ejecutivo* a Thiers. El sistema político vigente, indeciso y falto de relieve, lógicamente había de contar con la adhesión de los partidos intermedios, y, por lo mismo, con la enérgica hostilidad de los extremos. Los dos Centros, en efecto, apoyaron a Thiers. El Centro derecha-orleanistas—creyó ver en él a su antiguo correligionario, y el Centro izquierda prestó su concurso al partidario de una República moderada. Los extremos, en cambio,—legitimistas e izquierda republicana—atacaban a Thiers, cuya política, empañada por un criterio ecléctico, carecía de precisión. La extrema derecha—legitimistas—descontenta por no lograr sus aspiraciones, favorables a una intervención del Gobierno en apoyo del Poder temporal, acrecentaba sus ardores temerosa de la consagración definitiva de la República, símbolo, a su entender, de la Revolución. La oposición republicana, dirigida por Gambetta, combatía también un sistema político al frente del cual estaba un tránsfuga orleanista auxiliado por hombres moderados, temiendo por la estabilidad de la «República republicana» a que aspiraba, frente a la República moderada y conservadora de Thiers.

La caída de Thiers (Mayo 1873) significaba el triunfo de las derechas que lograron consolidar su posición con Mac-Mahon en la Presidencia. Los partidos monárquicos—legitimistas, orleanistas y bonapartistas—creyeron garantizado el triunfo de sus ideas en el matiz político—orleanista—del sucesor de Thiers. Las discrepancias entre el Centro derecha y los legitimistas habían desaparecido con los preliminares de la fusión, en vías de hecho, de ambos partidos, basada en transacciones sobre las preferencias a ocupar el trono. Así, la coalición monárquica aseguraba una mayor y más eficaz potencia para combatir a los republicanos, defendiendo «el orden moral». El fracaso de la fusión (Set. 1873) dio al traste con la alianza, y desde ese momento cada fracción, de acuerdo con sus propias conveniencias, sigue orientaciones distintas. Comienzan así entre ellas los recelos y las luchas, en las que el partido orleanista consiguió afianzar su situación mediante la aprobación de la ley del *Septenado,* — Nov. 1873 — transacción entre aquél y el Centro izquierda — que aseguraba los poderes de Mac-Mahon por 7 años. Celosos los legitimistas de la preponderancia del Centro izquierda, despechados porque sus aspiraciones políticas y religiosas se alejaban cada vez más, combatían a los vencedores, y la defección de algunos grupos de la derecha que se unieron a los republicanos, hizo posible la implantación en Francia de la República, como régimen definitivo, y la aprobación de las *leyes constitucionales* — Ener. 1875.

En las elecciones con que se inaugura el nuevo sistema — Febr.-Mar. 1876 — los republicanos ganaron mayoría. Los legitimistas desaparecen entonces; los bonapartistas disputan a los orleanistas la hegemonía, y todos estos partidos de la derecha forman un partido conservador. Los republicanos, que bajo Mac-Mahon llegaron a una coalición frente a las derechas, estaban divididos, en *Centro izquierda*, *Izquierda republicana* e *Izquierda radical* (Gambetta) que adoptó el nombre de *Unión republicana*. La alianza entre las fracciones continuó, adoptando ahora una posición defensiva contra los conservadores. El Ministerio conservador de Broglie (16 Mayo 1877) fue la última y frustrada tentativa de la derecha para eximirse de las prerrogativas que a los republicanos les concedía su mayoría parlamentaria. Para las elecciones siguientes (Oct. 1877) a la disolución de la Cámara, la derecha, con mayoría en el Senado, adoptó todas las medidas conducentes a la victoria sin omitir la intervención personal de Mac-Mahon. Arbitrariedades e inmoralidades políticas y la implantación del sistema de la *épuration* (o sea destituir de las funciones dependientes del Gobierno, a sus titulares sospechosos de adhesión al régimen), practicado también por la izquierda al subir al Poder después de su victoria de 1876, fueron los procedimientos electorales de la derecha. Los republicanos, ante la enérgica amenaza, reforzaron su alianza. La lucha, vital, entre ambos, se hacía mis dura y encarnizada por la intervención de influencias confesionales. Fue entonces cuando Gambetta, que venía combatiendo las intromisiones políticas del clero, base a su entender de la preponderancia conservadora, lanzó su famosa frase: «*Le clericalisme, voilà l'ennemi*[1]». Detrás de estos ataques, de esta política religiosa de la izquierda, se ocultaba una fuerza poderosa, la Masonería[2], que en realidad dirigía la lucha. Pero no obstante las medidas previsoras adoptadas por la derecha para asegurar su influencia y, con ellas, el triunfo electoral, los republicanos ganaron mayoría (330 rep. 210 conserv.). La preponderancia adquirida se completó en las elecciones senatoriales (Enero 1879 — 174 rep. 126 conserv.). Con ello, Mac-Mahon había de elegir entre los dos términos del dilema planteado por Gambetta: *dimitir* o *someterse*. Su repugnancia a seguir la política que se le imponía le decidió por lo primero (Enero de 1879).

Los republicanos habían, pues, llegado a lograr superioridad sobre la derecha y, por tonto, la dirección política, que ejercían desde la suprema magistratura (Grevy) y con su mayoría parlamentaria. En la nueva época que comenzaba los partidos republicanos entraban modificados. A la antigua unión defensiva siguió la disgregación, determinada por la ausencia de adversario; las fracciones se inclinaban hacia los extremos. Los moderados — Centro izquierda — desaparecieron de la

---

[1] Ya en 1872 Gambetta combatía la potencia de las derechas y sus relaciones con el clero:... «queda un partido — decía — que conocéis perfectamente; el partido enemigo de toda independencia, de toda ley, de toda estabilidad, enemigo declarado de todo lo que hay de sano, de todo lo que existe de provechoso, en la organización de las sociedades modernas; y ese enemigo le habéis nombrado ya, es el clericalismo».

[2] «La Masonería, para conquistar la hegemonía política, se insinuó solapadamente por todas partes donde encontró un rincón para deslizarse... Logró penetrar hasta el mismo Gobierno e introducir allí sus costumbres, tan justamente calificadas de abyectas, en las que florecen el espionaje y la delación. Y aun no contando más que con 60.000 adeptos apenas, ha terminado por imponer su despreciable dominación a Francia, a la que oprime, y cuya seguridad ha llegado, por un momento, a amenazar. Su reinado ominoso dura aún, si bien la nación comienza a soportarle menos pacientemente». L. Colonel Rousett — Ob. cit. II pág. 23.

amara, para formar en el Senado una coalición con los conservadores, que combatía la política anticlerical del Gobierno[1]. La antigua extrema izquierda, o Unión republicana de Gambetta, mitigó sus entusiasmos por el *programa de Belleville*, y al radicalismo de otro tiempo sustituía una política de avance democrático lento, progresivo, mesurado[2]. Un grupo de fieles partidarios de aquel programa se alzaba en rebeldía contra los seguidores de Gambetta, tachados por ellos de *oportunistas*, y se constituyó en grupo aparte con el nombre de *partido radical*, (Clemenceau) con su periódico *La Justice*, (1880) del que fue redactor jefe C. Pelletan. Este radicalismo («cuyo carácter propio es rechazar las transacciones» — decía J, Simón —) con un sentido nuevo «era, según *La Justice*, una protesta contra la política de aplazamientos que Gambetta llamaba ya la política de las decepciones». Esté' partido, que ocupó la extrema izquierda abandonada por Gambetta, mantenía la integridad del programa de 1869: separación de la Iglesia y del Estado; impuesto progresivo sobre la renta; revisión democrática constitucional; sustitución del ejército permanente por milicias, etc.

Las modificaciones sufridas en los partidos se tradujeron en una política radical que adquirió consistencia merced al socialismo. Aun cuando Gambetta negaba la *cuestión social*[3], los republicanos trataban de atraer a los obreros. Para halagar los sentimientos de éstos dedicábanse aquéllos a modificar el

---

[1] Seignobos. Ob. cit. pág. 191.

[2] El mismo la definfa'al decir: «al propio tiempo que sabremos resistir a todo espíritu de reacción, no nos dejaremos arrastrar tampoco por el espíritu de impaciencia y de temeridad. No nos abandonaremos a la embriaguez del triunfo y continuaremos siendo hombres prudentes, hombres de buen sentido y *oportunidad*, por que no conozco nada que pueda reemplazareste método político».

[3] En un discurso en el Havre — Abril 1872 — decía: «Prevengámonos contra las utopías de los que, víctimas de su imaginación o de su ignorancia, creen en una panacea, en una fórmula que se intenta encontrar para hacer la felicidad del mundo. Creed que no existe remedio social porque *no hay cuestión social*. Hay, si, una serie de problemas que resolver, de dificultades que vencer, que varían con los lugares, los climas, las costumbres, el estado sanitario, problemas económicos que cambian en el interior de un mismo país; pero esos problemas deben ser resueltos uno a uno y no mediante una fórmula única.»

régimen de la enseñanza en sentido laico y pedían la amnistía para los desterrados de la *Commune*. Los socialistas, que salieron del Congreso de Marsella (1879) organizados en partido, sufrieron la influencia de tendencias diversas representadas por los amnistiados (1880), que también se dejaron sentir sobre la vida política general[1]. En el socialismo aparecen, entonces, gérmenes de divisiones futuras con la variedad de matices aportados al conjunto, que llegaba desde los revolucionarios *blanquistas* fundadores del *Comité Revolucionario central*, hasta los moderados que se adhieren a los radicales de Clemenceau.

Estos eran los verdaderos rivales de los socialistas. La adhesión de los proletarios a los radicales provocó entre los marxistas, para contrarrestarla, un movimiento que se pronuncia por llevar sus lucubraciones, hasta entonces puramente especulativas, a terreno más práctico y accesible a los obreros. Representantes de esta modalidad fueron Brousse y Benoit. «Ya nos hemos alimentado bastante tiempo—decía el último justificando la nueva tendencia—de fraseología y dogmatismos impotentes; es preciso entrar en el fondo de la situación, y ver las cosas, no como quisiéramos que fuesen, sino como son en realidad». De este modo comenzaban las discrepancias (Congreso de Reims 1881) en el partido socialista, apenas nacido, entre el marxismo puro (Guesde) y los novadores.

Las fracciones republicanas aumentaron sus antagonismos después de las elecciones de 1881. El triunfo aconsejaba un Gobierno de coalición, pero Gambetta le constituyó con sólo fuerzas de la Unión republicana. El personalismo de este partido, las tendencias de Gambetta absorbentes y exclusivistas, y las ambiciones frustradas de los radicales, que no entraron en el Ministerio, colocaron a estos despechados en posición de fuerte hostilidad, al mismo tiempo que se formaba entre los republicanos una atmósfera general contra Gambetta fuera de sus incondicionales. De este modo se agrandaba la separación

---

[1] Los amnistiados, en efecto, «podrían ser utopistas o aún violentos, si se quiere; pero eran, a su modo, excitadores de energía reformadora; sacudían a la sociedad dormida que a veces necesitaba ser amenazada para escapar a su egoísmo y a su letargo».—Discours parlementaires. París 1904. Introducción sobre *Le Socialisme et le radicalisme en 1885* pág. 41.

entre los radicales, la izquierda republicana y la Unión republicana. Los Gobiernos, debido a ello, carecían de base (Freycinet. Ener. Jul. 1882; Duclerc-Fallières, Ag. 1882.-Feb. 1883) y Clemenceau, implacable, los derribaba porque, a su entender, «eran uno mismo». Así acreditó el calificativo de «*tombeur de ministéres*» y ganó en Francia el primer puesto en esa labor demoledora. Excepcional por su duración desde que se inauguró la tercera República fue el ministerio Ferry (Feb. 1883- Mar. 1885). Es que en ese tiempo se operó un cambio en los partidos republicanos que hacía posible a los gobiernos mantenerse, auxiliados por una mayoría. La izquierda republicana y la Unión republicana —acéfala desde la muerte de Gambetta—Dic. 1882—se unieron en el llamado *partido de gobierno—oportunistas—*. Los radicales, proscritos según costumbre de las combinaciones ministeriales, acentuaron su hostilidad contra el Gobierno de los *oportunistas* cuya política colonial combatían en nombre del principio de la igualdad de razas consagrado por la Revolución. La oposición encarnizada de los radicales hizo que Ferry señalase el peligro en la izquierda, en el partido radical, calificado por él de «partido de la agitación y del desorden[1]». Pero no era solo de la izquierda de donde partían los ataques. La derecha reforzaba considerablemente la oposición apoyándose en los mismos puntos, formando así una alianza tácita con los radicales, que dio cuenta del Gobierno Ferry.

---

[1] A esto contestaba el jefe radical Clemenceau: ...«El reposo para los pueblos libres na existe; el reposo es una idea monárquica... Lo que vosotros llamáis agitación es el orden, lo que llamáis paz es el desorden».

II

Los partidos llegaban por este tiempo a una gran confusión. El *partido republicano de gobierno* no constituía una unidad indivisa. Era una yuxtaposición de tendencias y de factores varios, engarzados por ambiciones e intereses personales. Dentro de sus filas, algunos tendían hacia la derecha, asqueados de aquella República oportunista «que había—decían —debilitado a Francia y turbado la paz religiosa... que organizaba el despilfarro y el déficit en permanencia». El país se alejaba también de la fracción gobernante, descontento de su labor desde el Gobierno resumida así: «una política de vejación religiosa sin audacia ni grandeza; una gestión financiera imprevisora que había convertido en déficits los excedentes resultantes de la maravillosa actividad de Francia; una política de expansión colonial, incoherente, dispersa, impotente, que las divisiones del partido republicano reducían a miserables expedientes[1]».

El partido socialista, en período de formación, trataba de adquirir personalidad propia y diferenciarse de los sindicalistas, llamados por los socialistas *cooperadores*, y de los anarquistas, partidarios de la abstención parlamentaria. Y aun dentro de los mismos colectivistas luchaban diversos sentidos que cristalizaban en otras tantas fracciones o echaban gérmenes de escisiones futuras. La confusión entre ellos la expresaba Joffrin: «no constituimos más que una baraúnda sin brújula; hay aquí anarquistas, posibilistas, guesdistas, que no se entienden entre sí; por eso la clase obrera será vencida, no ya por sus adversarios directos, sino por sus propios elementos». Únicamente los conservadores gozaban de una situación próspera debido a dos circunstancias: la inteligencia a que habían llegado sus grupos, reforzada por la eliminación de un motivo principal de discordias, la muerte del Conde de Chambord—1883— después de la cual la mayoría de los legitimistas se fundió en los orleanistas-y la política nefasta de

---

[1] J.Jaurés Ob. cit. pág. 7.

los republicanos desde el Gobierno. Bajo su mando, Francia «había en pocos años derrochado su capital de confianza y agotado su crédito histórico[1]», y para rehacerse intentaba cambiar de postura otorgando su apoyo a los conservadores. Estos, que beneficiaban del disgusto general contra los republicanos, se presentaban a las elecciones legislativas de 1885 en una *oposición constitucional*, sin atacar a la República, combatía «en nombre de la Religión Católica y de los intereses conservadores, contra las leyes escolares, la expulsión de las Congregaciones, los gastos exagerados y la expedición al Tonkin». El triunfo moral alcanzado por la derecha en las elecciones, (202 que quedan en 180 por anulaciones posteriores; 382 rep.) terminó con las rencillas de *radicales y oportunistas*. Cada una de estas fracciones aislada, por sí misma, carecía de fuerza para gobernar. Habían, pues, de elegir: o coalición con la otra fracción republicana; o alianza con los conservadores; lo primero sería la política de concentración que reposa en el principio de la adopción de un programa mínimo descartando de él todo motivo de discordia; lo segundo la *política d'dpaisement*, de apaciguamiento, que representa la escisión entre las fracciones republicanas. Ahora (Ministerios Freycinet, Enero 1886; Goblet, Dic, 1886-Mayo 1887) optaron por la *política de concentración*, impuesta por la necesidad de defenderse contra la derecha.

La acción política del general Boulanger trastocó los partidos, poco consistentes por naturaleza. Su programa se resumía en tres puntos: *Disolución; Revisión*, que acabase con el parlamentarismo y *Constituyente*, que dictara un Código político estableciendo una sola Cámara y un Poder ejecutivo independiente de ella. Con esa doctrina, Boulanger logró constituir una colectividad política, fuertemente impregnada de personalismo, el *partido boulangista, revisionista o nacional*. Por motivos distintos, esta agrupación absorbía elementos de otros partidos debilitando su respectiva cohesión. La demagogia del general, si halagaba a los elementos extremos le ganó, al mismo tiempo, la hostilidad de los moderados. La *revisión* preconizada por aquél, le atrajo la simpatía de los radicales que también la

---

[1] J. Jaurés Ob. cit. pág. 7.

incluían en su programa y si bien no acudieron unánimes a sumarse a los *boulangistas*, se operó en ellos una escisión. El mismo punto le valió la adhesión de los monárquicos que, apoyando las ideas novadoras, esperaban ganancias en sus pretensiones, para lo cual se servían del partido revisionista como de ariete con que «abrir brecha» en la República. Los socialistas apreciaron con criterios distintos la adhesión a Boulanger, y si los blanquistas apoyaban el movimiento en lo que tenía de democrático y revolucionario, la mayoría de los «broussistas» vio allí una orientación reaccionaria, a la que combatía, en tanto que los marxistas puros (Guesde) se mantuvieron alejados e imparciales. A estas fuerzas, que apoyaban en coalición informe y heterogénea al nuevo partido, se agregaron los descontentos y los enemigos del régimen no clasificados en grupo alguno. Todos los partidos estaban, pues, disgregados, y las fuerzas nacionales, en dispersión, reclamaban un poder fuerte. De ahí la popularidad de Boulanger, que venía a representar la unidad impuesta por la dictadura, y por ello pudo triunfar en las elecciones parciales —Febr. 1888—. La preponderancia del general tenía su fundamento lógico en la situación precaria de los partidos[1] y en la desorganización general política, porque «cuando los Poderes públicos son débiles; cuando los mandatarios de un país no cumplen su misión; cuando el desorden y la anarquía llevan la alarma a todos los intereses, el cesarismo aparece ante todos como el medio único de restaurar el orden, y se pide a la autoridad de un dictador lo que no puede obtenerse de la libertad[2]».

La crisis que atravesaba la República reanudó la *política de concentración* con carácter defensivo, después de la política *d'apaisement* concretada en el Ministerio Rouvier (Mayo-Dic. 1887) y que significaba la escisión entre los republicanos. Unidos ahora para las elecciones generales de 1889 (Set.-Oct.)

---

[1] Muchos diputados, que estimaban responsables de la ineficacia de los gobiernos parlamentarios a los grupos políticos, se mantenían alejados de ellos, aislados, sin filiación política alguna, después de las elecciones de 1885.—L. Lowell. Govern-ments and partis... I. pág. 84.

[2] F. Challeton.—Cent ans d'elections. Parts 1891. III pág 9 y 10.

tenían frente a sí la coalición de los conservadores (366 rep. 172 conserv. y 38 revisionistas).

El fracaso de Boulanger (se suicidó en 1890) dislocó los elementos agrupados junto a su programa. Los republicanos, libres de ese obstáculo, se dedicaron a una política de conservación. Los conservadores, desalentados, creyéronse impotentes para sucesivas aventuras, y sus entusiasmos monárquicos se debilitaron. Ya venían de tiempo atrás aproximándose tímidamente a la República, y la intervención de León XIII acabó por decidirles a una adhesión franca y manifiesta. Después de algunos avances en tal sentido, formulados por el Cardenal Iavigerie (1890) el Pontífice, en 1892, les invitó a suscribir la forma de Gobierno republicana: «aceptad la República—les aconsejaba—es decir, el Poder constituido y existente entre vosotros; respetadle; sedle sumisos como representante del Poder de Dios». Los indecisos siguen la indicación y se adhieren a la República— *ralliés*—en tanto que otros, intransigentes, vieron con desagrado la por ellos calificada de intromisión injustificable del Vaticano en la política interior. A estos era a quienes León XIII vituperaba por supeditar sus intereses personales o partidistas a la conveniencia suprema de la unidad de los católicos.

Así quedaron divididos los conservadores en dos fracciones. Los *ralliés* constituían la última etapa de un ciclo que comienza en la oposición constitucional de 1885, avanza con la formación posterior de la *derecha republicana* y cristaliza definitivamente en aquella modalidad. Las consecuencias de estas modificaciones fueron varias e interesantes. Por de pronto los republicanos moderados acrecían sus fuerzas y, como resultad, la *política d'apaisement* encontraba más posibilidades de realización debido a dos circunstancias: I.ª aumentando numéricamente, los moderados estaban en condiciones de desligarse del apoyo radical o, cuando menos, de no sujetarse a él tan exactamente; 2.ª los radicales, recelosos de la adhesión pontificia a la República, temieron que se bastardease esencialmente la política republicana hasta entonces seguida; creyeron ver en aquélla una táctica pacífica y eficaz que por medios hábiles tendía a ganar para la Iglesia lo que desde la oposición se le hubiera resueltamente negado, y, reaccionando, confirmaban vigorosamente su principio de la separación de la Iglesia y del Estado. Aprestándose, así, a una política de combate, se aislaban más y más de los moderados oportunistas suscitando la coalición de estas fuerzas con Jos conservadores, es decir el fundamento de la *política d'apaisement*.

Al mismo tiempo que se operaban estas transformaciones fortificando la derecha, la izquierda con un nuevo partido o modalidad que surgía de su seno, daba pruebas de su pujanza. La lucha entre las agrupaciones políticas habíase hasta entonces mantenido en un terreno político al que forzosamente hubieron de acudir ya que se trataba de la existencia de la forma de Gobierno. Pero los elementos hostiles a ella claudicaban, y la cuestión social se imponía en el primer término. Ya desde antes de las elecciones de 1885, los radicales «se daban cuenta de que la dificultad (de entenderse con los oportunistas) era debida, menos a su radicalismo en política que a su radicalismo en materia democrática y social. Por eso algunos comenzaron a completar el nombre del partido, uniendo con un guión al epíteto *radical* el de *socialista*[1]». En la necesidad generalmente sentida de abordar la cuestión social Jaurés pedía la unión armónica de las reivindicaciones económicas socialistas con las aspiraciones políticas de los radicales.

La alianza preconizada y en comienzos de realización, recibió un gran impulso merced a la labor llevada a cabo por Millerand, factor principal de aquella, desde la *Petite République Française*, y al fin René Goblet, en manifiesto de 28 Nov. 1891, firmado también entre otros por Millerand y Sarrien, echaba las bases del partido *radical-socialista*: «Dos políticas están frente a frente: —decía aquel documento— política de conservación y de *estatu quo* destinada a satisfacer a los antiguos partidos, y política de progreso continua y eficaz, que la democracia reclama imperiosamente... Desde hace tiempo hemos elegido. Estamos junto a la política de evolución contra la política de resistencia... y para llevar a cabo las reformas sociales... reclamamos el *concurso de todos los republicanos, de todos los socialistas*—por atrevidas que puedan parecer sus teorías y

---

[1] F. Buisson. Ob. cit. Pág. 58.

alejadas de su realización—siempre que no encomienden más que a medios pacíficos y legales el triunfo de sus ideas».

Marcaba este nuevo aspecto del radicalismo una evolución democrática y una preferencia por los problemas sociales sobre los que se proponía concentrar su atención, relegando a segundo término sus preocupaciones políticas.

Los moderados no permanecieron inactivos en tanto que acaecían las modificaciones en la izquierda y en los conservadores. Al mismo tiempo que cuajaba el radicalismo-socialista, un grupo de *jóvenes*, que se habían ya constituido en la llamada *izquierda liberal*, preconizaba una revisión de valores, una adaptación de sus ideales a los nuevos tiempos con sus peculiares problemas político-sociales. No querían «resucitar el Centro-izquierda que ha muerto, ni conservar el *oportunismo* que agoniza». «Es preciso borrar —decía Jonnart, uno de sus miembros,—del vocabulario político, las denominaciones anticuadas de Centro izquierda, Unión republicana e Izquierda radical. Frente al partido radical-socialista, que reniega de la obra de la Revolución y hasta de la idea de Patria, surgirá compacto, unido y resuelto el grupo de los republicanos de gobierno, de los republicanos liberales y progresistas, defensores de la propiedad individual, de la libertad humana y de los principios de nuestro derecho moderno. De un lado los socialistas; de otro los que no lo son; y nosotros no somos socialistas».

Manifestado así el sentir de los partidos, la *política de concentración republicana* resultaba quimérica porque no era puramente doctrinal el antagonismo sino que los hechos les alejaban más aún. Las leyes, de excepción que se solicitaban para defensa de la Sociedad contra los anarquistas[1], ahondaron

---

[1] Apoyándose en la frase de Kropotkin: «el socialismo, debe ser anarquista o ahogarse en el burguesismo», los anarquistas se obstinaban en permanecer dentro de las organizaciones socialistas con el mismo empeño que éstas rechazaban la convivencia. Es verdad que para indicar un matiz especial dentro de la misma denominación, recababan el nombre de socialistas libertarios, que repudiaban las trabas que supone un programa por sus dogmatismos, una organización de partido por la jerarquía, o una jefatura por la autoridad. Así, sin constituir partido, y escasos en número, se dedicaron a la «propaganda por el hecho» —atentado de Vaillant contra la Cámara, (Dic.

la separación entre las dos fracciones republicanas. Loa moderados sustentaban el principio de una aplicación, extensa y amplia de aquéllas; los radicales patrocinaban un criterio más limitado y restrictivo[1].

En este régimen de separación, los moderados ganaron la preponderancia, no solo en ministerios' homogéneos, sino en la presidencia de la República con C. Periert, y luego (Enero 1895) con Felix-Faure. Sin embargo, el sistema de grupos sin coordinación debilitaba la mayoría originando una política confusa, tanto, que no solo sube al Gobierno la minoría radical, —Bourgeois, Nov. 1895— sino que se hizo posible la inconsecuencia que significa el hecho de una mayoría moderada cooperando con un Ministerio radical en la elaboración de una política avanzada.

El principio del impuesto sobre la renta señaló los cauces de la futura marcha de los partidos. Radicales y socialistas se unieron para sostenerlo en son de ataque, y la burguesía, viendo en peligro sus intereses, se aliaba, a impulsos de sentimientos egoístas, en las fracciones moderadas y de la derecha.

1893) y asesinato de Carnot (Jun. 1894) por Caserío, —que originó las medidas de excepción.

[1] Los socialistas protestaban de que se les hiciera solidarios de la conducta de los anarquistas, envolviéndoles, por ello, en la reprobación general; y tanto les ofendía que se les asimilase a los libertarios, que un marxista llegó a prometer «que el dia del triunfo, el primer cuidado de los *guesdistas* seria fusilar a los anarquistas por reaccionarios». G. Weill. Ob. cit. pág. 281.

III

Aunque profundo, el trastorno ocasionado en loa partidos por el *affaire* Dreyfus, no pasó de transitorio porque inmediatamente después, en el Ministerio Waldeck-Rousseau-(1899-1902) queda sólidamente establecida la separación que venía preparándose entre las fracciones republicanas, y su alianza con las respectivas fuerzas afines, derecha y socialistas. Tal fue el significado del llamado «Bloque»—coalición de radicales y socialistas—severamente juzgada por sus enemigos, moderados y conservadores[1]. De este punto arranca una política calificada por los radicales de «ofensiva audaz, resuelta y legal» contra la reacción, y de «abyecta» por Millerarid. Waldeck-Rousseau, que procedía del campo moderado, donde no se admitían las alianzas con el colectivismo, se convirtió en instrumento de su propia creación y .anudó con sus manos de sofista y de decadente esta conjura del Poder y de las sectas revolucionarias que debía adoptar el terrorismo como instrumento y la anarquía como fin[2]. La naturaleza de los componentes del Bloque y la influencia sobre ellos de la masonería[3], que «dominaba en el

---

[1] «...asociación de todas las fuerzas antinacionales, antisociales y antirreligiosas, en rebeldía crónica contra todo nuestro pasado y el genio de nuestra raza... Todas las flaquezas y todos los estigmas de la naturaleza humana; todas las codicias y todoslo rencores acumulados en el curso de los siglos; todas las alucina-ciones y todas las quimeras de imaginaciones en delirio; todos los sofismas y todas las locuras de espíritus extravagantes o funestos que vivían esparcidos u ocultos en el cuerpo social, se han reconocido y fundido bajo este régimen; y esta asociación de maleficencias se ha denominado el Bloque». J. Delafosse. Waldeck-Rousseau. Le Correspondant 1907-I-pág. 429.

[2] Delafosse.—Ob. cit. pág. 425.

[3] El club de los jacobinos modernos ejerce hoy una influencia incontestable... La franc-masonería actualmente goza de una situación privilegiada. Asociación política, ilegal y oculta, no solamente influye de modo anormal sobre los Poderes públicos, sino que se sirve de esa potencia injustificable para oprimir o amenazar todas las libertades». P. Nourrisson. Le Club de Jacobins sous la troisieme République. pág. X y sigts.—En esta materia es interesante la obra de P. Moniquet: Un demi-siécle d'histoire, 1858-1914.

Parlamento e inspiraba a los ministros», marcaron los antecedentes de la política sectaria, antirreligiosa a que el Gobierno se consagraría.

Los socialistas aspiraban ah fusión de todas sus fracciones, pero sus esperanzas, que prometían resultados satisfactorios después del *programa de Saint-Mandé* y de la inteligencia establecida entre ellas en el Comité de vigilancia después del *affaire*, sufrieron una decepción. El ingreso de Millerand en el Ministerio produjo honda emoción no sólo entre los socialistas franceses[1] sino en el socialismo mundial. En Francia aquel acto les agrupó en dos bandos: uno que repudiaba aquella «pretendida política socialista formada por compromisos y desviaciones», y otro que aprobó la colaboración ministerial. En vano los Congresos reunidos (internacional de París Set. 1900 y nacional de la misma fecha y lugar; el de Lyon, Mayo 1901) trataron de armonizar en un acuerdo las dos tendencias representadas por el *Partido Socialista de Francia* (*antiministerialista*) y por el *Partido Socialista Francés* («*participanista o ministerial*).

El Bloque, aseguró su posición con el triunfo en las elecciones de 1902; y con el Gobierno Combes (1902) se dedica a practicar ampliamente la política sectaria que el anterior Gabinete solo inició. La coalición, sin embargo, quedó muy pronto disuelta, al menos teóricamente. Los socialistas no aceptaban unánimes aquella labor gubernamental; disentían los *guesdistas* (Congreso de Reims-Set.-I903) que declararon que el socialismo ninguna relación tiene con el anticlericalismo. Por otra parte, el Congreso internacional de Ámsterdam (1904), que trató de las tendencias socialistas moderadas o *revisionistas*, sostenidas a la sazón en Alemania por Bernstein, hizo constar… «2.º que la Democracia Socialista no puede pretender ninguna participación en el Gobierno de la Sociedad burguesa». Estas conclusiones significaban para los socialistas el triunfo del marxismo

---

[1] No obstante las apasionadas discusiones que surgieron por ese hecho, Millerand no despertó entre los socialistas ta hostilidad que parece deducirse. Así, decfa Jaurés: «De todos loe que han olvidado sus antiguas doctrinas y abandonado a sus antiguos compañeros de luchas para llegar mas pronto al Poder, M. Millerand es el único a quien hemos perdonado». ***. Hommesdujour.-M. Millerand Le Correspondan. 1912.-III.pag. 1140.

intransigente e integral (Bebel, Guesde) y para el Gobierno Combes, la disolución *doctrinal* del Bloque.

La coalición que, de hecho, aun cuando con intermitencias, subsistía y llegaba al apogeo de su poderío, entraría ahora en un período de decadencia que era al mismo tiempo, la «crisis del radicalismo».

La política sectaria del Bloque, que culmina en la ley de separación de la Iglesia y el Estado (1905) dividió muy pronto a los radicales. La falta de unidad entre ellos influye en la caída del Ministerio Rouvier-Ener. 1905-Mar. 1906—, y bajo el Gobierno Sarrien-Clemenceau—Mar. 1906— se acentúa la división acerca de aquélla. Contaban, además, con una animosidad por parte del país que debía de ser muy generalizada y ostensible, cuando Clemenceau descartaba la pérdida de aquella hegemonía radical-socialista en las elecciones de 1906—Mayo[1]. No obstante el triunfo obtenido en ellas, los radicales afirmaban paulatinamente sus discrepancias, de tal modo que el Gobierno Clemenceau—Oct. 1906— fue la postrera y enérgica tentativa para la reconstitución del Bloque y el medio de conjurar la división latente. Deseaba aquél atraer a las fuerzas socialistas, unificadas ya desde el Congreso de París—23-25 Abril 1905) y para ello, más que aliarse, el Gobierno se fundió en el socialismo supeditándose a él. La creación del Ministerio del Trabajo, sin intervención de las Cámaras, y su adjudicación a Viviani, socialista, era prenda segura de la conducta del Gobierno, cuya *declaración ministerial*, en la que se incluía el impuesto sobre la renta, mereció los plácemes de Jaurès satisfecho de ver ahora a la República «en el dintel del socialismo integral».

(1)

(2)

---

[1] En un discurso pronunciado en Lyon durante el período electoral decía a este respecto: «Es preciso confesarlo sinceramente; la voz del pueblo y la voz de Dios se han equivocado alguna vez y aun se equivocan con frecuencia. Mediante el voto de mañana, el sufragio universal, incierto, movible, siempre cambiante, adoptará decisiones de un día que el porvenir se encargará de rectificar.»

La unanimidad del Gobierno en ese punto no bastaba para borrar la división del Gabinete acerca de la política religiosa. Clemenceau, «imperialista radical, temporalmente dictador por asentimiento del país», en sus aspiraciones confesionales llevaba a Francia a un verdadero Kulturkampf, y afín a él, Viviani era un «nihilista religioso»[1]; pero junto a ellos Briand, representaba el temperamento moderado[2], cuyos planes transaccionales con la Iglesia, fracasaron por la intervención de las intransigencias del jefe del Gobierno. Estas divergencias correspondían en esfera más amplia a una confusión general política. Los partidos carecían de fijeza en sus orientaciones y de consecuencia en su conducta; no tenían jefes cuyo prestigio hubiera impuesto la disciplina, y así, vivían en un «régimen de incoherencia» que Combes mismo retrató fielmente al hablar de «un malestar íntimo (en la República) que reconoce como causa una mezcolanza funesta, una desorganización de los partidos». El personalismo y las ambiciones bastardas, extremos que inducían a Clemenceau a exaltar sus rigores para calmar las ansias de radicalismos de los *combistas*, cuyo jefe aspiraba a derribar en provecho propio al Gobierno, minaban la existencia de la mayoría que tenía frente a sí una oposición débil, disgregada, en pugna de preferencias personales también. Pero aun dentro de este desbarajuste general, distinguíanse aunque confusamente dos tendencias radicales: intransigentes (Clemenceau) y moderados (Briand).

Este resquebrajamiento se acentuó luego, debido a la divergencia de apreciación sobre el sindicalismo y el

---

[1] En un discurso como Ministro clel Trabajo, hacía ostentación extemporáneamente de sus odios religiosos en palabras famosas luego: «Hemos arrancado las conciencias humanas a la creencia en el más allá, y cuando un desgraciado, fatigado por el peso de sus labores del día doblaba las rodillas, le hemos incorporado diciéndole que detrás délas nubes no hay más que quimeras. Juntos, y en un gesto magnífico, hemos apagado en el cielo luces que no volverán a encenderse.»

[2] Y sin embargo él fue el factor principal, acaso único, de la separación; de tal suerte que en 1903, «nadie en la Cámara, excepto M. Briand deseaba verdaderamente la separación. Aun el mismo M. Combes, entonces jefe del Gobierno, la consideraba imposible».—G. Bonnamour. L'apaisement. París 1913. Pág. 5.

antipatriotismo, íntimamente enlazados entre sí y con la *Confederación General del Trabajo*.

Por fusión de la *Federación Nacional de los Sindicatos* y de la *Federación de las Bolsas de Trabajo de Francia y de las Colonias* en el Congreso de Limones (1895), se inició la constitución de una entidad que se consolida en el Congreso de Montpellier (1902) con el nombre de *Confederación General del Trabajo* (C. G. T.). Dentro de ella convivían dos tendencias:— *Sindicalismo reformista* o pacífico, que se mantenía dentro de límites estrictamente económicos y buscaba en la organización, medio de defensa de intereses materiales, puramente profesionales. Entendían sus miembros que esta asociación no debía ponerse al servicio de una causa política como instrumento, pues, en tal caso, se bastardearía su fin propio y peculiar. No hacían de la huelga procedimiento de conquistas proletarias sino medio ponderado, no sistemático ni violento, de defensa económica— *Sindicalismo revolucionario*, que patrocinaba la lucha de clases en toda su aspereza. Propugnaban la huelga general revolucionaria en la que, so capa de reivindicaciones obreras, perseguían fines políticos, y habituando a sus secuaces a ponerse frente al Ejército, lograban imbuir en aquéllos, como consecuencia lógica, el odio al soldado que acude a reprimir el movimiento insurreccional; de ahí el *antimilitarismo*. Profesaba un internacionalismo del que, ligando, la tierra y el capital al sentimiento de Patria en un concepto materialista, deducía que «quien nada posee, no tiene patria»; de ahí el *antipatriotismo*. En contradicción con ese espíritu amplio y altruista que parece encerrarse en su internacionalismo, viene a parar en concepciones mezquinas, pobres y egoístas, al confesar que «la patria del obrero es su estómago y el de su familia.» Desde muy pronto, (Congreso de Bourges—1904) el *sindicalismo revolucionario* consiguió la dirección y la supremacía en la Confederación a la que imprimió su tendencia. Así, la entidad en conjunto fue considerada siempre, solidariamente con sus directores, como revolucionaria y anarquista. En sus predicaciones de esta índole, consiguió ganar prosélitos, que daban a entender lo fructífero de tales propagandas, en el carácter revolucionario que tomaban huelgas y movimientos de protesta. Pero donde su actuación fue más eficaz y nociva para la integridad nacional fue entre los maestros de instrucción primaria. De este modo realizaron, rebasándole, el pensamiento de los grandes sectarios franceses, a sea llevar la lucha confesional a la escuela.

El ambiente creado por la C. G. T. llegó a afectar tan seria y directamente a los principios esenciales de la Sociedad y de la Patria, que originó la protesta de gran parte del país, de los Consejos generales (Diputaciones provinciales) y aun de senadores radicales. La protección expresa de Hervé, Jaurès y Viviani, entre otros, y la más o menos encubierta, pero valiosa y eficaz, de Clemenceau, Briand y, en general, del Gobierno, hacían de aquella entidad un poder intangible y soberano que se jactaba de su hostilidad a la Patria y al ejército. Los socialistas «unificados: se adherían a ese espíritu disolvente, y en el Congreso internacional de Stuttgart—1907—con la protesta tácita de los delegados europeos,—para bochorno de aquéllos, tan solo un delegado de los sindicalistas italianos, Weiss, se declaró *herveista*—se manifestaron antimilitaristas y antipatriotas. Los radicales rechazaban esas ideas si bien solo en apariencia, por que si Pelletan recriminaba a Jaurès por «desear el triunfo de sus ideas sobre las ruinas de la Patria», el Congreso de Nancy—(10-12 Oct. 1907)-en que se reúne el partido radical y radical-socialista, terminaba con declaraciones ambiguas. De una parte proscribía la colaboración con los «candidatos que preconicen la desorganización de los ejércitos de la República», pero, de otra, se «mantenía resuelto a colaborar con todos los elementos del Bloque de la izquierda a la obra de las reformas sociales, fiscales y políticas». No pasaba de grosera sutileza aquel divorcio doctrinal, incompatible, en principios rigurosos, con la colaboración parlamentaria.

Los efectos perniciosos de la influencia revolucionaria de la Confederación aparecían en la actitud de los maestros sindicalistas, y en el carácter sangriento y francamente anarquista de las huelgas, como la de Draveil—Julio 1008—y la de funcionarios de Correos y Telégrafos de 1909; tanto que Clemenceau, al fin, no por impulso espontáneo sino influido por la protesta general que reflejaba la alarma del país, reconoció el «peligro revolucionario» y reprimió duramente—Mayo 1909—la huelga de esos funcionarios, la «huelga de burgueses», que tanto refocilaba a los socialistas. Sin embargo, la C.G.T. no cesaba en sus propagandas, y en el Congreso de Marsella—(5-10 Oct. 1908)—lanzó en son de reto sus conocidos principios; y si hubo un corto interregno en que triunfaron los moderados con la elección de Niel como Secretario general, muy pronto recobró la hegemonía el «autócrata de la Confederación», Griffuelhes. Deschanel declaraba en la Cámara (Oct. 1908) «la absoluta necesidad, la legalidad perfecta de la disolución de la C.G.T.»[1] pero los Gobiernos, no obstante las presiones de la opinión en el mismo sentido carecían de autoridad moral y de prestigio para reprimir aquellos desmanes en cuyo origen se encontraba la influencia y la labor de los propios gobernantes[2].

Los radicales estaban separados por diversidad de criterios en la cuestión del sindicalismo revolucionario, íntimamente enlazada con el resurgimiento del Bloque. En general, se declaraban (Congreso radical de Dijon 10 Oct. 1908) por la reconstitución de la alianza, aspiración calurosamente defendida por Combes, pero también había otra tendencia adversa con más o menos paliativos; además, unos (Laferre) admitían la política de Clemenceau, calificada por otros (Buisson) de «radicalismo burgués y conservador». Entre los socialistas existía también una gradación que se precisa en el Congreso socialista de Toulousse (15-17 Oct. 1908); en la extrema izquierda formando dos grupos distintos, estaban los *herveistas* y los *sindicalistas* revolucionarios (Lagardelle); entre estos últimos, algunos

---

[1] La ley sobre sindicatos—1884—dice en su art. 3.0 que «los sindicatos profesionales tienen exclusivamente por objeto el estudio y la defensa de sus intereses económicos, industriales, comerciales y agrícolas».

[2] Doce miembros de la C.G.T. fueron procesados por publicar un folleto antimilitarista titulado *Gobierno de Asesinos*. Uno de los defensores de aquéllos, exhibió ante el Tribunal la «Contabilidad del Congreso antimilitarista de Amsterdam» en la que figuraban (1 Junio 1904) los siguientes datos en la lista de sus-criptores: Briand, diputado, 2 francos; Clemenceau, 10 francos. Uno de los acusados, Janvion, decía: «Perdón; soy un conductor conducido, y quien me ha conducido es el Ministro de Justicia.» (Briand) Le Correspondant 1908.I. pág. 1032. Se castigaba por entonces la publicación de dibujos que no diferían de los insertos en tiempo no lejano por el periódico de Clemenceau, *L'Aurore*, y el Senador M. Mérie decía que los artículos de aquel, en ese periódico, le habían convertido al antimilitarismo, a lo cual añadía: «y M. Briand completó mi educación revolucionaria.» Id. 1908 IV. pág. 200.

contemporizaban con Hervé; otros, en cambio, despreciaban olímpicamente al «revolucionario romántico y burgués»; el centro (Jaurès, Vaillant) antimilitarista y antipatriota también, no difería de los anteriores sino en la táctica, más solapada, y pedía la unión con la C.G.T.; formaban la derecha los marxistas (Guesde); y la extrema derecha (Bretón, Varenne) se confundía con los linderos del radicalismo en una común aspiración al Bloque.

IV

El Gobierno Briand—Julio 1909—(primer Ministerio presidido por un socialista en una gran potencia) fue el punto de partida en la declinación acelerada del radicalismo. Es verdad que en el Gobierno estaba Viviani, el que «apagó las luces del cielo», pero junto a él, Millerand, patriota y opuesto al antimilitarismo[1], y Briand, cuyo temperamento moderado se significó en la aplicación de la Ley de separación, aseguraban un matiz al Ministerio, nada agradable a los radicales. Era significativa, en efecto, la hostilidad con que socialistas y radicales recibieron al Gobierno, y la satisfacción con que fue acogido, no solo por los moderados, sino por la derecha, que, por boca de Mun y de Piou, declaraba «oír un lenguaje nuevo en las esferas del Poder» La política de Briand, por otra parte, explanada en su discurso de Perigueux—10 Oct. 1909—sería de concordia, de unión, de *apaciguamiento*. En ella, los intereses locales, «pequeños charcos de agua estancada» cuya preponderancia es una de las trabas de la política francesa, quedarían subordinados al supremo interés general; era, en suma, la política d'*apaisement*, que patrocinada por Briand adquiere un sentido nuevo y peculiar. El carácter del Gobierno, ratificado por el Presidente en su discurso de Saint-Chammond,—10 Abril 1910-parecía atraer a los moderados y a los conservadores. Por eso, las izquierdas calificaban de

---

[1] En una ocasión-1893—decía: «los socialistas franceses son patriotas, profundamente patriotas, de sentimiento y de rasón»... En la *Petite République Française* en el mismo año... «en tal situación, es un deber imperioso para todos los socialistas, aceptar aun a despecho de sus convicciones íntimas, la doble carga del servicio militar obligatorio para todos y el pesado presupuesto de la guerra»... En el discurso de Saint-Mandé: —30 de Mayo 1896 —«Jamás hemos tenido la idea impía y loca de romper, de arrojar lejos de nosotros ese incomparable instrumento de progreso material y moral forjado por los siglos, que se llama la patria francesa». En 1898 hablaba así en la Cámara: «desde la extrema derecha a la extrema izquierda no hay en Francia ningún partido que no coloque en el primer plano de sus preocupaciones, por cima de todas las consideraciones personales, de todas las cuestiones de teoría y de táctica que puedan solicitar su ánimo, el honor, la grandeza y la seguridad de la patria».— G. Weill. Ob. cit. pág. 303 y sig.

«paradoja que no puede prosperar, esa especie de unión poco menos que conservadora bajo la presidencia de un socialista de ayer que lleva su espíritu de concordia nacional hasta el punto de no pronunciar siquiera la palabra socialista», y Jaurès denunciaba en Briand el espíritu de un Chamberlain y su tendencia a fundir en un nuevo *unionismo*, fuerzas radicales y conservadoras.

Los radicales ya distinguían dentro de su seno a los radicales propiamente dichos de los radicales-socialistas. La reforma electoral, en sentido de instituir la representación proporcional—R. P.—y el escrutinio por lista, les separaba, y la política *d'apaisement* les agrupaba también en dos campos opuestos. Si Briand se hubiese mantenido en la orientación predicada, los radicales hubieran sufrido las funestas consecuencias para ellos de que la mayoría patrocinase la R P. Si hubiese persistido la cuestión de la reforma, incorporándola a la lucha electoral que se preparaba, las izquierdas se habrían debilitado al combatirse entre sí, porque si ese principio dividía a los radicales-socialistas, cuya mayoría era opuesta por los perjuicios que les aseguraba, los socialistas deseaban ardientemente y unánimes la R. P. Briand, para unirlos, insinuó el terreno infalible de inteligencia: el anticlericalismo, tópico ya desprestigiado que adquirió cierta lozanía efímera con el «asesinato» de Ferrer, atribuido a la influencia «clerical» española. Solo así pudieron los radicales-socialistas mantener su fuerza en las elecciones (Abril 1910) y los socialistas unificados aumentar de 55 a 74. La orientación de Briand no fue, pues, consistente; «el *apaisement*—como dijo Bourgeois, aunque con distinto sentido,—era una palabra vacía». Osciló el jefe del Gobierno entre los extremos como perfecto oportunista, e introdujo en los partidos, con sus contradicciones, una desorientación que agravó la difícil situación de esas colectividades sin directores, fraccionadas e incoherentes, que si hacían factible una política basada en mayorías de aluvión, producto de combinaciones, eran también un obstáculo para la vida de los Gobiernos por la división que llevaban a ellos.

Los radicales-socialistas subieron al Gobierno en las postrimerías de una influencia que tocaba a su fin. Bajo los Gabinetes Monis (Febr., Jun. 1911) y Caillaux (Jun. 1911-En.

1912) se manifiesta más patente la división entre radicales y socialistas, con lo cual se afirmaba y extendía la división en los primeros; entre ellos, unos (Pelletan) pedían la unión con los colectivistas (Bloque), y otros (Dalimier) la rechazaban. El Congreso radical-socialista de Nimes (Oct. 1911) fue por entonces la expresión máxima de aquella descomposición del partido, en sus conclusiones poco diáfanas, imprecisas. El «Gran Ministerio» Poincaré[1] – Ener. 1912 – provocó entre los radicales una hostilidad que les prestó cierta apariencia de unión. El temperamento moderado del presidente, su oposición al monopolio escolar que aquéllos pretendían, y su adhesión a la R.P. motivaron el enojo de aquéllos. La reforma electoral, patrocinada también por los socialistas, y que fue el impedimento para llegar a una amplia coalición de las izquierdas, quedó aprobada en la Cámara – Jul. 1912 –; pero los antiproporcionalistas, constituidos en *Comité de defensa del sufragio universal*, – Combes, Clemenceau – se aprestaban a rehacerse de la derrota, merced a su influencia dentro de la comisión senatorial, compuesta casi exclusivamente por adversarios de la R. P. – 15, de un total de 18 –[2].

La elección de Deschanel para la Presidencia de la Cámara, y la elevación de Poincaré a la suprema magistratura de la República – Enero 1913 – contra Pams, candidato de las izquierdas, fueron triunfos de los moderados a expensas de los radicales. El partido, cada vez más débil y resquebrajado, había de sufrir ahora la influencia disolvente, en su seno, de la cuestión militar que a la sazón se planteaba.

La pasividad de los Gobiernos permitía a la C.G.T. perseverar en su obra demoledora. Los *sindicalistas* reformistas habían

---

[1] Entraron en él las primeras figuras políticas: Bourgeois, Briand, Millerand, Delcassé, etc. Briand, ademas de ministro de Justicia, fue nombrado Vice-Presidente del Consejo, para contestar en la Cámara, en ausencia del Presidente, a las interpelaciones y preguntas sobre política general.

[2] No triunfó, en efecto, el principio de la representación de las minorías. El proyecto de la comisión aprobado en Jun. 1913, establecía: cada circunscripción elegirá en escrutinio por lista y por mayoría, un diputado por cada 21.500 electores inscritos o fracción superior a 10.750. Ningún departamento nombrará menos de 3 diputados, y ninguna circunscripción elegirá más de 5 diputados y menos de 3.

intentado desvirtuar ese carácter de la institución, reduciendo su actuación a límites puramente económicos, suprimiendo su orientación política, adoptando «métodos de prudencia que no excluyen la energía en las decisiones», creando, en fin, como condensación de sus aspiraciones— 1909— el *Comité de unión sindicalista;* pero fueron vencidos por el *sindicalismo revolucionario,* siempre preponderante allí. Identificados con el espíritu de esta última modalidad, los sindicatos de maestros, reunidos en el Congreso de Chambéry—1912—se declaran solidarios de los agrupados en la Confederación, y deciden la creación de una entidad—el *Sou du Soldat*— que bajo apariencias benéficas ocultaba una organización de propaganda antimilitarista[1].

El problema militar en Francia estaba enlazado con múltiples circunstancias especiales que le prestaban interés extraordinario. La propaganda antimilitarista que destruía la disciplina en el ejército, —ejemplo las insubordinaciones ocurridas en las guarniciones de Toul, Belfort y Rodez (Mayo 1913)— el decrecimiento alarmante de la natalidad; la situación internacional agitada y sombría—Marruecos, Balkanes,—y la política de armamentos a que febrilmente se entregaban las potencias, justificaban, en sentir de moderados y conservadores, un aumento en el plazo de servicio militar, en compensación de la relativa escasez numérica. Conservadores y moderados, de acuerdo con la afirmación de Poincaré: «un pueblo no puede ser eficazmente pacífico sino a condición de estar siempre preparado para la guerra»[2], exigían la sustitución del servicio militar de dos años, estatuído en 1905, por el de tres años. Socialistas y radicales-socialistas, se oponían tenazmente a tales pretensiones. Esta coincidencia en la oposición sirvió para

---

[1] He aquí algunas de las doctrinas contenidas en un «Manual» que esa institución repartía en los cuarteles: «Todas las infamias—decía—todas las crueldades, todos los asuntos sucios, todos los programas impostores, han teñido como divisa una palabra: Patria. Por ella es por quien se nos encierra durante tres, años, para hacer de nosotros esclavos, acaso asesinos, o victimas de la brutalidad de los que llevan galones... El ejército es, no solamente la escuela del crimen, sino la escuela de la superchería, de la pereza, de la hipocresía, de la cobardía»...

[2] A. Viallate. Ob. cit. VII, pág. 12.

reconstituir de hecho el antiguo bloque. Caillaux había antes renegado de la alianza, y durante su Gobierno hubo de soportar la obstrucción de sus actuales aliados, pero ahora, el «plutócrata demagogo»[1], vio en la unión de ambos elementos, una sólida base sobre la cual cimentar sus ambiciones al Poder. La coalición, sin embargo, fue impotente para impedir la aprobación de la *ley de los tres años* tan combatida por las izquierdas. —Agosto, 1913—.

La proximidad de las elecciones obligó a los partidos a ordenar sus fuerzas disgregadas. Los radicales-socialistas (Congreso de Pau, Oct. 1913) reconocieron en sus divisiones el fundamento de su debilidad, y, en lugar de remediarlo, se agruparon en dos fracciones con distinto criterio acerca de la alianza con los socialistas (Bloque). La sustitución de Combes en la dirección del partido por Caillaux, y el vencimiento de Pelletan, su rival en la jefatura del mismo era el triunfo del espíritu opuesto al Bloque y la derrota de sus panegiristas. Así surgieron los *radicales unificados* de Caillaux o *partido de la rue Valois*»[2] «gran partido-decía el nuevo *leader*-que se basta a sí mismo... y no tiene necesidad de ofrecer ni solicitar alianzas». Su programa era: servicio militar de dos años, impuesto sobre el capital y la renta, y oposición a la política *d'apaisement*.—Frente a esta agrupación, los moderados formaron otro partido: la *Federación de las izquierdas*, en el que, bajo la dirección de Briand se agruparon nombres prestigiosos: Barthou, Millerand, Pichón, Klotz, Dupuy, Thierry etc. Caracterizando al nuevo partido decía Briand: «Los que nos combaten (los radicales unificados) entienden gobernar para una organización de partido que reivindica el derecho de otorgar patentes de confesión republicana... La vida política, tal como ellos la conciben, se desarrolla bajo el yugo de las tiranías locales y de consignas subalternas. Nosotros no queremos nada de esto... Queremos

---

[1] Caillaux gozaba de una posición especial en la política francesa. De una parte, su origen en la alta burguesía tranquilizaba a las clases adineradas; de otra, su proyecto de impuesto sobre la renta le valió el apoyo de la democracia (Véase Hommes du jour—M. Joseph Caillaux. Le Corrspondant 1911. III. pág. 360 y sigtes.). De ahí el calificativo que se le aplicó, de «plutócrata demagogo».

[2] Llamado así a semejanza de los clásicos clubs de tiempos de la Revolución, que tomaban su nombre de la calle donde se verificaban sus reuniones.

gobernar con nuestro partido, sí, pero, según frase de Gambetta, con nuestro partido para nuestro país». Aspiraban, pues, a purificar las costumbres políticas, y colocaban «en el primer plano de sus preocupaciones, todos los problemas relativos a la defensa del territorio» por lo cual defendían la *ley de tres años*.—Entre ambas fracciones se colocó un grupo de radicales también, «republicanos ni unificados ni federados» (Thomson, I. de Etchepare...) Y, por último, la *Alianza democrática* (A Carnot) más avanzada que los progresistas, aunque patriota, se disponía a una inteligencia electoral con los *federados* de Briand.—Los socialistas, a primeros de 1914-Congreso de Amiens-se deciden a concluir una alianza electoral con los radicales unificados, pues si bien les separaban diferencias, les acercaba con más intensidad la común hostilidad al servicio de tres años.—Los católicos, dirigidos por el coronel Keller y por M. de Bellomayre, crean un Comité llamado *Unión de los católicos*, «fuera y por cima de los partidos políticos», para combatir a los candidatos partidarios de las leyes llamadas «*intangibles*».—El Gobierno, por su parte, se dedicaba también ardientemente a plantear las premisas que le asegurasen el triunfo. Los procedimientos, sobrado conocidos, de la llamada «política electoral», empleados por el Gobierno (Doumergue, radical) hicieron decir a Barthou que el Ministerio no era sino una «agencia de colocaciones electorales». Las elecciones concedieron un brillante triunfo a los socialistas (102) que beneficiaron del acuerdo con las fuerzas de Caillaux, en tanto que estas perdieron 10 puestos. La ventaja conseguida por los socialistas no fue a expensas de los moderados, pues los *republicanos demócratas* de Carnot llegaron a una centena, y los *federados* de Briand, a 120.

Después de la alianza electoral de las izquierdas, merced a la cual triunfaron los socialistas, ¿subsistiría el Bloque? El anticlericalismo no servía ya para unirlos; la política religiosa estaba, además, agotada, pero un terreno de concordia se les ofrecía en la cuestión militar. La potencia de la coalición, sin embargo, sería problemática en ese terreno, debido a las exigencias de la política exterior. La prensa rusa dio a entender explícitamente los peligros que corría la alianza franco-rusa desde el momento en que se variase el servicio militar vigente de tres años. La responsabilidad era demasiado grave para que ningún Gobierno francés osara afrontarla, y, por lo mismo, los radicales, en el Poder, no se atrevieron a modificar la ley de los tres años no obstante combatirla.

En suma: la política religiosa, la cuestión del sindicalismo revolucionario y los problemas militar y financiero, resquebrajaron los partidos de la izquierda, y al mismo tiempo fueron orientando a las colectividades políticas en dos tendencias divergentes. Ante la fuerza ordenadora de aquellos problemas cede la delimitación natural de los partidos y pierden significación sus respectivas denominaciones políticas; y por cima de esos términos secundarios, aparecen dos sistemas de gobierno, dos concepciones políticas opuestas: una, de orden, constructiva, eminentemente nacionalista y militarista, y otra de disgregación, demoledora, negativa, antimilitarista o sin grandes entusiasmos por el ejército. La guerra europea, imponiendo una tregua en las luchas políticas, trastorna profundamente estas distinciones ya que ambos criterios se funden, animados de un común impulso patriótico, en la «Unión sagrada» de todos los partidos.

AUSTRIA-HUNGRÍA

Según el Compromiso--Ausgleich-Kiegyezés — de 1867, la Monarquía Austro-Húngara se compone de dos Estados independientes, de Constitución separada: el Imperio Austríaco — Cisleithania — integrado por los países llamados hereditarios, y el Reino de Hungría-Transleithania — que abarca los antiguos países de la Corona de San Esteban (Hungría, Croacia, Eslavonia, Transilvania y Confines militares). Tienen común: el Soberano, Emperador — Kaiser-de Austria, y Rey Apostólico — Apostoli Király — de Hungría; ciertos asuntos, como Negocios Extranjeros, asuntos militares y navales, y Hacienda relativa a cuestiones comunes, regulados por los Ministerios de la Casal Imperial y Real y de Negocios Extranjeros, de la Guerra y del Tesoro Imperial. El Poder legislativo referente a los asuntos comunes, se ejerce por los Parlamentos de los dos Estados mediante las llamadas Delegaciones. Cada Estado nombra una Delegación compuesta de 60 miembros; 20 de las Cámaras Altas — 40 de las Cámaras de Diputados. Los miembros de las Delegaciones son nombrados por un año, y éstas convocadas por el Soberano, anual y alternativamente en Viena y en Budapest. Están unidas, además, por una comunidad comercial y aduanera, no permanente, sino renovable cada 10 años, en virtud de la cual, ambos países forman un solo territorio comercial y aduanero.

AUSTRIA

El derecho constitucional en Austria se estableció mediante la revisión de la Patente *de 26 Febr. 1861, por las «cinco leyes fundamentales» —* staatgrundgesetze *— de 1867. El Poder legislativo pertenece a la Dieta —* Reichrath *— compuesta por dos Cámaras: Cámara de los Señores, aristocrática, y Cámara de los diputados, elegida por los* Landtags, *de las 17 provincias. El Poder ejecutivo se ejerce por el Soberano mediante sus ministros, responsables ante el* Reichrath. *La Dieta asume las funciones necesarias al mantenimiento de la unidad. Las Dietas particulares o* Landtags *de cada una de las 17provincias, tiene a su cargo «los objetos de legislación no reservados expresamente al* Reichsrath.*» La igualdad ante la ley, de idiomas y nacionalidades, quedó allí establecida.*

La variedad de razas que integran el Imperio, con toda su capital importancia, proporciona la clave determinar las características de los partidos políticos en Austria. La convivencia de varias nacionalidades no satisfechas dentro de un Estado supone ya una lucha permanente de aspiraciones contradictorias. El Reichsrath, es el punto, de reunión de los partidos políticos en. Calidad de representantes de las diversas nacionalidades con sus reivindicaciones y anhelos más o menos amplios y exagerados. Considerados, pues, en el Parlamento los partidos ofrecen una personalidad esencialmente, y por cima de .toda otra nota distintiva, nacionalista. Atentos al lenguaje de la historia, embellecido por la tradición, que les habla de antiguos países independientes, y deseosos de convertir en realidades tangibles, tan sagradas aspiraciones, combaten en pro del federalismo en son de protesta de su condición actual. No pierden los austríacos-alemanes, por su cualidad de centralistas, el carácter nacionalista, común a todos los partidos del Reichsrath, antes bien, le ratifican, porque ese centralismo es su fórmula de oposición al federalismo de los demás pacidos nacionales; y así como éstos se escudan tras de ese concepto para defender sus ideales, los austríacos-alemanes encuentran en un Poder central fuerte y vigoroso, la mejor garantía de preeminencia sobre sus adversarios. Dentro, pues, del Reichsrath, si bien fraccionados en agrupaciones políticas, se sobrepone en los partidos el matiz nacionalista a sus divisiones de aquella índole, y, unidos así, ese concepto les comunica un carácter distintivo que se mantiene y afirma en reuniones extraparlamentarias—*Clubs.*—Bajo este punto de vista, los partidos en el Reichsrath se clasifican, atendido el número de nacionalidades, en: alemanes, checos, polacos, rutenos, eslovenos, croatas, serbios, rumanos e italianos.

Los partidos austríacos tienen otra personalidad diferente si se les estudia en las Dietas provinciales o Landtags. El hecho de que cada región no esté habitada por una sola rara o nacionalidad, y, por tanto, la convivencia allí de dos o más pueblos, no fundidos, sino yuxtapuestos y mezclados tan sólo, determina cierta debilitación en el carácter político de las agrupaciones políticas. La lucha entre la raza dominadora y las que ésta mira como extrañas, no acaba de borrar el matiz nacionalista en los partidos; pero aun así, considerados en este círculo más restringido, aparecen más claros y precisos los límites esencialmente políticos que les separan. En las Dietas, por consiguiente, parece como si el nacionalismo cediera en la intensidad con que aparece dentro de los partidos en el Reichrath, para concentrarla en divisiones políticas perfectamente delineadas. No es posible dedicar a los partidos austríacos, en esta fase de su personalidad, una atención que haría exceder de sus límites este trabajo. Hemos de citar, sin embargo, algunas características de los partidos alemanes porque, en virtud de la tradición histórica, reforzada por la preponderancia que les aseguró su riqueza y su instrucción, constituyeron el eje de la política en el Imperio Austríaco.

Dos partidos alemanes señalan su presencia en la inauguración del régimen dualista—1867—La *izquierda* o *liberales*, centralistas, laicos y semitófilos[1]; y la *derecha*, --Hohenwart—partido aristocrático, *conservador* y católico. De los primeros se disgregaron varias fracciones que en evoluciones posteriores,

---

[1] Esta característica se explica por la abundancia de judíos en el partido, factor rechazado por algunas de las fracciones que se formaron luego, ocasionando así divergencias, manifestadas en algunas tentativas de unión.

aceptan el federalismo, se hacen antisemitas y llevan a la exageración sus ideas nacionalistas,—pangermanistas de Wolf y de Schönerer. -De la derecha se separan luego dos grupos: elementos conservadores, reaccionarios y clericales, agrupados en el *partido populista católico— Volkspartei católico*—y los que pudiera llamarse *católicos demócratas*, constituidos en el *partido cristiano social*[1], que, si bien tuvo existencia propia desde antiguo dentro del nuevo régimen, no consolida su influencia hasta 1896. Estas dos ramas se unen después de las primeras elecciones verificadas con arreglo al sufragio universal—1907— en el *Christlichsoziale Vereeniging*[2].

Los socialistas lucharon para constituirse en partido con las discrepancias nacionalistas. Mediante una transacción, y triunfando en el difícil empeño, llegaron, sin embargó a formar el partido, uniendo a las diversas nacionalidades en un ideal socialista, sin abdicar, por ello, de sus reivindicaciones patrióticas nacionalistas. El socialismo en Austria desde el principio de la Doble Monarquía fue estimulado y mantuvo intimas relaciones, que perduran, con análogo movimiento alemán. Atravesó una época difícil de persecuciones por parte del Gobierno, como las sufridas por los socialistas alemanes, en la que hubo de luchar, no solo contra las iras de los gobernantes, decididos a su aplastamiento, sino con los litigios internos

---

[1] Merced a la dirección del Dr. Lueger, llegó a ser uno de los partidos austríacos mis numerosos y compactos. Su «leader», «el agitador más genial que tuvo Austria desde que existe allí el régimen constitucional», «el hombre mis popular en Austria después de Francisco José., el Dr. Lueger, de espíritu independiente y batallador, una de las figuras políticas mis interesantes del Imperio austríaco, dotó al partido de cohesión y de fuerza imprimiéndole un pronunciado carácter antisemita. Jefes eran también Gessman y el príncipe de Lichstenstein. A pesar de su devoción dinástica, el Dr. Lueger no era bien visto en la Corte. Es proverbial su hostilidad irreconciliable contra los magiares acaso por las pretensiones de éstos de empequeñecer, con su régimen de separación, el alto concepto profesado por Lueger de una Austria grande y poderosa. Esa animadversión contra los magiares le llevó al extremo de dar un gran rodeo por Galitzia en un viaje a la exposición de Bucarest, con tal de no pasar por Budapest que él llamaba *Judapest*—R. Henry— Des monts de Bohéme an Golfe Pérsique. París 1908 pág. 49.

[2] Acerca de las fracciones políticas de cada nacionalidad, véase R. Henry Ob. cit. Parte 1ª cap. II.

habidos entre *demócratas*,—llamados por sus adversarios «socialistas de agua de rosas»,— y *anarquistas*. El Congreso de Hainsfeld—1888— significaba el triunfo de los demócratas y el comienzo en la organización de sus fuerzas, que diez años más tarde—Congreso de Brünn—1898—se agrupan definitivamente en el *Partido Obrero-Social-Demócrata austríaco*, compuesto de siete fracciones autónomas: alemana, checa, polaca, rutena, eslovena e italiana[1].

Como puede observarse por lo expuesto, los distintos criterios que presiden las diversas organizaciones nacionales y políticas originan una división profunda en los partidos políticos, de lo cual se deducen algunas consideraciones fundamentales. Las nacionalidades, vehementes y recelosas, siempre en guardia para librarse del mando de las demás, impiden todo convenio entre los Gobiernos y los partidos, puesto que las concesiones en reprocidad de apoyo, estimulan en sus demandas a los favorecidos, nunca satisfechos en sus reivindicaciones nacionalistas, e irritan a los postergados. La consecuencia es embrollar más aún el complicado engranaje de la política austríaca. Las dificultades para la formación de un gran bloque eslavo opuesto al alemán modifican el carácter y la trascendencia de la lucha entre las dos razas. Los eslavos, lo mismo que los alemanes, no constituyen fracción, independiente de límites precisos y separados. La identidad de ideas, las alianzas tácitas por similitud de criterios políticos,

---

[1] Entre los jefes principales del partido socialista austríaco figuran: El Dr. Adler, judío como casi todas las grandes figuras socialistas austríacas y alemanas. Médico especialista en enfermedades de niños, contribuyó en gran escala a la organización del partido socialista. Con un elevado espíritu de abnegación, gastó mucha parte de su caudalosa fortuna personal, en los trabajos de constituir el partido al cual dotó de su periódico semanal *Die Gleichheit*— La Igualdad,—que luego fue el actual diario, órgano central socialista—*Arbeiter Zeitung*—. El polaco Daszynsky, brillante orador, de origen burgués. Su elegancia, rasgo mas frecuente de lo que generalmente se cree, entre los jefes socialistas, ha hecho decir que «es un nuevo Lassalle que tendrá también su novela»—Pernerstorfer que pasó, lo mismo que el Dr. Adler, de los nacionalistas alemanes al socialismo. Los checos, que no creen en la sinceridad de su conversión, dicen de él que, de vez en vez, «se le sube a la cabeza la leche de su nodriza» aludiendo a la poca estabilidad de sus convicciones políticas. Le socialisme á l'étranger. — París 1909. pág. 100.

religiosos y sociales establecen a modo de corrientes de unión entre los adversarios. A más de esta solidaridad entre ellos, y dentro de los radicalismos nacionalistas más exagerados, no pueden desligarse por completo de la influencia, que pesa sobre todas las razas del Imperio, de una común soberanía, cuyos lazos potentes no han sentido hasta que la necesidad les obligó a afrontar un peligro contra el conjunto. El desconocimiento de esa superior afinidad sobre sus rencillas particularistas hizo pensar en la disgregación de la Doble Monarquía, y, con ella, en el desequilibrio europeo. Un fenómeno de espejismo permitió ver tendencias francamente separatistas[1] donde solo había cuestiones de nacionalidad, de autonomía mejor, y aun concretando más, de «autonomía nacional»[2], pero subordinadas siempre a una coexistencia basada en una superior unidad. Distintas ocasiones han demostrado plenamente la unión de todas las nacionalidades, voluntaria y espontáneamente sometidas a la patria común, y aun los espíritus más obcecados no estimaban antes de 1914, tan fácil como antaño la desmembración de la Doble Monarquía[3].

---

[1] En Austria, tan tolo un partido perteneciente a una nacionalidad «decapitada», el partido «viejo ruteno», es separatista.

[2] Llamada así por el Dr. Karl Renner.

[3] Después de escritas las anteriores líneas, y vencidos los Imperios Centrales, comienza la descomposición de Austria-Hungría. Alguna vez se dio como cierta su desmembración, y los mismos hechos que, a juicio de quienes así pensaban, provocarían la disolución, reforzaron la unión de los componentes. Graves crisis internacionales, y entre ellas una de valor supremo y definitivo, el conflicto con Serbia, preliminar de la guerra europea, pasaron por sobre íquélla sin afectarla esencialmente, sometiendo a una prueba dura y categórica el grado de cohesión de sus factores. La muerte del Emperador Francisco José, que ya de antemano se estimaba como el final de la Monarquía—lo cual fue causa de que se aplicase a este soberano el nombre de «Rómulo-Augústulo»— no produjo los perniciosos efectos que se le atribuían, a pesar del ambiente favorable en que para ello acaeció. Tan sólo después de cuatro años de guerra, con todo el trastorno moral y material de orden interior que esto supone; acosados por influencias y estímulos poderosos, y rota la alianza con Alemania, los elementos de la Doble Monarquía han entrado en un período de disociación cuyos efectos no pueden precisarse a la hora en que se termina de escribir este libro.—Nov. 1918.—Sobre estos hechos queda como factor trascendental, la confirmación de la política de Bismarck. Alemania era, a juicio del Canciller, la superficie resistente sobre la que había de apoyarse el

I

Concluido el *Compromiso* — Ausgleich — los liberales ocuparon el Poder — Auersperg — El espíritu reformador impreso a su labor política, laica y centralista, consecuentes con su temperamento, les atrajo la hostilidad de nacionalistas y conservadores. El Concordato de 1855 fue la materia en que operaron con criterio anticatólico; resultado, las leyes de 1868 reformando con tal sentido lo relativo a escuelas, matrimonios, y relaciones entre las distintas confesiones. La oposición de los elementos conservadores, fieles a la Iglesia Romana, se acrecentó con el estímulo que para ellos suponía la protesta de la Santa Sede, quejosa ante la violación del Concordato.

La lucha con los nacionalistas tuvo más trascendencia. Desde entonces, los litigios entre las nacionalidades, y, sobre todo, la hostilidad entre checos y alemanes en Bohemia, constituyen un mal endémico en la política austríaca, que perdura hasta hoy de modo ininterrumpido. La minoría liberal burguesa alemana, se aseguró la hegemonía en Austria mediante un sistema electoral que consagraba su mayoría parlamentaria. Las restantes nacionalidades, mal avenidas con la situación consiguiente de inferioridad, procuraban terminar con ese estado ficticio, y los checos en su *Declaración*, y los polacos en la *Resolución*, — 1868 — concretaban aspiraciones autonomistas. Los primeros, proclamando su «individualidad histórica», creían constituir una nación política, y demandaban, en consecuencia, la reconstitución del antiguo reino, integrado por los países de la Corona de San Wenceslao-Bohemia Moravia y Silesia,-y un convenio renovable con Austria lo mismo que el concluido con Hungría. Los polacos se limitaban a pedir «autonomía nacional».

Aun dentro de las intransigencias centralistas alemanas, algunos espíritus conciliantes tendían a una política de transacción. Minado el Gobierno por la discrepancia, los centralistas se

---

mosaico de Austria-Hungría. Y, en efecto, tan pronto como desapareció el tablero resistente con la ruptura de la alianza, el mosaico quedó desmoronado.

opusieron a la minoría, que fue sacrificada—1869—. Pero esa inflexibilidad resultó ineficaz por la actitud de los nacionalistas, que, declarados en «huelga parlamentaria», hicieron la vida imposible al Ministerio que solo contaba en el Reichsrath con los diputados alemanes. Impuesto así, por la fuerza misma de los hechos, el espíritu conciliatorio, el polaco Potocki,—1870—con esa cualidad, viene al Gobierno. Para los nacionalistas era ya una concesión el hecho mismo de constituirse un Gabinete dispuesto a transigir, lo cual, estimulando sus esperanzas, se resolvió en demandas inadmisibles.

En esta contienda entre alemanes y nacionalistas, apareció un nuevo factor, de importancia suma, con la reciente constitución del Imperio Alemán. Los alemanes austríacos celebraron el triunfo germano como propio, y la solidaridad que pudiera establecerse entre ambos términos, no dejó de preocupar en Austria, porque la posición de los liberales alemanes, preeminente de antemano, reforzábase considerablemente al amparo del prestigio ganado por 1 nuevo Imperio, guerrero y victorioso. Bien pronto justificó tales temores la crisis ostensible de nacionalismo alemán, iniciada ya por los estudiantes alemanes en la Universidad de Viena; nacionalismo peligroso para el de Austria, que tenía dentro de su seno las vanguardias de la influencia alemana, animadas de un espíritu francamente pangermanista. El Ministerio Hohenwart-1871-federalistay conservador, era un excelente medio para entibiar aquellos entusiasmos. El procedimiento infalible estaba en favorecer a los checos, rivales en Austria de los germanos. El remedio, sin embargo, fue demasiado lejos; las concesiones otorgadas a los checos equivalían al verdadero reconocimiento del reino de Bohemia, a la inscripción en el programa del Gobierno, de la *Declaración* de 1868. Huyendo del peligro alemán, se cayó así, en el peligro eslavo. Los liberales alemanes se dispusieron entonces a copiar los métodos de abstención parlamentaria adoptados en análogo trance por sus rivales, como protesta; pero la advertencia decisiva, favorable a aquéllos, vino de Hungría. Los políticos húngaros, especialmente Beust, hicieron comprender al monarca los riesgos de la trascendental medida planeada en beneficio de los checos.

Los liberales recuperaron muy pronto el Poder—Auersperg-1871.-Para conjurar el peligro a que se vieron abocados, reforzaron su centralismo, aseguraban la presencia de los representantes nacionalistas en el Reichsrath, mediante la reforma electoral-1873-que terminaría con las abstenciones parlamentarias, y, fieles a su programa anticatólico, tomaron pie de la denuncia del Concordato para, a imitación de lo hecho en Alemania, combatir a los católicos con las «leyes de Mayo»—1874—. El *krach* de Viena—1873—hizo perder fuerza a los liberales, ya divididos. Los elementos judíos, importantes por su número e intereses dentro del partido, suscitaron una oposición general que les culpaba de la difícil situación económica. De este modo, por extensión, la hostilidad contra los judíos, hábilmente explotada por los antisemitas haciendo sinónimas las palabras judío y liberal, abarcó a todo el partido; a esto añadíase luego, como agravante la oposición de católicos y nacionalistas, determinada por la labor política de aquél. El enemigo común unía a estos últimos en un programa negativo, consolidado luego por la hostilidad de eslavos y católicos contra la alianza austro-alemana.

La política de báscula entre alemanes y checos dictaba a Taaffe—1879-93—el camino a seguir. La reciente alianza con Alemania imponía, como contrapeso a la influencia de los nacionalistas alemanes adquirida por tal concepto, la inclinación del Gobierno hacia los adversarios de éstos. La constitución del Gabinete, integrado por checos, polacos y la derecha,—Hohenwart—indicaba de modo patente la futura orientación de la política gubernamental. La coalición que formaba el Ministerio no tenía más punto de contacto que la común hostilidad contra los alemanes, y para unirla en terreno más estable, asegurando su apoyo, Taaffe conocía la política de concesiones.

La oposición liberal no era peligro serio. Las discusiones acerca del nacionalismo y del semitismo habían hecho perder cohesión a los liberales. En 1881, con espíritu defensivo nacionalista, de la misma índole que el ataque, los liberales se agrupan en la *izquierda unida*, de franca tendencia nacionalista. Pero bien pronto salen de ese período de transición, camino de posiciones más concretas; apenas nacida aquélla, surgen, de las discusiones, los moderados y los radicales, que separan —1885— en dos Clubs: el *Club Austríaco-Alemán* y el *Club Alemán*, nombres que ya indican los respectivos grados de nacionalismo. Y aun más, un grupo, creyendo nacionalistas moderados a los del *Club Alemán*, forma el *Club* más radical de la *Unión Alemana*.

Pero también la mayoría de Taaffe, si bien fuerte, perdió la estabilidad y firmeza de la primera época. Al compás de la oposición, aun cuando en menor grado, resentíase en su solidez. Los clericales puros se separaron de la derecha —Hohenwart— formando un *Club* independiente bajo el príncipe Alfredo Liechtenstein, enojados con el Gobierno que no acogió algunas de sus pretensiones. Los checos venían combatiendo entre sí por la supremacía entre dos grupos: el partido de los *viejos checos* — Rieger —clericales, conservadores y aristócratas; y el de los *jóvenes checos*, Gregr —elementos jóvenes y radicales, anticlericales y demócratas.

Taaffe comprendió todas las dificultades de su labor. La política imperiosa de equilibrio era el fundamento de su estabilidad en el Gobierno. Su habilidad de gobernante le dictaba una política sagaz, ecuánime, ponderada, en la que las concesiones se otorgaran con gran parsimonia, sin menoscabo del Poder central, y de modo que la ganancia de adeptos no hiciese nacer la enemistad en sus aliados circunstanciales, enemigos de hoy, cooperadores necesarios para mañana. En esa posición inestable supo mantenerse con arte supremo, satisfaciendo a sus aliados con procedimientos que Rieger calificó gráficamente de «política de migajas». Las elecciones de 1885 sancionaron, con la derrota, la división de los liberales alemanes; los eslavos triunfaban. Los liberales, con tendencia a la unidad urgente y único remedio para salir de su estado precario, formaron en 1888, la *Izquierda alemana unida*, por fusión de los que se pudiera llamar moderados: *Club Austriaco-Alemán* y *Club Alemán*. Los pangermanistas radicales, antisemitas furibundos, permanecieron independientes de ese grupo semitófilo, cualidad mantenida por los moderados a causa de la abundancia de judíos entre ellos, con los que no transigían los pangermanistas.

Dentro de estas evoluciones de los partidos, descollaba lo mismo que en la política general austriaca, una aspiración radical, patrocinada por elementos diversos y potentes. Los «jóvenes checos» ganaban en Bohemia el terreno perdido por los «viejos checos»; los socialistas salían organizados del Congreso de Hainsfeld-1888-en el partido social-demócrata, y a estos dos grupos uníanse los *socialistas cristianos*, aunándose todos, en demanda del sufragio universal. El intento del Gobierno de agrupar en un bloque a los elementos moderados contra el radicalismo que surgía quedó desbarato con el proyecto electoral de Taaffe. El anuncio de la reforma, que bordeaba el sufragio universal, fue la señal de la desbandada en la mayoría, ya en descomposición. Precisamente los elementos que hubieran podido colocarse alrededor del Gobierno, fueron los adversarios de su fórmula. Conservadores aristócratas, liberales alemanes y polacos, instintivamente se dieron cuenta de que el proyecto electoral acabaría con sus respectivas preeminencias usurpadas, ficticias, que vendrían por tierra una vez en vigor la reforma preconizada. Esa defensa de su propia vida les unió en el Gobierno de coalición Windischgraetz-Nov. 1893;-pero como el terreno de unión-hostilidad al proyecto electoral-era poco consistente, en cuanto aparecieron cuestiones nacionalistas, que acarrearían la separación de la izquierda alemana, se destruyó el Gabinete-1895.

II

La reforma electoral absorbía la general atención y, desde entonces, se coloca en el primer plano de la política austríaca. Accediendo, aunque parcialmente, a los deseos de los interesados en ella, Badeni—1895-97—consiguió aprobar un proyecto —1896—si bien no tan radical como el de Taaffe. Los partidos, no obstante, sintieron profundamente las consecuencias. En las elecciones de 1897, la *izquierda alemana* se disgregó, y la masa principal de sus elementos engrosaba las filas de los nacionalistas —*populistas*—. Los partidos peticionarios del sufragio universal: «jóvenes checos», socialistas-demócratas y socialistas-cristianos, triunfaron; la derecha estaba rota. Las profundas divisiones de los partidos malograban el intento del Gobierno de constituir una mayoría, pero, a pesar de ello, Badeni precisaba de un apoyo seguro para sacar adelante la renovación del *Compromiso*. La tentativa de atraerse con tal objeto a los «jóvenes checos», introdujo un elemento de discordia que relegó a un segundo término las demás cuestiones. Las *Ordenanzas* dictadas—1897 —a modo de recompensa por la cooperación de los checos, acarrearon una de las crisis más agudas de nacionalismo en Austria; inaugúrase entonces un período de exaltación y de violencias entre alemanes y checos, que .defendiendo sus respectivas posiciones, entraban en un litigio cuyas consecuencias trascendían, no sólo al Parlamento que se llenó de oprobio por las escenas que allí sucedieron, sino a toda la vida pública. Ese ambiente de agitación y de apasionamientos era incompatible con la solidez ministerial; los Gobiernos -Badeni, Gautsch, Thun, Conde Clary—caían rápidamente en medio de la gran confusión producida por la contienda encarnizada. A fines de 1899, el Ministerio Körber aspiró a unir todas las nacionalidades en una colaboración común, en una política austríaca, sustituyendo el espíritu infecundo partidista por orientaciones hacia una labor fructífera, en cuestiones de interés superior. El terreno de inteligencia, al cual Körber quiso llevar a los partidos, hubiera aplacado los ánimos si el nacionalismo no tuviera allí tan hondas raíces. La construcción de canales y ferrocarriles, proyectada por el Gobierno como finalidad de sus propósitos, no consiguió el objeto apetecido. Los checos comenzaban la obstrucción, y en la caída de Körber—1904— vieron ellos «una concesión» a sus pretensiones.

A las agitaciones nacionalistas, sucedían bajo el Ministerio Gautsch -Enero 1905-las peticiones de sufragio universal. Los campeones de la reforma, «jóvenes checos», socialistas demócratas y socialistas-cristianos -Lueger- sentíanse estimulados por la modificación electoral de 1897, por el ambiente reformista también de Hungría y por los sucesos de Rusia; la convicción de contar con el apoyo del soberano, iniciador y verdadero concesionario de la reforma, acrecentaba sus energías. La oposición de los elementos conservadores no era digna de tenerse en cuenta, dada la actitud de la Corona. Los liberales alemanes no dejaban de comprender que su posición no era la misma que en los comienzos del régimen; la supremacía cultural y económica no les distanciaba ya tanto de sus adversarios, en constante progreso; por consiguiente, era imposible mantener el equívoco. Sin embargo, no deponían su actitud resueltamente opuesta. La burguesía y la nobleza defendiendo sus posiciones, que era tanto como su preeminencia; los eslavos con el alegato de su superioridad numérica frente a la cultural y económica invocada por los alemanes; los socialistas declarando la huelga general—Nov.— decretada en su Congreso de Viena-Oct. 1905-todos, en suma, se situaban, amenazadores, frente al Gobierno, que no tenía otra perspectiva sino la eterna obstrucción, procedimiento parlamentario de los descontentos. Así, aun la política de equilibrio había de fracasar. Por un momento, creyeron los demandantes conseguidas sus aspiraciones, bajo el Ministerio formado por el príncipe Conrado de Hohenlohe-Schillingfürst-May.1906,—el «príncipe rojo», garantía de las aspiraciones democráticas; pero la fugacidad de este Gobierno abatió los ánimos de los interesados.

Durante este tiempo, a través de las luchas y de las discusiones, habíase realizado una labor de depuración y acoplamiento en la mezcla de intereses tan encontrados, y, al fin, el Ministerio Beck consiguió aprobar la reforma presentada por Gautsch, en

Febrero 1906, en la Cámara de Diputados. La oposición de los magnates hizo temer por el proyecto, y solamente el deseo favorable, firme y sincero, de Francisco José, pudo obrar el milagro de que los grandes señores abdicasen circunstancialmente de sus convicciones y de sus intereses políticos. El vacío de que rodearon al Monarca quedaba suficientemente compensado para él con la adhesión de los elementos favorecidos por la nueva ley, en virtud de la que aumentaba el número de diputados de 426 a 516.

Los efectos de la nueva legislación modificaron intensamente la vida política austríaca, afectando de modo especial a los partidos. En las elecciones celebradas con arreglo a la reciente ley, promulgada en Enero 1907, los eslavos obtuvieron 259 mandatos contra 257 alemanes y latinos (italianos y rumanos). Este resultado, estableciendo un equilibrio de fuerzas, exigía una política de moderación, sin estridencias, imposibles, por otra parte, dadas las dificultades de asegurar una mayoría. El Gabinete de coalición Beck, constituido por alemanes, polacos y checos, aceptaba, por las muestras, este corolario de política de inteligencia. En cuanto a los partidos, el sufragio universal produjo resultados sorprendentes; dos de los paladines de la reforma: socialistas-demócratas y socialistas-cristianos, ganaron puestos; los jóvenes checos, por el contrario, como los demás partidos burgueses, disminuían. Resalta, pues, el hecho de que los partidos provistos de un bagaje social y económico, con un programa deducido de sus respectivas denominaciones, triunfaron. Los grupos, en cambio, que anteponían sus principios políticos o nacionales, quedaban derrotados. La decisión del cuerpo electoral se inclinaba hacia una labor útil y fructífera realizada en un ambiente de calma, incompatible con las estériles luchas nacionalistas. Pero, los partidos, obstinados derivaban en la senda tan claramente marcada, anteponiendo con terquedad la idea nacionalista. A ello tendían con las agrupaciones en que se unieron, presididas por aquel espíritu tradicional, a modo de concentración de energías con objeto de atacar más vigorosamente o defenderse con garantías prestadas por la eficacia de la asociación. Los alemanes de la izquierda, temiendo el peligro eslavo y con prevención hacia los socialistas, intentaron la alianza. Los antiguos liberales o progresistas—*Deutchfortschrittliche,*— rama principal de las agrupaciones liberales alemanas, aferrados a su tradicional semitofilia no transigían con el antisemitismo de las restantes agrupaciones de la izquierda alemana. Los pangermanistas—grupos Wolf y Schönerer—; los populistas—*Deustsche Volkspartei* — y un *partido agrario—Deutsche Agrarier*— que en estas elecciones trajo por primera vez una representación estimable, rechazando a los judíos, se federan en el *Deutsche National Verband*— Unión nacional alemana—Chiari —que ya no ofrecía la nota de pangermanismo exaltado.

La derecha alemana llegó más fácilmente a una inteligencia. De acuerdo con las ideas de Gessman, de más amplitud que las sustentadas por Lueger, los cristiano-sociales y los clericales del *Volkspartei católico* — Dr. Ebenhoch—se funden en el grupo *Christlichsoziale Vereeniging* —Asociación social cristiana— compuesto de 96 miembros—66 cristianos-sociales y 30 del Volkspartei—que eligió como presidente a Lueger. El famoso *kolo*—Club—polaco, perdió su antiguo carácter conservador aristocrático, debido al predominio que en su seno ganaron las ideas democráticas, aunque la calidad de aquellos elementos bastaba a compensar la minoría del número[1]. Las agrupaciones de las restantes nacionalidades uniéronse también de modo más o menos perfecto, adoptando una orientación nacionalista que modificaba en gran parte, simplificándola, la enorme división de los partidos.

Quedaba, con ello, palpablemente demostrado, que los problemas nacionalistas no habían desaparecido; que fracasaron en parte las esperanzas fundadas en el sufragio universal como resorte infalible de unión, colaboración y emancipación del régimen de privilegios entre los miembros del Imperio; que el Emperador no vería satisfechos sus deseos de una reconciliación que permitiera a todos, según sus palabras, «trabajar en común.» Sería desconocer la realidad, negar, sin embargo, la virtualidad de la reforma. Lo mismo que en Hungría, los problemas nacionalistas no desaparecieron, pero el hecho de apartarles del lugar preferente de la política del Imperio era ya

---

[1] Por Galitzia fueron elegidos con este carácter, 2 judíos nacionalistas — *sionistas.*

un triunfo enorme. La mayoría del Parlamento austríaco, constituida por el *Christlichsoziale Vereeniging* y por los socialistas-demócratas en una alianza tácita sellada por sus comunes campañas en pro de la reforma electoral, ratificada luego por la similitud de reivindicaciones, era prenda segura de que los problemas económicos y sociales ocuparían la atención preferente de la Cámara; las ideas religiosas de los socialistas-cristianos atrajeron, además, una centena de miembros de diversas nacionalidades, con lo cual resultaba constituida una indudable mayoría socialista y otra católica. Quedaba, así, asegurada la preeminencia de aquella política, y deshecha de antemano una posible mayoría nacionalista eslava.

Cumplido el primer punto de su programa, el Ministerio Beck trató de realizar el segundo: la revisión del *Compromiso* con Hungría. La actitud separatista de los magiares suscitó la unión de los partidos austríacos ante la necesidad de defensa común. Cansados ya estos últimos de las eternas quejas de los húngaros, también ellos deseaban eximirse de la unión onerosa, y desagradecida por Hungría, fuerte en cuanto miembro de la Doble Monarquía, y contribuyente a los gastos comunes en proporción escasa a juicio de Austria. Los partidos austríacos, unidos frente a la unión de los húngaros, no conseguían, sin embargo, desligarse de sus egoísmos nacionalistas. La aprobación del Convenio fue objeto, por su parte, de regateos, imponiendo, como precio del voto, concesiones de aquella índole. Beck no quería provocar, apelando al régimen de mercedes, la contienda nacionalista, y satisfaciendo las ambiciones de los partidos en la provisión de carteras, pudo lograr el segundo enunciado de su programa. 1907[1].

---

[1] El convenio comercial se aprobó hasta 1917, y en él se aumentaba la participación de Hungría a los gastos comunes hasta un 36,4%, Austria contribuirla con el resto, 63, 6%.

III

El tercer principio del programa de Beck: llegar a un acuerdo en las rivalidades nacionalistas entre alemanes y checos de Bohemia, era el más difícil de realizar. Los generosos intentos del Monarca, secundado por los Gobiernos, encaminados a ese fin, chocaron siempre con la imposibilidad como escollo insuperable. ¿Lograría Beck salvar el obstáculo que nadie pudo franquear? Contaba en su favor con el resultado de un conjunto de circunstancias felices que suavizaron el ambiente de hostilidad irritada y perpetua entre los rivales. Después de la concesión del sufragio universal, a consecuencia de ella, el nacionalismo pareció perder consistencia; la posición de defensa instintiva en que colocó a los austríacos la actitud de los magiares, también diríase que cobijó a todas las nacionalidades de Austria bajo un concepto de solidaridad coherente, y, por último, el Gobierno de coalición Beck, permitía colaborar unidos a los representantes de las nacionalidades más importantes: alemanes, checos y polacos. Todo, en suma, abonaba la posibilidad de dar fin a un litigio tan peligroso para el Imperio. Pero los hechos vinieron a demostrar lo ficticio y superficial de una tranquilidad que, ligeramente tan sólo, ocultaba un letargo de las pasiones y de las rivalidades. Anticipándose a los deseos conciliatorios de Beck, checos y alemanes dirimían sangrientamente sus diferencias en las calles de Praga; la colaboración ministerial desapareció, y con ella el Gobierno y toda esperanza de transacción—Nov. 1908.

El primer Ministro Bienerth en esas circunstancias creyó inútil cualquier tentativa de constituir un Gobierno de coalición en el que entrasen checos y alemanes, por lo cual, en espera de momentos más propicios, formó un Ministerio «de funcionarios». La situación no mejoraba, sin embargo. La hostilidad de los checos tendía a concentrarse, ampliándose. Todos los eslavos, excepto los polacos,—o sea, checos y yugoeslavos, o eslavos del Sur—se agruparon en la *Unión eslava*— Kramarz y Sustersitch—, y comienza entonces la obstrucción desenfrenada y ruidosa contra los proyectos del Gobierno sobre la reglamentación en Bohemia de los idiomas, y acerca de los tratados de comercio con Serbia, Bulgaria y Montenegro, que provocaron una especial oposición entre los elementos agrarios. El Gobierno beneficiaba, no sólo del apoyo de la Corona, sino de los deseos expresos de alemanes, polacos y socialistas, de colaborar en una labor parlamentaria, útil, con lo cual se constituyó Bienerth una mayoría defensora del orden, si bien heterogénea. Los alemanes se unieron también en bloque para oponerse a la *Unión eslava*. Los socialistas demócratas y los cristianos no podían dignamente, so pena de defraudar las esperanzas puestas en ellos, abandonar su política de reformas sociales, ineficaz a la sazón por la actitud de los obstruccionistas. Los polacos, mediante su presidente el Prof. Glombinski, oficiaron de intermediarios entre checos y alemanes, pero su labor resultó infructuosa por las exigencias de los checos, cuyas pretensiones aumentaban por el hecho de la anexión de Bosnia, que les aseguró un refuerzo de 2 millones de eslavos. La hostilidad de los partidos era común contra los revoltosos eslavos, causantes de la paralización política; y deseosa la mayoría ministerial de vencer por cansancio a los obstruccionistas, solicitó sesión continua[1]. La oposición carecía de solidez; estaba desunida por criterios distintos en cuanto a la oportunidad del procedimiento adoptado. Así, inopinadamente, la sesión terminó presentando Kramarz una moción sancionada por la mayoría, en pro de la reforma del Reglamento, en sentido de hacer imposible la obstrucción.

Aun libre ya del obstáculo, el Gobierno no pudo descansar en su nueva posición. La mayoría se disgregaba, desgajándose de ella un elemento importante. Los polacos solicitaban el cumplimiento de las leyes votadas por Körber en 1901, relativas a la construcción de canales, y, entre ellos, el que más les interesaba, el del Danubio al Vístula. Bienerth, aun sabiendo que con la negativa disminuía la resistencia de su base de sustentación política, no podía acceder a tales peticiones por impedírselo la situación financiera. Los polacos, inflexibles,

---

[1] Esta sesión duró 86 horas—15-18 Dic. 1909. La mayoría se relevaba por equipos nombrados al efecto y el diputado Kotlarz habló durante 13 horas seguidas, sin más que un descanso de 5 minutos para tomar alimento.

abandonaron al Gobierno, y Bienerth, desde ese momento, carecía de apoyo decisivo; la mayoría no era lo suficientemente fuerte para hacer indiscutible el triunfo de las leyes militares y las fiscales complementarias, a las que el Gobierno concedía gran importancia.

Continuaban, en esto, las gestiones ministeriales para reconciliar a checos y alemanes, interrumpidas fácilmente en cuanto que un punto cualquiera bastaba a provocar los recelos de unos u otros. Su fracaso no era obstáculo, sin embargo, para reanudarlas. Los Gobiernos tomaban ya esas negociaciones como uno de los factores de su política. La concordia entre los adversarios, tan deseada como difícil, condicionaba resoluciones y procedimientos, exigencias y concesiones, y hasta la consistencia misma de los Gabinetes era el más seguro indicador del estado de aquellas relaciones. Medios tenía Bienerth para hacerse con una mayoría, dada la accesibilidad de los nacionalistas a las mercedes de tal naturaleza. Le repugnaba, no obstante, ese medio de ganar adeptos, pero no había sino dos términos hábiles para salir de la situación: disolver el Parlamento o acogerse al sistema de concesiones; en la disyuntiva optó por el primero—Mar. 1911.

No eran ajenos a esa determinación ministerial los socialistas cristianos. Envanecidos de su arraigo en el país, y conscientes de su prestigio, pensaron aumentar su ya crecido número en las nuevas elecciones. No tenían en cuenta que los tiempos habían cambiado profundamente. La muerte de Lueger, poco antes de la disolución del Parlamento dio a conocer el secreto de la fuerza del partido. La persona del jefe su ascendiente, su nombre, era el único punto de cohesión de las fuerzas diversas integrantes del grupo socialista-cristiano. Con Lueger desapareció la solidez de la agrupación. La rivalidad entre los distintos sectores componentes del partido, oculta durante la dirección del «leader», salía descaradamente a la superficie en cuanto les faltó aquel factor de disciplina. Elementos aristócratas y demócratas, intereses fabriles y agrícolas, aspiraciones de la ciudad y del campo, mezclábanse allí en una lucha de personalismos y ambiciones para el logro de la preponderancia, de la sucesión en la jefatura, tan difícil. Liberales y socialistas aprovecharon aquel desorden en las fuerzas católicas, para desprestigiar a los demócratas-cristianos, cuya administración, decían, «ni era demócrata ni cristiana», y les colocaron, por su proteccionismo agrario, frente al pueblo, abrumado por el encarecimiento de la vida. En tal situación entraban en las elecciones.

Prevista o no, causó enorme sensación la derrota de aquel partido plenipotente antaño, cuyo derrumbamiento no pudieron evitar, ni el apoyo del Gobierno ni el interés de la Corte. Viena, lugar de los triunfos de Lueger, dejaba de ser feudo de los socialistas-cristianos; con ello, perdían su leyenda. El elemento urbano cedía su preeminencia al rústico, con lo cual, adoptando un carácter especialmente agrícola, se modificó esencialmente su carácter. Los socialistas, libres de la influencia de Lueger, ganaron 19 puestos en Viena; perdían 5 puestos en total y quedaban en 82; los alemanes recogieron las pérdidas de los católicos y suben a 111. La posición de Bienerth se hizo desesperada con el resultado electoral, y aun el grupo de cristiano-sociales— 76—culpando al Gobierno de su fracaso, le abandonó. A la retirada de Bienerth--Julio—se hacía necesario un Gabinete que, por los antecedentes y circunstancias personales de sus miembros, dejara entrever la posibilidad de un arreglo entre checos y alemanes, premisa necesaria para el voto de las leyes militares y fiscales. El barón Gautsch, acreditado en esta labor de pacificación, formó Ministerio. Su inclinación hacia los checos, fundada en las necesidades de los trabajos parlamentarios, indicaba ya el resquebrajamiento del Gobierno; e incapaz, como se presumía, de conciliar intereses tan divergentes, Gautsch se declaró vencido--Nov. 1911.

El «Gran Ministerio de funcionarios», llamado así por la valía personal de sus componentes, presidido por el Conde Stürgkh, tendía, como sus antecesores, a la aprobación de las leyes militares. Los medios para formar la indispensable mayoría eran sobrado conocidos; pero tampoco perdíase de vista la posibilidad de un fracaso irremediable; y aun pasando por todos los sacrificios ¿no podría ocurrir que la mayoría, conseguida a costa de procedimientos tan laboriosos y sensibles, viniese abajo al menor incidente? La duda inquietante tomaba cuerpo, porque el apoyo ministerial carecería, en todo caso, de una base sólida indispensable. Bien claramente lo pusieron de relieve los hechos. Ganada ya, por circunstancias diversas, la mayoría para la aprobación de las leyes militares, los rutenos de Galitzia, pretendiendo acabar con su situación de inferioridad respecto a los polacos, amenazaron con la obstrucción, caso de no ser atendidos. La benevolencia manifestada por el Gobierno en nombre del Emperador, en favor de los quejosos rutenos, despertó, a su vez, los recelos de los polacos, que hubieron menester de los mismos procedimientos halagüeños con objeto de hacerles desistir de su actitud rebelde. Al fin, después de tantos sinsabores, las leyes militares fueron aprobadas — 1912 — con la casi exclusiva oposición de los socialistas.

Las victorias de serbios y montenegrinos en los Balkanes — 1913 — nuevamente recrudecieron las exaltaciones nacionalistas eslavas. Los eslavos austríacos, tomando pie de los procedimientos empleados por Hungría contra los croatas levantiscos, entendían mostrar su solidaridad con los hermanos de raza, invitando al Gobierno austriaco a que mediase cerca del húngaro para acabar con el régimen duro impuesto a los croatas. Coincidió tal estado de ánimos con uno de los muchos fracasos en las perpetuas negociaciones checo-alemanas, y los checos y yugo-eslavos, deseosos al mismo tiempo de retardar la reforma del reglamento interior de la Cámara, exteriorizaron su disgusto en una continua obstrucción[1].

Así, el Gabinete Stürgkh presenciaba impotente, como todos los ministerios austríacos, las luchas nacionalistas entre checos y alemanes — Bohemia —, y polacos y rutenos — Galitzia —, cuyo fin no se columbraba.

---

[1] En una de estas sesiones continuas que duró 56 horas, el diputado checo Fressl habló durante *16 horas*.

ITALIA

El Estatuto fundamental *del Reino de Cerdeña, promulgado bajo Carlos-Alberto en Marzo 1848, se extendió a todo el territorio una vez constituido el Reino de Italia 1861-1871: El Poder legislativo, según el Estatuto, será ejercido colectivamente por el rey y por dos Cámaras: el* Senado *y el* Congreso de los diputados. *El Senado es elegido por el rey dentro de ciertas categorías taxativamente marcadas. El Congreso se elige con arreglo a un sistema censitario, por un período de 5 años. El Poder ejecutivo corresponde al rey, que nombra y revoca sus ministros. Estos son responsables, sin que el* Estatuto *regule esa responsabilidad, y deben refrendar las leyes y actos del Gobierno sin lo cual son ineficaces.*

Dos partidos, hablando en términos generales, pueden señalarse desde los comienzos del Reino de Italia: el *conservador*, de ideas moderadas, partidario de la fórmula de Cavour, «Iglesia libre en el Estado libre», y el llamado izquierda radical, integrado por los elementos revolucionarios, anticlericales y republicanos seguidores de Mazzini, que habían reconocido la dinastía de Saboya y aceptado la nueva Constitución. Los esfuerzos de algunos antiguos revolucionarios, como Crispi, no lograron atraer a los escasos radicales, fieles a sus antiguas ideas, que formaron un pequeño grupo *republicano*. La posición especialísima en que se colocó al Vaticano al constituirse el Reino de Italia es un factor primordial en relación con los partidos italianos. La consigna del Papa: «ni electores ni elegidos»,—*ne eletti ne elettori*—privó a los elementos conservadores de un fuerte apoyo, en tanto que la izquierda beneficiaba de esa voluntaria abstención que la permitía vivir en una relativa tranquilidad, por la ausencia de un partido que frente a ella hubiera podido combatirla.

Los católicos, sin embargo, mal avenidos con la pasividad que se les imponía, obligaron, en cierto modo, a la Santa Sede, a abandonar aquella primera posición intransigente, mediante la derogación circunstancial del *non expedit*. Su acometividad política, deseosos de luchar con los radicales, determinó la aparición, dentro de los mismos católicos, de los *liberales*, partidarios de una política activa, y con cierto matiz de independencia en cuanto a las órdenes emanadas de la Silla Romana; otros —*papalinos* o *zelanti*—se declararon intransigentes adictos al Papa, en oposición a aquéllos, animados de un espíritu de transacción.

Dentro ya del Parlamento los diputados católicos, se creyó en la formación de un partido fuerte a imitación del potente Centro alemán. Pero a esa finalidad se oponía una serie de circunstancias que la hacen de todo punto imposible. Ni al Papa ni a la Corona les conviene la constitución de ese partido. El primero veríase envuelto en la lucha ruda con los partidos radicales, y, de ese modo, su prestigio, intangible, vendría por tierra. La segunda, en virtud de la situación violenta que entre ella y el Vaticano existe, acaso tropezara con dificultades de orden internacional, si la Santa Sede apareciera en un primer plano de la política como inspiradora expresa y directa de una agrupación de este género. Y, por último, supuestos tales antecedentes, razones de disciplina y de organización militan contra aquella tendencia, puesto que solo el Papa podría imponer un criterio y un programa que agrupase en una fuerte cohesión a los elementos católicos. No escaparon a la perspicacia de la Santa Sede tamaños inconvenientes, —entre los cuales no sería el menos grave la reacción anticatólica que acarreara—y resueltamente se opuso a la formación de un Centro, con la fórmula decisiva: «deputati cattolici, no; cattolici deputati, sí». El elemento católico, sin embargo, ha ejercido, por su importancia, una acción innegable dentro de la política italiana, constituyéndose en salvaguardia de la Religión contra una posible actuación antirreligiosa de los partidos extremos.

Los socialistas atravesaron un largo período hasta llegar a constituirse en partido político. Las diversas tendencias representadas en las organizaciones socialistas—y entre ellas como más importantes marxistas y anarquistas—fueron depurándose a través de las luchas entre ambos elementos principales, hasta 1891,—Congreso de Milán—en el que se dio el primer paso, decisivo en ese largo trabajo de concreción y delimitación de tan distintos criterios, quedando definitivamente constituido en el Congreso de Génova —1892— el *Partido Socialista Italiano*. La pluralidad de matices dentro del partido socialista, sus eternas discusiones, causa de aquel fenómeno, sobre alianzas con los partidos y acerca de la participación en el Gobierno, y el personalismo y las ambiciones, carácter común, por otra parte, a los restantes partidos italianos, originan la falta de cohesión y la debilidad consiguiente. Y aun cuando una de sus modalidades, — socialismo agrario[1] — haya adquirido un enorme desarrollo, el partido socialista italiano ha llegado, por aquellas causas, a constituir «el único ejemplo de una dolorosa disminución casi continua de las fuerzas organizadas del partido.»

La configuración geográfica de Italia, que tanto influyó en su unidad política[2], ha sido uno de los factores determinantes del carácter especial que ofrecen los partidos políticos italianos. Los intereses locales han contribuido poderosamente en la formación de los partidos, y dado origen a la relación de verdadera clientela[3] y patronato, existente entre representantes y representados, relación que comunica a los partidos un carácter peculiarísimo[4]. No son agrupaciones alrededor de un programa, con unidad y disciplina más o menos estrechas, sino más bien fracciones completamente personales, en las que las ideas políticas se subordinan a otras consignas. Asegurada la adhesión personal mediante concesiones, el diputado es, como en Francia, un intermediario entre sus electores peticionarios y el Poder central sometido a esas exigencias a cambio de apoyo,

---

[1] Véase M. Pernot. Le socialisme agraire et le métayage en Italie. Revue de Deux Mondes —1911— I. pág. 89 y sigts.

[2] Napoleón Bonaparte decía a este respecto: «La conformación de Italia presenta un defecto fundamental, su longitud no es proporcionada a su anchura».

[3] Esa relación de clientela entre diputados y electores, toma en Italia el nombre de *espagnolismo*, por su origen en el antiguo territorio español de Nápoles. Véase L. Lowell: Governments and partis... — I. pág. 217 y sigs., donde el autor expone el curioso mecanismo de este sistema tan íntimamente relacionado con la fisonomía especiar de los partidos políticos italianos.

[4] En un principio, y de modo general, el Norte y el centro eran núcleos de elementos de la derecha, en tanto que el Sur proporcionaba las fuerzas radicales.

y más que portavoz de aspiraciones políticas, sociales y económicas, es, aquél, representante de intereses. Dedúcese de aquí la necesidad para los gobiernos de asegurar mayorías a sueldo, artificiales y heterogéneas, mantenidas por procedimientos de moralidad discutible.

Aparece como última y esencial consecuencia, un estado de confusión lamentable entre los partidos. Sin personalidad que les individualice, tras de las denominaciones de derechas e izquierdas, sin correspondencia en la realidad política, se ocultan grupos informes, que desmienten toda calificación de partidos[1], dignos factores de un régimen de «confusión parlamentaria en un país sin política» como escribía Nitti, ministro con Giolitti.» ...Italia—dice el abate Murri—se caracteriza por su carencia de partidos políticos y parlamentarios. La *mayoría*, en la Cámara popular, está constituida por los que no quieren pertenecer a un partido y depender de él; por las que desean y procuran que continúe la anarquía actual, que hace de cada diputado un cliente del Gobierno en el comercio de votos, y de sus electores un cuerpo de clientes relacionados directa y personalmente con el diputado, por los favores que han alcanzado y que esperan de éste»[2].

---

[1] «No hay partidos reales que funcionen en la Cámara» dice Nitti. R. Murri. Ob. cit. pag. 259.

[2] R. Murri. La política clerical y la democracia.—Madrid trad. del ital. por J. S. Rojas.-pág. 241. Refiriéndose a este punto escribe el diputado italiano F. S. Nitti en su obra *Il partito radicale e la nuoua democrazia industriale*: «Si estos diputados—los de Sur—son ministeriales en su inmensa mayoría, ministeriales de todos los Ministerios, depende del hecho de que así lo quieren los electores, pensando erróneamente que un diputado ministerial consigue más fácilmente favores, que un diputado de oposición, cit. por.R. Murri. Ob. cit. pág. 256-257.

I

La organización política, económica y militar del nuevo Reino, así como solucionar la espinosa cuestión de las relaciones con el Papa, fue obra de la derecha en el Gobierno. Con una cohesión aparente tan sólo, que encubría la disgregación de sus componentes; sin personalidades directoras; agotadas sus energías en aquella labor, la derecha se sentía fortalecida con un vigor ficticio ante la posibilidad de un gobierno de la izquierda. Rattazzi, jefe de ésta, esperaba la ocasión que creía cercana para subir al Poder. Los elementos de la derecha, en tanto.se combatían entre sí, y una fracción—Minghetti—se unía a la izquierda y derribaba al Gobierno—Lanza-Sella-1873 —Las rivalidades entre los partidos, por otra parte, no permitirían a la derecha vivir mucho tiempo en su posición. Los mismos procedimientos desleales que la mantenían en el Poder, la obligaron a abandonarle. De una parte la unión de los toscanos, descontentos del Gobierno, con la izquierda; de otra la hostilidad del país contra la derecha, cuya política, obligada por los gastos militares, veía el pueblo traducida en la mala situación financiera, y, por último, el estado de disgregación a que había llegado, en beneficio de la izquierda, acaban con su período de gobierno.

La muerte de Rattazzi—1873—introdujo cierta confusión en la izquierda. Depretis, radical moderado, triunfó de sus rivales aspirantes a la jefatura y subió al Poder—1876—. Los radicales, con una vigorosa representación parlamentaria ganada en las elecciones de 1874 y 76, ya reorganizados, se aprestaban a cumplir desde el Gobierno las promesas hechas en la oposición. Pero una vez en el Poder, la izquierda siguió los mismos rumbos que combatiera en la situación anterior. Lo mismo que ocurría en la derecha, su cohesión era externa y engañosa, y al subir al Gobierno, inauguraba, o acentuó cuando menos, el personalismo, el sistema de grupos, sustitutos de los partidos políticos. El partido no era, pues, sino la agrupación de esas fracciones formadas por diputados sometidos condicionalmente a un jefe lo suficientemente influyente para mantener una adhesión retribuida. Depretis, Crispí, Cairoli, Nicotera y Zanardelli, eran los que, por el número de adictos, podía aspirar al Gobierno; pero un mal entendido espíritu de independencia les impedía someterse a la autoridad de alguno de ellos. Incompatibles, de ese modo, sus aspiraciones para llegar a un acuerdo, no les quedaba otro camino que combatirse como rivales, lo cual redundaba en perjuicio de la izquierda. Lo mismo que sus adversarios de la derecha, el único motivo que instintivamente les unía era el temor de ver al partido contrario en el Poder.

El egoísmo que dominaba las fracciones políticas dio a Depretis la fórmula para mantenerse en él Gobierno. Considerando el Poder como depósito de concesiones, y, en relación con ello, la inmoralidad en que habían caído las agrupaciones políticas, Depretis con el valioso auxilio del Ministro de Hacienda, Magliani, y sin más resorte que el favoritismo, consiguió una mayoría heterogénea, circunstancial, inestable, pero apoyo al fin, contra la hostilidad de los grupos rivales. Depretis inauguraba con este sistema el *transformismo*, que otros sucesores se encargarían dé perfeccionar.

Desmoralizada la derecha por su derrota en las elecciones de 1876, se ofrecía con sus elementos dispersos a las intrigas políticas, como uno de tantos factores en la lucha de rivalidades personales entre los jefes de la izquierda. Y si a veces formaba en la oposición, sirvió en otras de apoyo a Depretis contra las ambiciones de la coalición llamada la *Pentarquía*— Crispi, Cairoli, Nicotera, Zanardelli y Baccarini—.

La falta de unidad, de programas, de criterios definidos, convertía a los partidos en fracciones cuyos límites fugaces se borraban para dar lugar a grupos confusos, de líneas divisorias apenas perceptibles, de inestabilidad extraordinaria. La lucha política era más bien pugilato de intereses, y el mismo concepto presidía la vida del Gobierno, obligado a mantener su sistema de corrupción por la corrupción misma del Parlamento. La satisfacción de los intereses locales y personales condicionaba el apoyo al Ministerio, y, en último término, quien satisfacía los gastos del sistema era el Estado, cuya administración, y especialmente su hacienda, se resentía con ese régimen inmoral.

La intriga y las habilidades de mal género puestas al servicio de la ambición de los jefes de la izquierda, puso en sus manos el Poder, que no pudieron conservar por mucho tiempo. Los ministerios se sucedieron con extraordinaria rapidez, y tan solo las rivalidades cedían, y acallaban momentáneamente las ambiciones, ante la eventual aproximación de un Gobierno de la derecha. El anuncio de un Gabinete Sella, del que se habló al ocupar Francia, Túnez, obró este milagro. Durante el Gabinete Crispí -1877 -91— pareció que se introducía cierta demarcación entre las colectividades políticas; que los partidos tomaban posiciones más definidas, y que la izquierda rodeábase de cierto prestigio. Los gastos que suponía la política colonial de aquél determinaron la oposición de conservadores y republicanos. El Gobierno aseguraba su vida con el triunfo en las elecciones de 1890, pero la izquierda, optimista y excesivamente confiada ante una larga etapa de gobierno que lógicamente parecía ofrecérsele, cayó, sin embargo, vencida por los conservadores— Enero 1891—. El Ministerio de coalición—Rudini-Nicotera,-que le sucedió, carecía de estabilidad, y las disensiones entre sus miembros no tardaron en traer de nuevo a la izquierda.

Las elecciones de 1892—Nov.—a continuación de la subida al Poder de Giolitti, ofrecieron ocasión al jefe del Gobierno para mostrar sus habilidades electorales en un ambiente de plena corrupción política{Los socialistas propagaban sus tendencias revolucionarias entre los obreros agrícolas de Sicilia, aprovechando el disgusto consiguiente a una difícil situación económica, organizándoles en agrupaciones—*fasci*. La posición difícil en que estos movimientos colocaban al Gobierno se solucionó con el *asunto Tanlongo,* (director de la Banca Romana). Las informaciones llevadas a cabo por la Comisión nombrada al efecto patentizaron la culpabilidad y la corrupción de influyentes personajes políticos, y el Gabinete Giolitti, desprestigiado, fue derribado del Poder. La izquierda, no obstante, seguía gobernando.

Una corriente general de opinión elevó al Ministerio a Crispí— Dic. 1893—en calidad, de hombre enérgico y decidido que purificase el ambiente político y concluyera con el estado de agitación en el país. No se limitó Crispí a reprimir los movimientos revolucionarios, sino que, viendo en los socialistas, los promotores mediatos e indirectos, pero eficaces, de aquéllos, persiguió duramente al socialismo, de tal modo, que durante su gobierno puede afirmarse que esas ideas desaparecen de Italia. Los elementos avanzados de la izquierda comenzaron entonces contra el Gobierno una oposición que se hacía más violenta por el carácter exclusivamente personal que algunos elementos la imprimían. Una fracción de la derecha — Rudini — y un grupo de radicales — Cavallotti — se distinguieron, en unión de Giolitti, en aquella lucha llevada a un grado de violencia exagerado, sin más finalidad que la de eliminar definitivamente a Crispí de la política, desprestigiándole en su vida privada.

Contra tales adversarios, que no reparaban en, procedimientos por vituperables que fuesen, la opinión pública reforzaba la posición del dictador en las elecciones de 1895. Después de tratar en vano de congraciarse la oposición, circunstancias extraordinarias solucionaron la labor de los adversarios de Crispí; el desastre de Adua — 1896 — que el jefe del Gobierno estimaba como el fracaso de una política colonial patrocinada por el con entusiasmo, significaba el triunfo de los partidos avanzados; y Crispi no solamente abandonó el Poder sino la vida política.

II

Durante el Ministerio del Marqués de Rudini, jefe de la derecha y sucesor en el Gobierno de Crispi, en realidad no era ese grupo el que gobernaba. La política de compadrazgo que unió a Rudini con Cavallotti en la común aspiración de anular a Crispi, habíase concretado en una influencia perjudicial para los conservadores. Anulados éstos, absorbidos por el predominio que siempre otorgan la osadía y un espíritu inquieto y agresivo—patrimonio de sus adversarios—frente a organismos apocados y débiles, los radicales eran los verdaderos inspiradores de la política conservadora. Los resultados no se hicieron esperar. Contenidos hasta entonces los elementos avanzados por la mano dura de Crispi, dieron rienda suelta, bajo Rudini, a sus instintos revolucionarios. Las propagandas subversivas, llevadas a cabo en un ambiente de libertad amplia concedida por el Gobierno, permitieron a socialistas, anarquistas y republicanos conseguir movimientos revolucionarios, que revistieron más gravedad en Milán, Florencia y Nápoles. La opinión pública, indignada contra los conservadores, incapaces de mantenerse en una noble independencia, arrojó del Poder a aquellos que tan vergonzosamente traicionaron a sus ideas.

Durante los Gobiernos Pelloux—de coalición, 1898 -1900—y Saracco—de pacificación, 1900-1901 — los elementos avanzados, después de su victoria en las elecciones de 1900, eran incompatibles con un ambiente de tranquilidad política y social, por la perpetua y ruidosa obstrucción en que se obstinaron, con todo el significado de una demanda del Poder. El Gabinete Zanardelli—Febr. 1901— satisfizo sus aspiraciones. Una nueva etapa de plenipotencia se abría para ellos, y, estimulados por una larga época de complacencias, debilidades, o complicidad de los Gobiernos anteriores, no perdonaron ocasión de manifestar tumultuosa y violentamente su temperamento revolucionario. Los obreros, angustiados por un continuo malestar económico, fueron el más dócil y eficaz instrumento en esa labor destructora, y la huelga revolucionaria de 1902, el resultado de semejantes maquinaciones.

La opinión comenzaba a manifestar expresamente su disgusto hacia gobiernos en los que no encontraba la protección debida contra las demasías revolucionarias. El proyecto de establecimiento del divorcio por el Gabinete Zanardelli, concretó ese malestar en una oposición unánime y decisiva, no confesional, puesto que elementos no católicos se sumaron a la protesta contra el Gobierno.

El cambio de dirección en el Ministerio—Giolitti Oct. 1903—no logró tranquilizar los ánimos. Radicales y socialistas tuvieron ocasión de cooperar en el Gobierno, pero rechazaron las carteras que Giolitti les ofreció. La propaganda revolucionaria y agitadora, francamente anarquista,—Labriola—seguía manteniendo un estado anormal en el país. El movimiento 1904 marcaba el punto culminante y la efectividad, trágicamente gloriosa, de la supremacía de los elementos avanzados. El Gobierno se vio acuciado por los dos extremos: por la opinión en demanda de orden, y amenazado con imposiciones por los agitadores que trataban de ganar la impunidad. Entre aspiraciones tan opuestas, conociendo Giolitti que ir contra la opinión o evadir sus peticiones, significaba tanto como complicidad demasiado patente con los revoltosos, rompiendo con los avanzados, decidióse por satisfacer a aquéllos. Sin embargo, el disgusto, latente a través de un período tan largo, se agudizaba ahora, sin que fuera bastante a hacerle desaparecer, ni amortiguar siquiera, el cambio de sistema de gobierno. La animosidad contra él persistía. El país se daba cuenta de que los elementos avanzados medraban, más que por su preponderancia real, a causa del amparo más o menos directo que en el Poder encontraron.

Las elecciones de 1900, en que tan gran triunfo consiguieron, llegó a preocupar seriamente a las gentes de orden, entre las que se creía necesario dar, la batalla electoral a los revolucionarios, como antecedente necesario para domeñarlos. En los católicos crecía el deseo de combatir, acaso estimulados más aún por la prohibición del *non expedit*. León XIII, hábil político, habíase percatado de las dificultades y complejidad de la cuestión. No podía derogar lo establecido, pero hizo compatible cierta laxitud en la aplicación de los principios, con la integridad en su custodia. Estimulaba, en cambio, la acción social católica, que, en último término, no era sino avivar los deseos de la lucha política. La *Obra de los Congresos*, centro de las Asociaciones católicas de Italia, creada en calidad de organismo vivo, encarnación de las teorías formuladas en la Encíclica *Rerum novarum*, era el núcleo donde se encendían los deseos de combate en el terreno político contra los socialistas y anarquistas, como de un modo expreso se les ordenaba en cuanto a la acción social. Elementos más independientes o de sentimientos más impetuosos y exaltados, protestaban contra la impotencia a que se les obligaba. Estos, llamados *liberales*, que pudieran ser considerados como la izquierda de los católicos, resueltamente decidieron presentarse a combatir por el orden y la Religión en contra del sentir de los adictos *intransigentes* a la Santa Sede, sumisos al *non expedit*.

Pío X destruyó en gran parte la labor de unificación y de disciplina políticas llevada a cabo en la *Obra de los Congresos*. Queriendo, sin duda, el nuevo Pontífice, que la prohibición se observase rigurosamente, próximas ya las elecciones de 1904, disolvió la *Obra de los Congresos*. Venían por tierra, con ello, los planes elaborados por los *liberales*. A la unidad de miras siguió la desorientación, y lo que hubiera hecho posible un brillante triunfo, llevaba camino de conducirles a un fracaso irremediable. En situación tan comprometida, sin disciplina, sin dirección alguna, desorientados, perdidos en gran parte los entusiasmos como consecuencia, afrontaban los católicos la lucha contra sus adversarios.

La situación de los socialistas distaba mucho de ser próspera. Enfrascados, desde la constitución del partido, en discusiones acerca de las alianzas con los partidos burgueses y de sus relaciones con el Gobierno, la unidad quedaba *ipso facto* comprometida. Los *reformistas*—Tunti—moderados, oportunistas, gubernamentales, tenían sus adversarios en los elementos revolucionarios *intransigentes* de Ferri. Después de la ayuda prestada al Gobierno de Giolitti por los reformistas, el Congreso socialista de Imola — 1902—definía las respectivas posiciones de ambos grupos. «El partido socialista—decían los revolucionarios—seguirá una conducta independiente y distinta a la de cualquiera otra clase social y a la de todo partido político.» Los reformistas, en cambio, justificando después su decisión en la necesidad de apoyarse en el Gobierno y en los partidos burgueses para conseguir reformas, se pronunciaban por esas alianzas, condicionadas por las «circunstancias, dragar y la oportunidad.» Estas ideas triunfaban en el último Congreso citado. El Congreso de Bolonia-Abril 1904—ofreció el espectáculo de una división mayor aún entre los socialistas, acerca de los mismos puntos/Como reacción, dentro de los socialistas, contra la moderación y el oportunismo de los reformistas, los elementos avanzados se propusieron purificar el credo socialista llevando esa labor hasta el último extremo. El criterio socialista moderado, con las alianzas por él preconizadas, llevó el temor al ánimo de los más radicales, de que la continua convivencia y una posible absorción por parte de los partidos burgueses, diera al traste con el principio esencial de la lucha de clases, en una evolución reaccionaria. Labriola, para conjurar las consecuencias de tales avances, se presentó como el paladín de esa lucha de clases «en su significación más general y revolucionaria.» El *sindicalismo revolucionario* quedaba de esta suerte constituido. «La lucha de clases es la única realidad que reconoce. Y el sólo objeto que se propone, es profundizar esa realidad tanto cuanto le sea posible.» Frente al gubernamentalismo reformista, los sindicalistas piensan que «el partido socialista no puede entrar en los ministerios a formar parte de las mayorías parlamentarias, sin defender al Estado. Además, la experiencia demuestra que no hay peores reaccionarios que los socialistas en cuanto llegan al Poder[1]».

A estas divisiones del partido, se agregaba, empeorando su situación, la falta de ayuda que el Gobierno hubiera podido prestarles, ya que habían terminado sus amistosas relaciones. La coalición de la extrema izquierda, además, venía por tierra con la orden del día votada en la Asamblea celebrada por estos elementos en Roma—1904—«cada grupo-decía—debe

---

[1] Sindicalisme et Socialisme. París 1908. Conf. de Labriola. Serie de Conferencias publicadas por la *Bibliothè du Mouvement socaliste*. Pág. 17 y sigt.

presentarse ante los electores y ante el país con su programa íntegro, asumiendo, así, la responsabilidad de su propia obra...» Debilitada, pues, la izquierda, y con la perspectiva de una lucha vigorosa, se aproximaba, al parecer, el aniquilamiento •de sus fuerzas.

III

Las elecciones produjeron enorme decepción. Tan solo 16 puestos perdieron los socialistas—quedaban reducidos a 27;— los republicanos conservaron 21; los radicales 37; la extrema izquierda vencía moralmente. No obstante la confusión reinante entre los católicos, obtuvieron 4 puestos. Los *liberales* creyeron ver en el triunfo justificada su actuación, y su celo redobló. La intransigencia de los *papalinos*, sorprendidos ante esa victoria, vacilaba. La Santa Sede, ante el revuelo producido entre sus fuerzas, creyó conveniente la publicación de un documento que aclarase la situación y borrara las primeras manifestaciones en pro de un partido católico. La Encíclica *Il fermo proposito*— 1905— indicaba «la necesidad de una organización electoral para la preparación de las elecciones municipales y provinciales», y en cuanto a las legislativas; sólo circunstancialmente se levantaría el *non expedit*. El documento pontificio, ampliamente discutido, sirvió a los *liberales* de argumento para abonar su actuación política. Con un criterio de interpretación extensiva, creyeron ver una regla general, muy de acuerdo con sus propósitos y su combatividad, donde la Santa Sede sólo escribió una cláusula condicional restrictiva. El Pontífice, obligado a mantener una disciplina que peligraba, dedicó sus esfuerzos a ratificar y profundizar la adhesión de los incondicionales, organizados en las llamadas (*Cuatro Uniones*— Unión Económica Social; Unión Popular; Asociación de la Juventud Católica y Unión Electoral.)-Los *liberales* lucharon en vano para ganar la dirección de tales organismos donde estaba el apoyo más seguro del Papa[1].

---

[1] También quedaba condenado el movimiento demócrata-cristiano; inspirado y dirigido por el "iluminado" abate Rómulo Murri. El desbordamiento de las ideas liberales, llevando a la exageración el deseo dé independencia con relación al Papa, encauzado por Murri, se concretó en la "Liga Democrática Nacional"—1905—que, según sus estatutos, se proponía "la orientación en sentido democrático de la actividad política de los católicos, para la defensa de los intereses de los trabajadores y su educación política, y para el progreso déla vida económica, intelectual y moral de Italia". Este movimiento llegó a adquirir un carácter francamente hostil al Pontífice, esforzándose por restarle

No obstante la ruptura en la extrema izquierda, Giolitti había asegurado en las pasadas elecciones 1904 — mayoría suficiente. Pero, con sorpresa general, dimitía — Marzo 1905 — cuando más necesaria era una labor continuada para mejorar la difícil situación del país. El Gabinete Fortis — antiguo republicano — carecía de cohesión por su heterogeneidad, y su programa negativo no estaba a tenor de las exigencias económicas y sociales. Una oposición parlamentaria fuerte y agresiva dio al traste con ese Ministerio débil e inadecuado, para dejar lugar al Gobierno del jefe de la derecha, el Barón Sonnino — Fetsr. 1906-.

El prestigio y la moralidad del nuevo Presidente eran prenda para el país de una gestión acertada. Pero frente a esta simpatía y apoyo moral de la nación, contaba con una oposición parlamentaria enérgica. La prensa subvencionada no podía perdonar al jefe del Gobierno la supresión del *fondo de reptiles*, y se sumaba a aquélla con entusiasmo. Además de esos dos factores, la defección anterior de algunos partidarios, elementos sugestionables y egoístas que no pudieron soportar las privaciones consecuencia del ostracismo, aumentaba su situación difícil. No obstante su buen deseo, las circunstancias especiales de la vida política italiana, le obligaron a recurrir a procedimientos ya conocidos y corrientes. El *transformismo*, con todas sus impurezas, le arrancó sus partidarios, y el mismo sistema le proporcionó la mayoría. Careciendo de número pretendió suplirle con calidades. Pero si logró sus deseos y aun

---

adictos, cultivando y halagando los sentimientos de independencia de los *liberales*, y censurándola sumisión ciega y sistemática con que se mantenían en la Iglesia. En 1907, se erigía la Liga en depositaría de las creencias católicas puras, independientes, y en purificadora de las costu.nbres parlamentarias italianas, protestando contra el oportunismo de los diputados católicos, organizados, según ella, en grupo político parlamentario, en el que aspiraba a ingresar formando la izquierda, supuesto su carácter democrático. (a). Murri llegó, en sus exageraciones democráticas y de protección al obrero, a preconizar la lucha de clases. A ello pudieran aplicarse las palabras de Pío X en su Encíclica *Pieni l'animo*: «Todo lenguaje susceptible de inspirar al pueblo la aversión hacia las clases superiores, es y debe ser considerado opuesto al verdadero espíritu de caridad cristiana». Excomulgado Murri — 1909 — los anticlericales vieron en él un instrumento de combate contra el Vaticano, y los socialistas, por esa causa, más que por afinidad de ideas, le eligen diputado.
(a) R. Murri.-Ob. cit. págs. 325-348.

la cooperación de la extrema izquierda, creó otro elemento de oposición, o al menos de discordia, en el seno mismo de sus fuerzas ya que la extrema derecha vio con disgusto un miembro de la extrema izquierda como titular de la Cartera de Cultos. Posición tan precaria, se agravó con la retirada de la Cámara, de los diputados socialistas, que renunciaron a sus puestos a causa de divergencias con sus electores respecto a una huelga de obreros de Turín; con ello, indirectamente, la oposición se reforzaba. «El país está conmigo, pero la Cámara está contra mí», decía el mismo Sonnino concretando acertadamente su posición política.

Giolitti subía al Poder—Mar. 1906—merced a intrigas que hicieron fracasar los desinteresados propósitos de Sonnino. Una mayoría heterogénea, escogida en gran parte de entre los liberales con arreglo a los sistemas conocidos ya, le sostenía. Un grupo flotante de diputados, a igual distancia del Gobierno que de la oposición, nada significaba para los efectos del número. «Político mediocre, pero gran parlamentario y hábil manipulador de las camarillas políticas»[1]. psicólogo experto y, como tal, conocedor del corazón humano, sabía el precio de muchas adhesiones y el medio de asegurarlas. Así, los vicios del *transformismo* perduraban, ampliados, en el *giolittismo*. Este sistema le procuró un núcleo de seguidores profundamente sometidos al jefe, de tal modo, que aun dentro de las agrupaciones políticas más diferentes había miembros que, antes que liberales o conservadores o radicales, eran *giolittistas*. Tal intimidad se ha establecido entre el *giolittismo* y la corrupción parlamentaria en Italia, que ha llegado a decirse de Giolitti que «es el símbolo, la personificación de la política italiana»[2].

---

[1] P. Murry. Ob. cit. pág. 122. Otros, en cambio,—Nitti, ministro suyo—le juzgan como «la naturaleza política más completa, el temperamento más interesante de la Cámara». R. Murri. Ob. cit. pág. 255.

[2] Rev. polit. et parl. 1913—iv—pág. 473. Con Italia, en este punto, pueden compararse otros paises tan malaventurados a este respecto: «Los malas que ha producido el caciquismo en España y el combismo en Francia, el giolittismo los ha ocasionado en Italia». H. Charriaut et. A. Grossi. L.'Italie en guerre. París 1916.—pág. 161.

Por eso, no obstante el descontento de algunos diputados de la mayoría, que creyeron ver postergados los intereses de ciudades marítimas representadas por ellos, con motivo de un reparto de créditos hecho por el Gobierno para obras de mejora en algunos puertos, y a pesar de los ataques de la oposición, que acusaba a Giolitti de un descarado favoritismo, el Gobierno conservó su fuerza, y aun consiguió reforzar su mayoría atrayendo algunos elementos de la oposición mediante las habilidades del primer Ministro.

Las izquierdas se lanzaban ahora a combatir al Gobierno a fin de imprimirle una orientación francamente anticlerical. Tittoni, ministro de Negocios en el Gabinete Giolitti, era objeto principal de aquellos ataques encaminados a una depuración interesada del Gobierno, eliminando de él los obstáculos para ello, como eran los elementos conservadores representados por aquél. Complicóse tal ansia de radicalismos con la cuestión religiosa de la enseñanza. Pedían los católicos el mantenimiento del statu quo, favorable a ellos, que sometía la instrucción primaria a la inspección de los municipios, contra el criterio de las izquierdas que exigían la intervención del Estado. La lucha entraba de lleno en el terreno religioso. Para hacer posible el triunfo de las pretensiones de las izquierdas, era preciso minar a todo trance la posición, en el Gobierno, de Tittoni. A ello conducía la acusación sustentada contra él, de negociaciones y pactos secretos con la Santa Sede, encaminadas a asegurarse el apoyo del Vaticano en las elecciones, a cambio de conseguir la presencia del Representante Pontificio en las Conferencias de La Haya. Los argumentos de la oposición se reforzaban con la imputación de negligencia dirigida al Ministro cuando la ocupación austríaca de Bosnia, que tanta emoción y agitaciones produjo en Italia. Pero nada conseguían; aun más, corrían el riesgo de echar por tierra toda posibilidad de implantar su programa, por que el ambiente de impopularidad en que pretendían envolver a Tittoni, forzosamente afectaba a todo el Gobierno. El fracaso de la moción Bissolati — de la que Salandra decía que era el primer acto de la creación del bloque anticlerical que debía unir a los partidos de la extrema izquierda, — solicitando la prohibición de la enseñanza religiosa en la escuela, era prueba de la ineficacia de las pretensiones de la izquierda.

Quedaban, sin embargo, deslindados los partidos o agrupaciones en dos grandes bloques: clerical y anticlerical, y con tal programa entraban en la lucha electoral de 1909.

Los socialistas perdían fuerzas visiblemente desde las últimas elecciones. Perduraban entre ellos las antiguas divisiones, profundizadas aun más por una lucha enconada de ambiciones y personalismos. Para constituir un a modo de elemento de transición, un organismo que sirviese de punto intermedio entre las concesiones a la burguesía y el gubernamentalismo de los moderados *reformistas*, y la anarquía sindicalista, Ferri había fundado una agrupación nueva llamada *integralista*, que velase por la *integridad* del programa, puesto en peligro por aquellos dos extremos. Era un grupo ecléctico[1] que, según su credo, «se serviría de los medios legales, aunque reservándose el uso de la violencia...» Los diversos grupos se combatían entre sí, y el Congreso de Roma —1906— no pudo lograr la avenencia. Los *sindicalistas*, siempre revolucionarios y anarquistas, declarábanse antimilitaristas y expresamente antipatriotas, en tanto que los *reformistas* no sólo no combatían al ejército, sino que le calificaban de «escudo necesario contra el extranjero». Los *integralistas*, antimonárquicos y anticlericales, mantenían el criterio de la alianza circunstancial con los partidos burgueses afines.

---

[1] El nombre de *integralista* —decía Bissolati— ha sido elegido para significar el eclecticismo del método que atoge y consagra la acción directa y la acción parlamentaria, que reconoce igual valor a la actividad económica y política, que concede importancia a cualquier reforma por modesta que sea, sin perder jamás de vista las grandes ideas ni los fines supremos...» bagaje leve en las demás agrupaciones políticas, y su espíritu de conservación, les unió en un bloque anticlerical contra esos elementos peligrosos a cuya destrucción tendían. Nuevamente la Santa Sede por medio de DOsstrvatore Romano, dictó las reglas electorales derogando el non expedit sólo circunstancialmente. Las diversas interpretaciones a esta regulación, introdujeron, como siempre, el desorden entre los católicos! No obstante, de 38 candidatos, los católicos obtenían 22 puestos; los socialista también ganaban 16, y quien en último término perdía era la oposición constitucional.

Los católicos, halagados por el júbilo con que los moderados vieron su llegada a Montecitorio y envanecidos con su triunfo, ansiaban el combate electoral. Una de las causas de ese movimiento anticlerical que se manifestó en las izquierdas, se debía precisamente a ellos. Radicales y socialistas vieron con recelo surgir el nuevo grupo, animado de un ardiente espíritu de lucha y que llevaba por delante ideales, bagaje leve en las demás agrupaciones políticas, y su espíritu de conservación, les unió en un bloque anticlerical contra esos elementos peligrosos a cuya destrucción tendían. Nuevamente la Santa Sede por medio de *L'Osservatore Romano*, dictó las reglas electorales derogando el *non expedit* sólo circunstancialmente. Las diversas interpretaciones a esta regulación introdujeron, como siempre, el desorden entre los católicos. No obstante, de 38 candidatos, los católicos obtenían 22 puestos; los socialistas también ganaban 16, y quien en último término perdía era la oposición constitucional.

IV

El anticlericalismo de las izquierdas se exacerbaba. El triunfo conseguido, el aumento del grupo católico y la intervención del Vaticano en la lucha electoral, eran circunstancias que aumentaron la reacción de defensa anticlerical. Giolitti se mantuvo entre ambos vencedores en una política de equilibrio. Los anticlericales ensoberbecidos con su victoria, querían imponer su criterio, pero la destreza del Gobierno mantuvo el eclecticismo. Por de pronto, la petición de créditos militares dividió a republicanos y socialistas, y aun cuando Giolitti obtuvo sus peticiones, la oposición unánime le era hostil en la cuestión de los *convenios marítimos*—contratos entre el Estado y Compañías de Navegación.—El Ministerio quedó debilitado por la oposición vigorosa, a la que se unían como factor importante los *intereses locales* de las ciudades adriáticas. En vano pretendió desarmar aquella hostilidad, y fracasadas sus habilidades, dimitía en diciembre de 1909.

La izquierda, bajo el Ministerio Sonnino—Dic, 1909-May. 910—condicionaba su apoyo al Gobierno, enemiga de políticas vacilantes, a una orientación radical. Sidney Sonnino con su negativa, sacrificaba la vida del Gobierno a sus convicciones políticas. Las rivalidades entre los grupos permitieron al Gobierno mantenerse, pero la oposición absorbía lenta y sucesivamente las fracciones de la mayoría. Giolitti, que en un principio dispensó a Sonnino la protección de su apoyo, no supo o no quiso contener la deserción de sus elementos, y, confiado en sus propias y escasas fuerzas, Sonnino salía del Poder sin recurrir a los procedimientos favoritos del gobierno.

Luzzatti, en cambio, persuadido de que para gobernar era imprescindible apelar a los recursos tan conocidos como eficaces, se formó una mayoría fundada en el sistema *giolittista*. Satisfizo ambiciones y encontró seguidores; dispensó mercedes, remedio infalible para evitar escisiones, y pudo mantenerse en el Gobierno—Mar. 1910-Mar. 1911—El ambiente de plena satisfacción en que movíase la mayoría, era adecuado para rechazar cualquier nota disonante en tan feliz consorcio. Más que virtud era necesidad, fundada en la propia conveniencia, no alteraren modo alguno aquella etapa de prosperidad para la mayoría, íntimamente ligada a la vida del Ministerio. Se suspendían, en aras de los propios intereses, las discordias dentro del grupo apoyo del Gobierno, integrado por factores tan divergentes, y hasta el anticlericalismo, tan pujante poco hacía, desapareció de los programas políticos. Los *intereses locales* o *regionales*, que tantos disgustos ocasionaron a Giolitti y a Sonnino, no protestaron bajo Luzzatti, colmadas sus aspiraciones. De esta suerte, la seguridad del Gobierno era absoluta.

La mayoría, no obstante, forzosamente había de ser inestable. Intereses tan encontrados no podían convivir durante mucho tiempo. La señal de ruptura sería la aparición de puntos concretos de orden superior, determinantes de la lucha política; por eso, la cuestión de la enseñanza fue el comienzo de la disgregación de la mayoría. El Gobierno, pretendiendo satisfacer a los dos criterios tan opuestos en el asunto, decretó el control del Estado sobre los municipios, que, a su vez, mantenían la inspección sobre las escuelas. Los clericales, moralmente derrotados aun cuando no prevalecía la pretensión contraria, entendieron que el Gobierno comenzaba por esa concesión como prenda de cesiones ulteriores a las aspiraciones radicales, y derivaban hacia la oposición. El apoyo de las fuerzas de Giolitti resarcía a Luzzatti de aquella deserción, pero el fin de su Gobierno se acercaba, pese a tan eficaz auxilio. El proyecto de reforma electoral, elaborado por el Ministerio, disgustaba a los radicales, elemento integrante de la mayoría y del Gobierno mismo. No transigían con el voto obligatorio incluido en el proyecto y unidos a republicanos, socialistas y a una fracción giolittista, dislocan la mayoría y hacen imposible la vida del Ministerio.

En esta época de potencia de las izquierdas, el Ministerio Giolitti— Mar. 1911—se presentó como elemento afín a ellas. A la antigua política ponderada, de equilibrio, hábilmente mantenida equidistante de los dos bloques, el jefe del Gobierno sustituyó ahora una franca orientación radical. Testimonios de la evolución[1] eran los elementos que llevó al Ministerio y las concesiones a la izquierda en el proyecto electoral. Pero si los incondicionales le siguieron en el nuevo rumbo, un grupo de liberales se manifestó en oposición categórica a la política que se inauguraba. Este grupo, dirigido por Gallenga, llamado *Jóvenes Constitucionales*, con la misión, que se asignaban de servir de freno a ese radicalismo, sin abdicar por ello de sus ideas avanzadas, se constituyó a manera de centro entre los moderados y los *giolittistas*; no significaba este nuevo organismo una protesta platónica, sino que pasaba a una oposición efectiva y enérgica. La oposición parlamentaria, sin embargo, depuso sus energías por la guerra contra los turcos. El interés superior patriótico, ante la lucha exterior, puso sobre los partidos un concepto de unión y de paz. La sagacidad de Giolitti no había de desaprovechar esta ocasión para, a cubierto de la benevolencia de la oposición, que indirectamente reforzaba la posición del Gobierno, legislar sin contratiempos.

La extrema izquierda se había dividido al pronunciarse acerca del viaje del Zar a Italia. Los socialistas desde el Congreso de Florencia—1908—caminaban a una rápida desintegración. El gubernamentalismo de algunos—Bissolati, Ferri—exacerbaba los radicalismos revolucionarios de los avanzados. Durante la última etapa de gobierno de Giolitti, los socialistas encontraron ambiente adecuado a sus ideas. Debido a una real afinidad con ellas o como hábil medio de profundizar sus divisiones, Giolitti llamó al Poder a los socialistas, reanudando, así, su interrumpida amistad, de acuerdo con el sentir de Ferri que consideraba al partido «maduro para el Poder» Pero Bisolati no quiso aceptar la participación en el Gobierno, sin más razones de principios que «por no despojarse de su chaqueta socialista, por no «doblegarse a las exigencias exteriores de la etiqueta ministerial». Estos reparos de protocolo, muy extendidos entre los radicales de todos los países, tranquilizaron por el momento a los avanzados. El *ministerialismo*, sin embargo, objeto de

---

[1] Justificando su evolución radical decía Giolitti: «Los que pretenden cristalizar el partido liberal, cerrando sus puertas a toda nueva corriente de ideas y al concurso de los hombres que las representan, no tienen en cuenta que los partidos cerrados están condenados fatalmente a la decadencia y a la desaparición».

discusiones y censuras en el Congreso socialista de Milán—1910—se agudizaba, orientándose en un sentido esencialmente práctico. Ferri se adhirió expresamente a la Monarquía; Bissolati, Cabrini y Bonomi, felicitaron al Rey por haber escapado a un atentado anarquista, y, por último, el socialismo nacionalista de algunos—reformistas—manifestado con ocasión de la guerra italo-turca, produjeron tan hondas divisiones, que el partido llegó al límite de la confusión.

El Congreso de Reggio-Emilia—1912—marcaba la derrota de los reformistas, cuya expulsión del partido se exigía, y algunos, para escapar a la censura, Se titularon *reformistas de la izquierda*. Cabrini fue acogido irónicamente a los acordes de la' marcha real italiana mezclada con vítores al Rey[1], y con Bonomi, Bissolati y Podrecca—reformistas—fue excluido del partido.

Las tendencias socialistas concretáronse entonces en dos grupos: el *partido socialista oficial*, con su órgano central en la prensa, el «Avanti!», enemigo de alianzas con los partidos burgueses; y el formado, con el fin de «escapar a la opresión de los revolucionarios», por los recientemente expulsados, con el título de *partido socialista reformista*, con su periódico *Azione socialista*, y que «participaría en el Poder, aun con las instituciones actuales, siempre que lo reclamen los intereses del proletariado», admitiendo, además, la alianza con los partidos afines.

El empeño de los socialistas en someterse a una fórmula demasiado amplia que les sirviera de punto de contacto entre sí y con las izquierdas, y sus litigios interiores sobre el carácter de su actuación parlamentaria, les enajenaron la simpatía de elementos obreros, convencidos cada vez más, de que, para alcanzar sus reivindicaciones, habían de fundar un organismo propio, ajeno a los grupos socialistas, disgregados y maltrechos; como consecuencia, la Confederación General del Trabajo, lanzó la idea de la formación de un grupo parlamentario a sus órdenes, genuino representante de los intereses del proletariado.

En vísperas de las elecciones de Noviembre— 1913—los partidos luchaban por el triunfo en ellas, sin programas que les

---

[1] Laskine. -Lesocialisme national. París, págs. 178-179.

prestasen la verdadera personalidad que respectivamente se atribuían. Como siempre, el personalismo y las ambiciones mezquinas se sobreponían a toda otra característica. Los partidos extremos, de afirmaciones más concretas, aun dentro de su desbarajuste, ganaban según costumbre. Los católicos, de 22 subían a 33; los socialistas obtuvieron 78 puestos (52 socialistas oficiales, 20 reformistas y 6 sindicalistas).

La posición del Gobierno era comprometida. En primer lugar, los socialistas oficiales, por mandato imperativo de sus electores, venían dispuestos de acuerdo también con su programa, a terminar con la eterna política de componendas y equilibrio patrocinada por Giolitti. A esa animosidad se sumaba el tránsito a la oposición de los reformistas, protegidos por el Gobierno en las elecciones, y, por último, la declaración hostil contra la política del Gabinete hecha por el Congreso radical de Roma—Febr. 1914—en virtud de la que, los miembros de ese matiz en el Ministerio dimitían, y el grupo engrosaba la oposición.

Los católicos, en alianza tácita con la derecha— Salandra y Sonnino—, en virtud del pacto Gentiloni[1] para las elecciones, se mantenían unidos a Giolitti. La mayoría era suficiente, pero la situación política, complicada. Se descontaba ya el disgusto general contra una política financiera de recargos tributarios, que se imponía en virtud de los gastos de Guerra. Giolitti no parecía dispuesto a afrontar situación tan desagradable, y lo mismo que en 1905, cuando nada hacía prever su dimisión, se retiró del Gobierno acompañado de la censura general que, sin embargo, no debía sorprenderse de esa táctica. El Gabinete Salandra—Abr. 1914—fue el encargado de recoger las consecuencias inevitables que su antecesor quiso rehuir, y el descontento del país y los movimientos revolucionarios fueron, en general, los obstáculos con que tropezó en su labor política hasta Agosto de 1914.

---

[1] Presidente de la Unión Católica Electoral.

HUNGRÍA

En 1867, a raíz del Compromiso, *fue revisada la Constitución de 1848. Según la legislación política resultante, el Parlamento –* Orszaggyüles *– que se reúne todos los años, tiene autoridad legislativa sobre Hungría y Croacia Eslavonia en mátenos comunes a esos territorios. Se divide en dos Cámaras: Cámara de los Magnates –* Fórendiház-*y Cámara de los Diputados –* Kepviseloház. *– La primera, aristocrática; la segunda, elegida por un sistema de sufragio amplio aunque censitario. El Poder ejecutivo se atribuye al rey, que lo ejerce mediante sus ministros responsables. – Croacia celebró un* Compromiso *– 1868 – con Hungría, que le aseguró su autonomía en asuntos gubernativos, instrucción pública, justicia, cultos y legislación en asuntos no comunes. Se reconoció a Croacia carácter oficial a su idioma, una Dieta con residencia en Agram-Zagreb – y un Gobierno provincial, al frente del cual se puso un gobernador –* Ban *– responsable ante la Dieta provincial y ante el Primer ministro húngaro.*

El problema racial, que tan intensamente influyó en la política austríaca informando la constitución de sus partidos políticos no tuvo en Hungría la misma trascendencia. Y no es que los países de la Corona de San Esteban estuvieran habitados por una sola nacionalidad; la heterogeneidad existió también allí, pero en términos muy distintos. Austria agrupaba un conglomerado de pueblos, entre los cuales, algunos podían ostentar una tradición de independencia y organizaciones políticas rivales de las alemanas. Hungría, por el contrario, estaba sometida a la hegemonía de los magiares, nacionalidad menor en número, más potente en cultura, organización y hábitos de gobierno. Su posición, aunque en planos muy diferentes, recuerda en algo a la conseguida por los alemanes en Austria. Pero los magiares nada temían de las razas que, diseminadas por el interior en núcleos pequeños, o compactas en la periferia del Reino, parecían aceptar la dominación. Croacia Eslavonia es la única que, con tradiciones, ideales y organismos más definidos, consiguió salvar su autonomía en el Compromiso—*Nagoda*—celebrado con los magiares. — 1868— Eslovacos, rumanos y serbios, se sometieron a la raza dominante, faltos como estaban de cohesión y de unidad. Así se explica que los partidos húngaros no se formaran alrededor de sentimientos nacionalistas.

Pero los principios políticos tampoco servirían para agruparlos en partidos. Por cima de esas concepciones había un factor más influyente: las relaciones con Austria. Un núcleo de magiares, estimando el *Compromiso* celebrado con aquélla como un acrecimiento de poder y de influencia para su patria, aceptaba en todas sus partes la unión concluida en 1867. Este fue el *partido dualista de Déak—Adresspárt*—de ideas liberales. Otra tendencia[1] que veía en el *Compromiso* la limitación, la merma de *independencia* húngara, no admitía ese convenio, sino la legislación política húngara hasta 1848, y tan sólo la unión personal con Austria. De estas ideas se nutrió el *partido de la*

---

[1] Por lo mismo que al tratar de Austria solo mencionamos los parados políticos de la nacionalidad preponderante, —austríaco-alemanes,al hablar de Hungría solo nos referimos a los constituidos por la nacionalidad magiar, equivalente a aquélla, de modo general, en este país.

Independencia—függetlenségi párt —llamado también *izquierda*. Un grupo *conservador*, clerical y aristocrático, apenas tenía más representación que en la Cámara Alta. Una fracción de la izquierda—centro izquierda—acaudillada por Koloman Tisza, opuesta, por tanto, al *Compromiso*, se fundió más tarde—1875— con el partido de Déak. De ello resultó el *partido liberal— szabadelvü párt—*, integrado por elementos burgueses, laicos y anticlericales, que, en virtud de la abundancia en sus filas de judíos, adquirió un carácter semitófilo. Este partido liberal que aceptaba el Compromiso, de acuerdo con las fuerzas de Déak, fue el tronco del que se desgajaron luego algunas fracciones que constituyeron partidos, y gobernó Hungría sin interrupción desde 1875 a 1905.

La organización social húngara ofrecía terreno abonado para el arraigo de las ideas socialistas, pero la oposición del Gobierno no permitió que prosperasen. Importadas de Alemania por Austria, se recluyeron en los sindicatos, y ganaban prosélitos entre los obreros urbanos que aumentaban en número a medida que la industria florecía. Al mismo tiempo irradiaban las propagandas a los campos, donde la población rural las acogía como medio de redención. País esencialmente agrícola, Hungría tuvo en su organización social contrastes demasiado violentos. La mayor parte de la tierra pertenecía a los magnates, «grandes propietarios», a los que seguía con mucha distancia una verdadera serie graduada constituida por los simplemente «propietarios», «grandes campesinos» y «campesinos». La condición social de los propietarios modestos era ambigua, porque solo podían emplear en sus escasas tierras una parte muy limitada de su actividad; el resto lo dedicaban, como medio de vida, a cultivar las propiedades de los magnates a cambio de un salario. Dedúcese de aquí una gran desigualdad, origen de la animadversión de los terratenientes modestos contra los poseedores de los latifundios, complicada con el profundo malestar entre los jornaleros mal retribuidos.

Explotando esta situación, el socialismo adoptaría la modalidad consiguiente, dando lugar al socialismo agrario, que ya en 1889 comenzó a predicar el Dr. Esillag. En los campos, las diversas tendencias se agruparon en partidos de opuestos criterios. Un agitador, Varkonyi, identificado con el principio marxista de la lucha de clases, halagaba, estimulando los deseos, y ofrecía calmar el «hambre de tierra» de los propietarios-jornaleros. Propugnaba un comunismo «con cierto carácter místico sin apoyarse en ninguna doctrina económica digna de ese nombre y adoptó un matiz revolucionario[1]. Así constituyó su partido en 1897. La tendencia de conciliación entre capital y trabajo fue adoptada primeramente por el *partido nacional social o nuevo partido*, fundado— 1900— por Guillermo Mezófy, Pfeifer y Engelmann. En el mismo sentido, con un carácter francamente cristiano, apareció luego otro partido socialista agrario. A primeros del siglo, habíase desprendido del *partido popular* la «Confederación de los trabajadores cristiano-sociales», instituida por el canónigo Giesswein, que, en 1907, surgió como partido político con el nombre de *partido cristiano social*, declarándose independiente del partido católico o popular de donde saliera, y nombró *leader* a Szalanczy, director de las Cooperativas católicas. Poco antes, 1903, había conseguido el socialismo marxista agrupar los elementos proletarios industriales de las ciudades en el *partido demócrata-socialista*, de tipo alemán, y como éste, «de léxico revolucionario y oportunistas en la práctica»[2]. Este partido socialista, encontró en el cristiano-social un rival temible que le disputó con éxito sus conquistas en el proletariado, y el mismo valladar se opuso a los progresos en los campos de los agrarios avanzados. Alentados por el contrapeso que los cristiano-sociales consiguieron imponer, los grandes propietarios, temerosos de las predicaciones socialistas, estimularon, en instinto de defensa, una labor social práctica, y propagaron el espíritu de asociación entre las clases rurales.

Existieron también, aunque sin representación parlamentaria, el *partido republicano — koztársasági párt* —y el *partido reformista — reform párt*.

---

[1] «Hermanos en el Señor, decía Füzesseri, discípulo de Varkonyi, no creáis que los pobres deben comprar directamente la tierra. Si escuchamos las palabras de nuestro jefe, el tanto Varkonyi, seremos tan fuertes que podremos apoderarnos de la tierra y repartírnosla. La tierra debe pertenecemos a nosotros que la trabajamos.»

[2] Una tendencia radical, revolucionaria y anarquista fue estimulada y sostenida por el Conde Ervin Bathyany.

El *Compromiso* con Austria determinó en Hungría la agrupación en partidos. Dentro de la vida política húngara la lucha entre ellos estaba condicionada por las dos opiniones acerca de la cuestión. Las ideas políticas y las concepciones sociales y religiosas quedaban absorbidas por aquella superior unidad que acogía las mayores contradicciones en distintos problemas. Queda indicada en estas palabras la fisonomía del *partido de la Independencia*. Su personalidad, su carácter, lo constituía la oposición al *Compromiso*; pero en esta hostilidad común, podían convivir dos fracciones radicalmente opuestas: — la de Kossuth, anticlerical, semitófila y partidaria de la Triple Alianza; — y la de Ugron, católica, antisemita, y con preferencias por Francia y Rusia. — El nacionalismo magiar exacerbado ante cualquier fórmula que pueda plantear cuestiones que afecten al modo de entender la autonomía, trastorna las líneas divisorias de los partidos. Se amplía entonces la base de concordia entre ellos, y el criterio nacionalista ampara también las más antagónicas diferencias políticas.

Ejemplo típico es la «Coalición» de 1905. En ella entraban, junto a las dos fracciones tan opuestas del *partido de la Independencia*, la de Apponyi, que discrepaba en religión de la fracción Kossuth, y de ambas en cuanto al Compromiso ya que, de acuerdo con el espíritu de Déak, no le atacaba; — el grupo de Justh, de carácter democrático avanzado, que, patrocinando el sufragio universal, se ponía en contradicción con sus aliados; — el partido popular, católico, y el grupo de Banffy, que «estimaba demasiado poco» la unión personal preconizada por Kossuth.

Estas circunstancias determinantes de las agrupaciones políticas (que, en realidad, no merecían ese nombre) influyeron en la política húngara durante el largo período que el partido liberal tuvo el Poder, ya que sus adversarios no admitían el régimen político vigente, y, de otra parte, entorpecieron la marcha política, económica y social de Hungría. El nacionalismo, en efecto, gastó las energías de los gobernantes y de los partidos, empeñados en luchas estériles, y las ideas políticas quedaron relegadas a un segundo término, conservadas por las clases a las que el sistema político negaba participación en el gobierno. Únicamente después de establecido el sufragio universal, podían los programas políticos ganar influencia sobre las aspiraciones o los temores nacionalistas, porque la masa del país incorporada a la vida política activa, y estimulada por sus necesidades, impondría problemas políticos, económicos y sociales de solución urgente.

I

El espíritu progresivo y reformista del Gobierno, liberal moderado le colocó, en los comienzos del régimen inaugurado en 1867, en situación comprometida. La enérgica y tenaz hostilidad de la extrema izquierda, influida por motivos más bien de enemiga sistemática que de discrepancia partidista, fue el comienzo de una oposición más amplia. La iniciación de un período de reformas políticas o sociales supone siempre un estado de protesta maso menos ostensible contra la nueva etapa que comienza y en pugna con el cambio de postura. Así, los privilegios que vivieron a la sombra de un régimen que terminaba en Hungría, debatíanse, no resignados a desaparecer, en un movimiento de defensa. La extrema izquierda, explotando esos momentos de energía ficticia, angustiosa y postrera, concitó contra los liberales moderados una oposición formidable. El momento estaba bien elegido. El partido liberal prodigó sus fuerzas a tenor de sus reformas, y, consciente de su debilidad, se resignó al sacrificio de hacer un alto en esa orientación progresiva. Pero ni aun eso pudo ganarle la ayuda de los conservadores, y entregado a sus propios medios, resbalaba por una pendiente a cuyo término, la disolución le marcaba un final próximo y conocido.

Desde 1873, la crisis financiera adquiría caracteres de verdadera gravedad en el país. Koloman Tisza, al frente de la fracción más numerosa de la izquierda,— *centro izquierda* — vena figurando en las filas de una oposición impotente contra los moderados. La solución de aquella crisis era un excelente motivo para fundamentar un cambio de programas que, si podía despertar la recriminación de los consecuentes le había de ganar, acaso, el homenaje de los patriotas ante el sacrificio impuesto por la salvación del país. Con este argumento justificó Tisza la abdicación de sus ideas, y llevó a cabo la fusión de su partido con el *liberal moderado* de Deák—1875—. Los *deákistas*, al renunciar Tisza a su programa de simple unión personal, ganaban, no solamente la energía que supone la transfusión de sangre nueva a un organismo caduco, sino el predicamento consiguiente a la preponderancia de sus ideas. Entre las antiguas fuerzas de Koloman Tisza, un núcleo inalterable y consecuente no se dejó ganar por el brillo de la nueva y próspera situación que se ofrecía, y permaneció en su puesto del *centro izquierda*. Tisza había recogido el programa favorable al *Compromiso* del partido de Deák, y, realmente, puede decirse que los deákistas, ya reparadas las fuerzas, continuaban en el Gobierno.

Pertenecía el nuevo jefe a la *gentry*, a la clase inferior de la nobleza magiar. Digno representante del nacionalismo de su raza, Tisza inspiró su política en un principio absorbente de magiarización de las restantes nacionalidades. En este punto discrepaba de Deák; es verdad que los dos perseguían el mismo fin, pero Deák revestía los medios a él conducentes, de procedimientos más sutiles, más políticos. Tisza no veía sino el término de su misión, y prescindiendo de todo ropaje, quiso llegar a su objetivo mediante una política rígida, autoritaria, intransigente, preliminar de la dictadura.

La hostilidad de la oposición crecía con la política dictatorial de Tisza. No lograban desarmar aquélla los positivos beneficios en la administración debidos a la gestión del Presidente, ni la prosperidad general del país conseguida por su gobierno. La visible disgregación del partido liberal acrecía las violencias de la oposición, que ya veía su objeto conseguido. Tampoco, sin más propósito que derribar a Tisza, la preocupaban los medios. Ofuscada por la finalidad propuesta, y supeditando todo a su logro, declarábase revolucionaria obligando a Tisza a reclamar el auxilio de la policía para proteger su vida. Desertaban sus partidarios de las filas de la mayoría, y aislado, sin apoyo ante la oposición irritada y agresiva, Tisza renunció a la lucha — 1890 —.

La política húngara estuvo luego dominada por las cuestiones político-religiosas, planteadas por la interpretación caprichosa que el clero católico daba a la legislación de 1868[1]. Matrimonio civil obligatorio, secularización del Registro y libertad religiosa

---

[1] Según esa legislación, los hijos de matrimonios mixtos serían bautizados en la religión del padre cuyo sexo heredarán. El clero bautizaba indistintamente en la Religión Católica e incribía a los bautizados en el Registro a su cargo.

de los judíos era el programa, relativo a estos puntos, sustentado por el partido liberal. La hostilidad manifestada hacia ese conjunto por el monarca y los magnates conservadores y católicos de la Cámara Alta era el comienzo de la lucha. Establecido, al fin, el matrimonio civil obligatorio, a costa de la dimisión de Wekerle—1892-94—, se constituyó un Ministerio Bánffy—1894-99—para completar el iniciado programa. Protegido de Tisza, el nuevo Gobierno llevaba el sello de su política intransigente y dura. Los conservadores, en virtud del programa liberal político-religioso; las nacionalidades no magiares, directamente atacadas con los mismos proyectos; las fuerzas *kossutkistas* opuestas al convenio comercial con Austria que el Gobierno trataba de renovar, y, por último, el *partido nacional* del C. Apponyi[1], se unieron en oposición unánime contra el Gobierno.

Las cuestiones político-religiosas trascendieron a los partidos. Por de pronto se introducía en ellos un germen de disolución al formarse dos núcleos de opinión: clerical y anticlerical. Pero además de ese resultado en una esfera amplia, los efectos se concretaron en fórmula más precisa. Los católicos creyeron ver en aquella legislación una tendencia contra sus sentimientos religiosos, y animados de un espíritu defensivo se organizaron en el *partido popular— néppárt—* bajo los condes Zichy y Nicolás-Mauricio Eszterházi. En sus filas se dejaba lugar de buen grado, para los elementos no magiares que aportarían sus rencores contra la raza dominadora. Los efectos de la política religiosa de los liberales se habían, pues, localizado. En segundo término, y como complemento del descenso en la agitación de los ánimos exaltados, el Ministerio Koloman Széll—1899-1903 —era una garantía de paz. A la política autoritaria de Tisza que influyó el Gabinete Bánffy, seguía la política conciliante de Deák bajo Széll. Sólo un criterio conciliador como el que se instauraba pudo suavizar el ambiente de rencillas y rivalidades, y desarmar una oposición que no cejaba. Conseguido este fin por

---

[1] Las fuerzas que no siguieron a Tisza en su evolución, y que habían permanecido aisladas con el nombre de *centro izquierda* formaron la parte principal de los elementos que el conde Alberto Apponyi reunió, hacia 1895, con el nombre de *partido nacional*.

186

el Gobierno, no mermaban el mérito de la victoria las concesiones a que se había visto obligado.

En Hungría, la oposición de un gran núcleo al *Compromiso* es un peligro latente, siempre en potencia, para turbar la tranquilidad aun en los momentos más serenos y propicios. Y si aún fueran conciliables las respectivas posiciones y el conflicto se redujese a un estrecho círculo, ese peligro, circunscribiéndose, perdería gran parte de su gravedad. Pero los criterios son radicalmente opuestos, los intereses encontrados, y los puntos de discrepancia muchos. El Gobierno Széll asistió a la iniciación de uno de esos momentos verdaderamente críticos en la política húngara, originado por la incompatibilidad de tantas aspiraciones.

Al surgir la cuestión militar, terminaban las amistosas relaciones de la oposición con el Gobierno. El espíritu intransigente en pro de la unidad de la Doble Monarquía, mantenido a toda costa y expresamente manifestado por el monarca, concretábase en la afirmación suprema, inalterable, de un ejército único, indivisible, común. El nacionalismo magiar pretendía, en contra, un ejército nacional húngaro, con bandera propia, «al que solamente oficiales húngaros debían mandar exclusivamente en idioma húngaro». Inaccesibles en sus posiciones ambos criterios a todo espíritu de concordia, el acuerdo era imposible, y el *partido de la Independencia—kossuthistas—*y el *nacional* no se limitaron a una oposición mesurada sino que pasaban a la obstrucción. Un grupo recientemente creado por Bánffy, que «mantenía el texto de 1867 y todo lo estipulado en ese texto», pero defensor al mismo tiempo «de la independencia de Hungría sin separarla de Austria», el *nuevo partido nacional*, en suma, se adhería a los que protestaban y a sus procedimientos.

II

La *crisis húngara* quedaba planteada. El Ministerio extraparlamentario Khuen-Hédervary no podía resolverla, ni era garantía siquiera de una aproximación entre los extremos. Dos razones abonaban afirmación tan pesimista. Los partidos, caldeados por una lucha que tan violentamente comenzaba, no dejarían de estimar como un desaire la constitución de un Gabinete ajeno al Parlamento. En segundo lugar, no era medida muy acertada para aplacar los ánimos, colocar en la presidencia al conde Károly Khuen-Hédervary. Su cargo de *Ban*—Gobernador de Croacia, prestó a su carácter,-como consecuencia de los procedimientos severos a que le obligaba el temperamento de sus gobernados,—una rigidez de todo punto incompatible con la flexibilidad indispensable en situación tan grave. Con tales antecedentes cabe la duda de si el monarca quería un Gobierno de combate o si fue tan sólo una equivocación. Esta última suposición parecía lo más lógico dado el ambiente de mutua hostilidad que a nadie, ni a la Corona, ni a la oposición, convenía acentuar; la duración escasa del Ministerio Khuen-Hédervary May.-Set. 1903—es un dato también que refuerza esta creencia.

Esteban Tisza era sereno para afrontar el problema y tenía la suficiente habilidad para hacer concebir esperanzas de arreglo, pero también su temperamento hacía la solución problemática, «era un autoritario que iba a aplicar la espuela a un potro, cerril de la *puszta*».

Bien pronto se notaron los efectos de su nombramiento. La lucha entre el nacionalismo magiar intransigente y el centralismo del monarca violenta por su misma naturaleza, se hizo más áspera bajo el actual Gobierno. Los *kossutkistas* vieron ocasión propicia para descargar en el hijo de su antiguo enemigo Koloman, la hostilidad mantenida en otro tiempo contra el padre; Apponyi, destrozando el partido nacional, pasaba a la oposición, donde no tardaría en fundir sus elementos con el partido de la Independencia; Julio Andrássy con sus «disidentes liberales», y Bánffy con su pequeño grupo, todos, en suma, abandonaban a Tisza. Una animosidad enteramente personal les alejaba del jefe del Gobierno, y hasta el partido popular fundó en motivos personales su hostilidad contra Tisza, protestante, enemigo por tanto de su religión. Imposible parecía la vida de un Gobierno acosado por una acometida de tan varios intereses. Solamente los deseos del rey pudieron retener a Tisza en aquella posición que hacía de todo punto estéril la «obstrucción técnica» en que la oposición concretó sus procedimientos parlamentarios.

Antes de las elecciones de 1905, Tisza contaba con 223 diputados. La oposición estaba formada por 125 del partido coaligado de la independencia—fracciones Kossuth, Ugron y Apponyi (o *partido del 48*) y de Bánffy; 20 del partido católico popular y 25 liberales disidentes. Aquellas elecciones, en que lucharon los partidos en dos grandes bloques, señalaron la derrota del partido liberal que durante 38 años había conservado su fuerza y gobernado Hungría[1].

La «Coalición» triunfaba, pero ¿a qué conducía su victoria? Por de pronto el rey no aceptaba su programa—reforma electoral, separación aduanera, separación del ejército y separación del Banco.—Un dilema, por consiguiente, se le presentaba al monarca: o abdicar de sus ideas, y en tal caso la «Coalición» sería Poder, o mantenerse irreductible, y la victoria carecía de trascendencia. El soberano no cedió. Prescindiendo de todo procedimiento parlamentario, nombró a la cabeza de un *Ministerio de funcionarios* —*Beamten Ministerium*—a su amigo el general Fejérváry; a pesar de lo cual el rey entraba en camino de transacción como lo demostraba la misión atribuida a ese Gabinete, de conciliar los dos extremos. Fracasó, sin embargo, en tan generoso cometido.

La coalición no se desmoronaba. Una labor instintiva de selección en los programas de los diferentes grupos que la integraban, separando de ellos puntos de discordia, reforzó la

---

[1] En esta» elecciones, Tisza obtuvo 159 puestos; partido coaligado de la Independencia o partido del 48, 168; Bánffy 13; partido católico 23; liberales antiministeriales 27. También lograron 2 puestos los socialistas.

alianza con la ratificación en los problemas primordiales que les unían. El nacionalismo sufría una crisis aguda de exaltación ante el proceso separatista de Suecia y Noruega, y el movimiento se amplió a la nación entera[1] que creía ver cierta semejanza entre su situación y la de las naciones escandinavas. El conflicto entre la «Coalición» y el rey, tomaba el aspecto de verdadera y encarnizada lucha[2], que al trascender al pueblo adquiría caracteres más graves. ¿Era, por ventura, un movimiento general separatista cuya dirección asumía la *Coalición* triunfante? ¿Significaba acaso el cumplimiento del augurio fatídico tantas veces lanzado y tan temido por Europa de la desmembración del Imperio? Los jefes de la *Coalición* lo desmentían con rara unanimidad[3]. El conde Appony afirmaba: «El error fundamental está en creer que nuestras reivindicaciones tienden a la disolución de la Monarquía austro-húngara, a una separación completa de Austria y Hungría lo mismo que la de Suecia y Noruega. Nada más lejos, sin embargo, de la verdad. Nadie en la actual mayoría piensa de ese modo».

---

[1] Los movimientos nacionalistas degeneraron en verdaderos motines, que se traducían en la negativa a pagar impuestos e impedir violentamente a algunos funcionarios tomar posesión de sus cargos. Aun las damas de la aristocracia tomaron parte activa formando asociaciones como la Liga llamada Tulipánktrt—Jardín de tulipanes—. (El tulipán, como es sabido, es la flor nacional húngara) encargada de reclutar fondos como uno de los medios para mantener las reivindicaciones nacionales. A estos propósitos cooperaban los numerosos húngaros residente» en América, oireciendo su dinero y sus personas.

[2] El conde Juan Zichy, al ver que dentro del partido predominaban las tendencias nacionalistas y demagógicas que arrollaban a los elementos aristocráticos, cedía la jefatura del partido a su primo el conde Fernando Zichv. Previo la lucha encarnizada contra la Corona, y fundaba el hecho de su dimisión en que «no quería ir contra el rey».

[3] El barón Bánffy decía en una entrevista: «M. Francisco Kossuth es dinástico como nosotros aunque, por otra parte, todo el Parlamento es dinástico. Pero M. Kossut no... admite más que una simple unión personal entre Austria y Hungría, lo cual es demasiado poco... Seria peligroso permitir la constitución de una Hungría aislada. En tal caso, apenas seriarnos el primero de los Estados balcánicos...; no queremos desmembrar la Doble Monarquía»...

Es que los magiares, que estimaron el *Compromiso* de 1867 como «la primera conquista en sus pretensiones de autonomía completa» querían terminar una labor que comenzara bajo tan felices auspicios; y, obcecados por su nacionalismo, no paraban la atención en que arrastraban a la nación entera a un verdadero separatismo. La «plataforma» era cómoda para allegar descontentos, que inconscientemente se sumaban a los que pretendían el triunfo de criterios en pugna con sus propios anhelos democráticos. El ministro del Interior, Kristóffy, encontró el medio de acabar con aquella rebelde minoría que confiaba el triunfo a su tesón y a su fuerza. El lazo que mantenía unidos a los grupos dé la «Coalición» era puramente nacionalista. El secreto del triunfo para el Gobierno y la Corona estaba en descubrir una fórmula suficientemente eficaz para sobreponerse a aquel principio, e introducir con ella la división en el bloque. Kristóffy lanzó, como elemento de discordia, la promesa de sufragio universal. Con la reforma vendría a la Cámara una representación más ajustada a la realidad, terminando así la preponderancia de la turbulenta minoría magiar, representante de 9 millones de habitantes, de un total de 20 con que contaba la Corona de San Esteban. De otra parte, esos elementos nuevos aportarían a la vida política húngara problemas de más urgente realización que el nacionalista. Relegados, pues, los magiares y sus reivindicaciones a un segundo plano, la derrota de la «Coalición» era segura. El Ministerio y la Corona se apoyaron sobre los enemigos de la nobleza, sobre las clases inferiores, perpetua amenaza de la oligarquía magiar, estimulando sus organizaciones, las mismas a las que antes habían combatido. Los grandes señores conocían el alcance del arma manejada por el Gobierno, y su temperamento altivo se doblegó ante la sutileza de Kristóffy.

La política húngara, hasta entonces, estuvo dominada por el nacionalismo magiar. Problemas políticos, sociales y económicos, fueron patrimonio exclusivo, conservado íntegramente, de las clases agrarias e industriales. Así, la fórmula maquiavélica de Kristóffy produjo los resultados previstos. El proletariado con sus reivindicaciones políticas, como antecedente de ulteriores reformas sociales y económicas, aparecía como el campeón de un programa político, constituyendo una oposición democrática contra la oposición nacionalista. El bloque vio su vida en peligro. El nacionalismo cedía su puesto a otros problemas, y aunque la *Coalición* ocultaba su zozobra con una aparente tranquilidad, se rindió a la evidencia cuando comenzaron las deserciones. Las negociaciones secretas entre el monarca y la *Coalición* —Abril 1905— significaban la derrota de los nacionalistas puesto que el mantenimiento del *statu quo* durante cierto tiempo, base del pacto, no autorizaba a la *Coalición* para suponer que el rey abandonara sus pretensiones ton firmemente expuestas.

En los últimos días de 1905, por fusión de los *viejos liberales* —Andrássy,— y los *jóvenes liberales*-Nagy —se formó el *partido constitucional —alkotmány párt*[1]— bajo la jefatura de Andrássy, opuesto al sufragio universal, cuyas filas se reforzaron luego, al final de la crisis, con numerosos elementos del partido liberal de Tisza que se declaró disuelto; al mismo tiempo, el partido de la Independencia fue grandemente favorecido por las elecciones. De esta suerte y con tales efectos en los partidos se resolvía la *crisis húngara*.

---

[1] Se ha dicho de este partido, ponderando su carácter aristocrático, que «es una sucursal del Jockey Club».

III

La subida al Gobierno de la «Coalición» suscitó el conflicto nacionalista entre los magiares y las restantes nacionalidades, las cuales, invocando principios semejantes a los sostenidos por aquéllos en la oposición, protestaban contra sus intromisiones absorbentes. Los croatas, que en otro tiempo retuvieron la atención de Koloman Tisza[1] por sus pretensiones a constituir una Triple Monarquía que reemplazase al sistema dualista - Trialismo—reconvenían ahora a la *Coalición* por el incumplimiento de promesas con las que consiguió atraerles y unirles a la contienda mantenida contra Esteban Tisza. Las demás nacionalidades no magiares siguieron a los croatas en su obstrucción, motivada por las pretensiones del Gobierno de imponer el idioma húngaro junto al croata[1]. Los socialistas, al mismo tiempo, no cejaban en sus peticiones sobre la reforma electoral prometida. Comprendieron que únicamente con apremios podían conseguirla de los reacios nacionalistas, y aun cuando al fin lograron la presentación del proyecto, la adición del voto plural colmó su disgusto, ya que los elementos magiares mantenían su preeminencia. La ley electoral así elaborada no modificaba esencialmente la posición de hegemonía de los dominadores. Dos elementos, por consiguiente, tenía frente a sí la *Coalición*. De una parte, las nacionalidades no magiares; de otra, los socialistas. La coalición no previó sin duda la bancarrota a tan corto plazo. Habíase en gran parte apoyado sobre una masa confusa de descontentos que, pretendiendo reformas sociales y económicas, siguieron la bandera de rebeldía contra el régimen, enarbolada por el bloque. Una vez éste en el Poder, terminaba la razón esencial de la adhesión, prestada en otro tiempo por aquéllos, siempre dispuestos, a una oposición sistemática contra el Gobierno, cualquiera que fuese, como medio de conseguir sus propósitos.

---

[1] En virtud del Compromiso ajustado en 1868 entre Croacia y Hungría, los croatas obtenían la autonomía en sos asuntos interiores y «el uso de la lengua croata como oficial administrativa».

Los descontentos siguieron, pues, en su oposición que ahora se volvía contra el bloque nacionalista. La *Coalición* se sintió impotente para elaborar un programa que lograse atraer a fuerzas tan heterogéneas, las cuales no se conformarían con un programa ambiguo, equívoco, que, de otra parte, no podía satisfacer a todos; ¿sería capaz, en todo caso, de dar cima a empresa tan difícil?

En esta situación, el partido de la Independencia comenzaba a resquebrajarse en sus fuerzas más íntimas y esenciales. La extrema izquierda del bloque, protestando contra el aumento de la participación húngara en los gastos comunes del Imperio—1907— se sumaba a la oposición de los no magiares. Esto era el comienzo de un proceso de rápida desintegración; y la cuestión del Banco de emisión austro-húngaro, cuyo privilegio terminaba en 1910, aceleraba la disolución del bloque. Una fracción importante —Justh—manteniendo la tradición nacionalista intransigente, se pronunciaba en sentido opuesto a ese régimen común, y partidaria de un Banco nacional. Kossuth y Wekerle, aun cuando fieles al programa de unión personal, habían, sin duda, abandonado su rigidez nacionalista por cuanto se mostraban dispuestos a transigir. Esta discordia en punto tan esencial era de difícil arreglo; y aun contribuyó a hacerle más problemático el desprestigio de Kossuth por su intervención en negocios de moralidad discutible, lo cual afectaba directamente a su partido y, de modo más mediato, a la mayoría. Minado así el apoyo del Gobierno, Wekerle dimite—Set—.

El Gobierno de la «Coalición» terminaba portar modo. Nada quedó de su paso que señalara la actuación de un poder fuerte y prestigioso, y su gestión política y administrativa quedaba muy por bajo de las esperanzas puestas en ella. Subió al Poder, por paradoja, vencida en su nacionalismo, alma y razón de-ser del bloque; su política social le concitó la enemiga de las clases proletarias tratadas duramente[1]; no supo desligarse de bagaje

---

[1] «Salvo el período de horribles persecuciones del ministro-Bánffy en 1900, jamás la clase obrera había sufrido régimen semejante... Kossuth ha sido, como ministro, uno de los más cínicos y brutales tiranos que la clase obrera encontró jamás frente a ella, en sus esfuerzos desesperados para conquistar su libertad política y económica».—Longuet—Ob. cit. pág. 430.

tan estéril en su etapa gubernamental, y el nacionalismo, también, fue la causa de su disgregación. Si el propósito del soberano fue gastar en el Gobierno a sus enemigos del bloque, el resultado no podía ser para él más halagüeño.

El Ministerio Khuen-Héderváry —Enero 1910— calificado de combate, parecía destinado a terminar con los últimos restos de los vencidos. Descontábase ya la tenaz oposición del partido de la Independencia, pero no se creyó que la hostilidad adquiriese tan graves caracteres. La dificultad de procurarse una mayoría quedó bien manifiesta en la actitud del Parlamento[1]. El partido constitucional vino en auxilio del Gobierno en trance tan comprometido, proporcionándole los elementos necesarios, si bien a costo de su disgregación. Una minoría de este partido en la que estaba el jefe, Andrássy, se sumaba a la oposición intransigente, en tanto que la fracción más numerosa dirigida por el C. Zichy se declaró gubernamental. En este trance se impuso la escisión, merced a la cual la mayoría se constituyó en agrupación independiente con el nombre de *partido nacional húngaro del trabajo —nemzeti munkapárt —*.

Este nuevo partido era la resultante de fuerzas diversas con tendencia análoga. Significaba la condensación de un estado general de los espíritus que venía elaborándose paulatinamente, y culmina en el período de mando de la *Coalición*. Esta era, pues, quien, en último término, dio vida al *partido del trabajo*. Su nacionalismo redujo a moldes estrechos la vida política húngara. Por cima de problemas económicos y sociales, flotaba su programa negativo y disolvente. Sus intemperancias nacionalistas sugestionaron de tal modo al país, que se creyó en algún momento en la disgregación del Imperio, atacado del mal del separatismo. Un sentimiento de reacción contra los errores y los fracasos y los radicalismos nacionalistas provocó el nacimiento del reciente partido, cuyo programa era, por lo mismo, la contrafigura del sustentado por el bloque y su entera y firme rectificación: *trabajo positivo* de prosperidad económica,

---

[1] La presentación del Gobierno ante la Cámara originó una sesión tumultuosa y violenta, en la que papeles, carpetas y tinteros volaron por los aires. Resultaron heridos el ministro de Instrucción Pública y el mismo Presidente del Consejo-Marzo.—

mantenimiento del *Compromiso*, acercamiento, unión estrecha entre el rey y el pueblo, construir, en suma, sobre las ruinas amontonadas por el bloque nacionalista, era el programa justificante de la existencia del *partido del trabajo*.

En las elecciones siguientes a la disolución del Parlamento, el *partido del trabajo* triunfaba con 257 puestos, núcleo importante y futuro apoyo del Gobierno. En tanto, su antípoda, el partido de la Independencia quedaba completamente destrozado.

El Ministerio Khuen-Hédérváry sostenido por el *partido del trabajo* consiguió renovar el privilegio del Banco austro-húngaro,—germen de las discrepancias que dislocaron la «Coalición»—hasta 1917. Pero con motivo de las leyes militares surgió de nuevo la obstrucción de las fracciones Justh y Kossuth, y, con ella, se repiten las sesiones parlamentarias tumultuosas—Jul. a Set. 1911—La crisis pareció conjurada, o aplazada al menos, por negociaciones entre los adversarios, pero la conducta incomprensible del Presidente del Consejo trastocó los términos del problema. Los nacionalistas, ampliando sus primitivas pretensiones, llegaron al intento de socavar las prerrogativas soberanas del rey de Hungría. Contra todo lo previsto, el jefe del Gobierno, amigo personal del rey y hombre de carácter entero y poco sugestionable, se sometió a las exigencias de la oposición en cuanto a restringir las facultades de la Corona en el llamamiento de las reservas en tiempo de paz. Proceder tan inconsecuente en el Primer ministro, dadas sus relaciones con el monarca, produjo una emoción general en la Doble Monarquía, y muy especialmente en Austria, al conocerse los propósitos del Emperador de abdicar antes que ver mermadas de tal suerte sus prerrogativas. Aun cuando el Gobierno, dándose cuenta de la gravedad del hecho, retiró la «resolución», la situación del jefe del Gabinete era insostenible.

Continuaba el mismo Gobierno con su programa bajo la presidencia del Dr. Lukács—Abril—. La oposición, por consiguiente, no encontró motivos,— salvo la animadversión personal hacia Khuen-Hédérváry—para cejar en su actitud. Arreció, por el contrario, en sus procedimientos, y los ánimos, en el paroxismo de la irritación, determinaron, por una obstrucción continua e incansable, una etapa de sesiones borrascosas en un ambiente parlamentario anormal y peligroso. Escenas tan lamentables y fuera de lo corriente aun en esta tesitura—el diputado Kovács llegó a disparar su revólver sobre Tisza— obligaron al Presidente de la Cámara, C. de Tisza, a solicitar el concurso de la policía para expulsar a los obstruccionistas. La Cámara Baja, rodeada de tropas y sin el concurso de los diputados revoltosos, aprobó las leyes militares, que la Cámara Alta, por otra parte, ratificaba sin objeciones.

El temperamento enérgico de Tisza no se arredró ante las demasías de la turbulenta y tenaz oposición, y la Cámara puso como instrumento al servicio de aquel carácter un cuerpo organizado militarmente, con la misión de conservar el orden dentro de la Cámara, llamado *Guardia parlamentaria*. Dic. 1912.

La presentación a la Cámara de la ley electoral— Dic. 1912— exacerbó los ataques contra el Gobierno, calificando de ilegal un Parlamento dispuesto a legislar en ausencia de parte de sus miembros. Al mismo tiempo apareció otro factor de oposición en los elementos socialistas y, en general, con todos los que venían manifestando en pro del sufragio universal. El voto plural que se añadía a la reforma, y la preponderancia consiguiente de los magiares, acentuó de tal modo la hostilidad contra el proyecto, que sólo las severísimas medidas preventivas del Gobierno pudieron hacer desistir a los obreros de la huelga general anunciada como concreción del disgusto general.

El temperamento de rigurosa y enérgica defensiva encarnado por Tisza, con que el Gobierno afrontaba todos los problemas, triunfaba. Su efectividad quedó plenamente consagrada con el paso de Tisza de la Presidencia de la Cámara a la del Consejo. La práctica había enseñado al nuevo jefe del Gobierno el medio de triunfar de una oposición francamente insurrecta, sujetándola a vivir en un dilema: o permanecer dentro de los límites parlamentarios, o caer bajo la acción de la Guardia parlamentaria y renunciar, por consiguiente, a su cooperación legislativa. La oposición vio un digno adversario en Tisza. Condenada, por el hecho del nombramiento de Primer ministro, a un aplastamiento definitivo si no optaba por reducirse a las vías normales, y rebelándose por otra parte contra la idea de la rendición, agrupaba fuertemente sus elementos de combate. Las fracciones de Justh, Kossuth y los «salvajes» de 1848, se unieron —Julio 1913—en el *partido unificado de la Independencia y del año 1848—48-as függetlenségi párt—*. Se aseguraba, por esta concentración de fuerzas, una lucha encarnizada entre Tisza y los obstruccionistas, y como elemento ecléctico, que viniese a suavizar los rozamientos poniendo un elemento de orden y concordia entre tales extremos, surgió el *partido nacional constitucional* fundado—Set.--por el C. Julio Andrássy. Al pronunciarse este nuevo grupo contra las medidas de excepción empleadas en Croacia, parecía abdicar del nacionalismo intransigente y riguroso; condenando la obstrucción, para evitar la cual solicitaba el empleo de medios pertinentes, se ponía junto al Gobierno, y al proscribir la expulsión de los obstruccionistas, como medio excesivamente radical, velaba por los fueros de la oposición y del Parlamento.

Tisza, indiferente a estas conclusiones, y de temperamento práctico, atento al fin, se preocupaba de afirmar paulatina y previsoramente una mayoría dócil, necesaria para llevar a feliz término la prórroga del *Compromiso* que terminaba en 1917.

BÉLGICA

La revolución belga de 25 Agosto 1830 determina la separación de Bélgica y Holanda, unidas por el Tratado de París-30 Mayo 1814 y el Protocolo de Londres de 2 Jun 1814. La Constitución del nuevo Reino, de 7 Feb. 1831, otorga el Poder legislativo al soberano, al Senado *y a la* Cámara de Representantes *colectivamente. Establece el régimen censitario para ser elector. Las Cámaras se renuevan por mitad, y sus miembros perciben indemnización parlamentaria. El Poder ejecutivo se ejerce por el rey mediante sus ministros, elegidos por él de la mayoría de la Cámara, y son responsables ante la misma.*

En íntima relación con los partidos políticos, existen, dentro de este pequeño Estado, dos nacionalidades que no han llegado a fundirse, no obstante su ya larga convivencia; raza, aptitudes, tendencias, idioma, todo es peculiar y privativo en walones y flamencos.

Los flamencos, raza predominantemente agrícola y católica, formaron el núcleo del *partido conservador*. Ese fermento religioso, que se desarrolla, afirmándose más y más, al calor de la lucha mantenida con sus adversarios sobre la enseñanza, le incluyó entre los partidos confesionales; pero sus jefes desmintieron la especie rechazando el dictado[1]. Más o menos justo el calificativo de confesional, es lo cierto que se emplean indistintamente para designarle, los nombres de *católico*, *conservador* y *constitucional*. Defensor entusiasta del espíritu tradicional de libertades locales contra las injerencias del Estado[2], patrocinadas por los liberales en nombre del interés general, «porque ese pretexto de interés general es la pantalla de todos los despotismos», el partido conservador, tiene un matiz nacionalista muy definido opuesto resueltamente a extrañas influencias, en las que incluye el empleo del idioma francés.

El *partido liberal* recluta sus elementos entre los walones industriales. El predominio que dentro del partido alcanzaron los radicales, así como sugestiones y manejos extraños al mismo, le apartaron de su moderación, y desde ese momento adquiere

---

[1] «Afirmo—decía Smet deNaeyer en 1904 dirigiéndose a la Cámara—que el partido que ocupa el Poder—conservador—no es partido confesional, y estoy dispuesto a demostrarlo. Se puede ser católico práctico y no pertenecer en modo alguno al partido católico. Suponiendo, por ejemplo, un católico que fuera republicano militante pertenecería a los nuestros en el terreno de la religión, pero de ninguna manera a nuestro partido político, porque éste es monárquico. En cambio, un ciudadano que no practique personalmente culto alguno, o un protestante, o, más aún, un judío, pueden muy bien acogerse a nuestra bandera política». Woeste decía: «Nos llamamos partido católico... Y, sin embargo, no somos partido confesional. Un partido confesional es un partido cerrado que reivindica privilegios para una confesión determinada. Nosotros, en cambio, abrimos nuestras filas a todos los hombres de buena voluntad y, de hecho, en las últimas elecciones —1913-muchos liberales han votado por nosotros.»

[2] Los católicos belgas han concretado sus aspiraciones descentralizadoras en la fórmula «máximum de libertades con «mínimum de gobierno.»

un carácter más que laico, francamente antirreligioso. El centralismo es una de las características de este partido.

El *partido socialista belga*, resultado de la fusión—1879—de otras agrupaciones de esa índole, era una primera tentativa, consolidada en el Congreso de la Liga Obrera de Bruselas-1885.—Se proponía «agrupar en un partido único todas las organizaciones obreras del país», y desde aquella fecha puede decirse que está organizado el *partido socialista*. La palabra «socialista», sin embargo, despertaba recelos. Sinónima por entonces de «revolucionario», temieron los organizadores que el calificativo alejase, en lugar de atraer, al proletariado, razón justificante de su posterior denominación de *partido obrero*[1].

El partido católico y el socialista[2], son las dos agrupaciones políticas más fuertes en Bélgica, debido a la atención constante que han dedicado a la, organización de las masas. Estimulados aquéllos por el espíritu de organización de los últimos[3], luchan

---

[1] Cesar de Paepe, uno de los primeros propagandistas belgas del socialismo, decía a este propósito «¿Qué añadirán a ese nombre de Obrero—las palabras socialista, colectivista, comunista, racionalista, demócrata, republicano y otros epítetos limitativos? Quien dice partido obrero dice partido de clase. Y desde el momento en que la clase obrera se constituye en partido ¿qué queréis que sea en sus tendencias y en sus principios sino socialista y republicana?» Longuet-Ob. cit. pág. 102.

[2] H. Charriaut, habla del espíritu de tolerancia de los socialistas hacia la Religión Católica. Aun cuando dominan en el partido los racionalistas no manifiestan el sectarismo agudo que muchos liberales. El *leader* socialista Vendervelde, decía en una ocasión que, «él, que no creía en Dios, y menos en el diablo», se asombraba «de que aihi pudiera encontrarse socialistas tan inconscientes o tan irreflexivos que injuriasen al Crucificado... e insultaran a la Virgen, Imagen sublime del dolor maternal». H. Charriaut, La Belgique Modeme. París 1910—págt 107. «En nuestras Casas del Pueblo, en las que la Imagen de Cristo ocupa el sitio de honor, sufro, decía el mismo Vandervelde, cuando oigo cantar esta letra ofensiva y de una abominable estupidez:

Le Christ á la voirie

La Vierge á l'écurie...

Declaraciones de E. Vandervelde (en una reunión—11 Agosto 1912- -del Partido Obrero belga) sobre *Religión y Sotialismo*. Le Mouvement socialiste.—1912 —II. pág. 221-222.

[3] Decía Woeste: «Los socialistas han obligado a los católicos a seguirles. Sin la propaganda del partido obrero, el sindicalismo cristiano no hubiera nacido».

por atraerse los elementos obreros en un pugilato de concesiones y ventajas materiales a sus adeptos. El partido liberal, en cambio, retraído de esa contienda de ideales, se ha encerrado en un individualismo escéptico y estéril. Mantiene aún sus antiguas divisiones —*moderados*—Liga liberal—y *radicales*—Asociación liberal,—que, debilitándole, le acercan en sus extremos a los partidos afines. Esta falta de cohesión, con las luchas intestinas consiguientes, unido a su espíritu sectario, pudiera muy bien explicar el abandono en que le dejan las masas, así como su estancamiento frente a los progresos de socialistas y católicos.

I

El sentimiento patriótico que, cerca ya de 1830, unió a los partidos en el fin de conseguir la independencia, estableció entre ellos una fusión de ideas y sentimientos que anuló sus diferencias políticas. Los partidos belgas continuaron durante algún tiempo en esa *Unión*, borrándose por tal modo todo límite entre ellos de significación política, hasta el punto de que, en realidad, dentro del nuevo Estado belga puede afirmarse que no existieron partidos políticos. Pero a medida que se alejaba aquella fecha, y el patriotismo exaltado volvía a sus cauces normales, los lazos se aflojaban, y entre los liberales aparecía una tendencia a recabar su personalidad política. Los católicos, apáticos, moderados, sin intentar siquiera organizarse, encontraron una garantía de reposo muy a tenor, de su temperamento, en los Gobiernos de *Unión*, patrocinados por el rey. Los liberales, por' el contrario, activos, luchadores, comenzaban a dar pruebas de un exclusivismo sectario contra los católicos *invasores*[1]. La hostilidad inconsecuente de los liberales les alejaba de los conservadores, dificultando los Ministerios de coalición. La conciencia de la debilidad de sus adversarios y de su propia relativa fortaleza, resultado de sus trabajos de organización, acrecentaba la animosidad liberal contra los Ministerios Nothomb—1841—45, Van de Weyer—184S—46 y Theux, que marcaban las postrimerías de los Gobiernos de *Unión*.

Los católicos permanecían aferrados a su pasividad, de la que no lograban arrancarles el estímulo de los avances en la organización liberal, ni la amenaza que suponía para ellos la personalidad cada vez más acentuada y propia que este partido ganaba. Cándidamente creyeron en un ambiente de tranquilidad si ellos no surgían en la oposición, y el respeto a las libertades religiosas, suprema garantía exigida por los católicos era, al mismo tiempo la prenda más segura de su inactividad

---

[1] «La estupefacción de los liberales fue grande, dice Bartels, al ver que los católicos ejercían los derechos, qua se les hablareconocido».

política. No obstante la moderación de algunos elementos liberales,—Rogier— defensores de los católicos contra los radicalismos de los avanzados, la masonería reforzó el carácter sectario que en el partido liberal se anunciaba. Pese a las protestas de los doctrinarios, que propugnaban la independencia del partido, e incompatibles, por tanto, con la pretendida fusión, la masonería absorbió los elementos liberales, y a cambio del complemento de organización que les otorgaba, infundióles su espíritu francamente anticatólico, Defacqz, Gran Maestre de la masonería belga, presidió el Congreso liberal de Bruselas—1846—como prueba de la conclusión del pacto.

La cuestión de la enseñanza, terreno de lucha perpetua en Bélgica-entre liberales y católicos, tanto más encarnizada cuanto que era el choque, más que de ideas políticas, de creencias religiosas, no tardó en aparecer. Ya en 1834, cuando aún la hostilidad confesional dormía, los partidos fundaron universidades sometidas a sus respectivas influencias: los católicos en Lovaina, los liberales en Bruselas[1]. En materia de enseñanza, los católicos negaban toda intervención al Estado, excepto, subsidiariamente, en sustitución de una acción privada ineficaz; los liberales, por el contrario, pedían la dirección exclusiva del Estado. La ley de 1842 elaborada por Gabinete Nothomb-*de unión*— transacción entre ambos extremos, no agradó a los liberales.

El Congreso liberal de Bruselas de 1846, influyó en las elecciones de 1847. Los liberales, como premio a sus perseverantes trabajos de organización, ganaban puestos; los católicos, que hubieran podido aprovechar el refuerzo, si bien escaso, de los elementos liberales partidarios de los Gobiernos de conciliación, que se les habían unido, permanecían en su pasividad inalterable. Los liberales—Ministerio Rogier—1847-52,—rebajando el censo y extremando sus habilidades para conservar las fuerzas católicas de su seno, atraídas o sujetas por una condescendencia hipócrita y falsa hacia las ideas católicas, aumentaban su potencia. La precaria situación a que llegaron

---

[1] En 1911-12, concurrían a la Universidad de Lovaina 2.100 alumnos, a la de Bruselas 918.—R. C. K. Ensor: Belgium. Londres-1915. pág. 174.

aquéllos benefició a los católicos supliendo su falta de organización. La impopularidad de los liberales, debida a los recargos tributarios a que les obligaron las circunstancias, determinó la ganancia de puestos por los católicos en las elecciones de 1850 y 1853; en las de 1854, eran ya mayoría sobre sus adversarios, por lo cual, con el Ministerio Decker, —1855-57— subían al Poder.

Pero muy pronto los liberales recuperan —1857— la mayoría, constituyendo el Gabinete Frére—Orban-1857-70; no obstante afianzar así su preponderancia, las distintas fuerzas integrantes del partido tendían a una disgregación inevitable. Los moderados no compartían la idea de lucha enconada contra los católicos[1]; los *doctrinarios*-Rogier-disgustaban a aquéllos con sus radicalismos, y con su moderación a los progresistas — Verhaegen—, y un núcleo de partidarios de la descentralización, protestaba contra las injerencias del Estado. El Gobierno, sin embargo, más atento a conservar el Poder que a dirimir contiendas entre los elementos de la mayoría, procuraba afianzar su posición con el más desenfrenado nepotismo.

En contraposición a esta falta de unidad entre los liberales, los católicos ganaban fuerzas en Flandes, merced a la defensa que hacían de las aspiraciones regionales en cuanto al idioma. Al mismo tiempo se les ofrecía como ineludible la necesidad de una organización si no optaban por la sumisión a los exclusivistas liberales, que de modo sistemático les eliminaron siempre de los cargos administrativos. Y, por último, al aproximarse las elecciones de 1870, la situación de los liberales, ya difícil, empeoraba con las discrepancias en el partido, que profundizaban las ya existentes, acerca de la defensa de las aspiraciones de los flamencos. Los católicos, en tan favorables

---

[1] Rogier, en esta etapa de Gobierno, distaba mucho del antiguo doctrinario complaciente con los católicos. Era que el partido liberal, «unionista hasta 1840, se ha hecho luego evolucionista... Enfrascado desde entonces en el doctrinarismo religioso de M. M. Lebeau y Rogier, va a descender toda la pendiente del doctrinarismo antirreligioso de M. Frére para marchar rápidamente, pasando por M. Bara, hacia el radicalismo de M. M. Janson y consortes, precedidos de sus precursores: M. M. Olin, Graux y Van Humbeeck.» S. Balau. Soixante-dix ans d'histoire contemporaine de Belgique-Lovaina 1890. pág. 178-179.

condiciones, y con el apoyo que les prestaron los descontentos liberales, ganan las elecciones de 1870.

Los conservadores en el Poder—D'Anethan, 1870-71; Theux, 1871-74; Malou, 1874-78— mantuvieron la moderación y ecuanimidad tradicionales, en tanto que los liberales, con el dolor de la derrota, y exaltados por la cuestión del Poder temporal en Italia y el Kulturkampf en Alemania, pedían también en Bélgica una lucha religiosa por la civilización. No tardaron éstos en encontrar ocasión de aprovechar las disensiones entre los católicos, y explotando la hostilidad de un grupo en pugna con el Ministerio, le derrotan. Las elecciones de 1879 nuevamente conceden el Poder a los liberales.—Frére-Orban-1879-84—que habían depuesto sus diferencias internas. Radical extremado en política, el jefe del Gobierno, y anticatólico furibundo en religión, lo primero de que cuidó fue de crear el ministerio de Instrucción pública, incluido hasta entonces en el del Interior, poniendo en él como titular a Van Humbeeck, anticatólico declarado. Era el preliminar de la lucha en preparación, y el indicio más seguro para determinar la ulterior política preferente del Gobierno

La ley escolar de 1879[1], fue el resultado previsto, y, ya en ese camino, el partido liberal rompía sus relaciones con la Santa Sede.

El movimiento de protesta entre los católicos fue enorme. Los liberales, con aquella ley, se enajenaron simpatías al atacar las creencias católicas de la mayoría de la nación[2]. Los católicos, en una vigorosa propaganda en defensa de su religión, se dedicaron a recaudar fondos para construir escuelas; a la suscripción contribuyeron desde las familias más acaudaladas hasta los más modestos obreros, que llegaron al sacrificio de prestar gratuitamente su trabajo en equivalencia de donativos.

---

[1] En virtud de esa Ley, la enseñanza sería laica y sometida a la inspección del Estado, privándose a los eclesiásticos de la entrada en las escuelas.

[2] La ley escolar de 1879, fue aprobada en el Senado por un solo vote de mayoría. En relación con ello se cita el caso curioso del Obispo de Brujas. Fatigado a causa de su edad avanzada, de una visita a su diócesis, no acudió a votar en las elecciones de senadores, y resultó que el senador correspondiente rué elegido por un voto de mayoría.

Las escuelas católicas de tal suerte construidas acaparaban todos los alumnos, en tanto que las oficiales permanecían desiertas.

Los liberales fracasaron en su política escolar; a la hostilidad general del pueblo contra ellos, debido a la ley de enseñanza, se unió el disgusto producido por los recargos en los impuestos, y para agravar aún más su situación, el partido se hallaba dividido sobre la extensión que había de darse al sufragio.

II

Cerca ya las elecciones de 1884, los liberales, sin arraigo en el pueblo, y objeto de múltiple hostilidad, vieron su causa comprometida. Los católicos tenían en su favor la mayoría de la opinión y el ambiente creado por los desaciertos de sus adversarios. La *Unión Católica*, en el período electoral, exponía a la opinión pública la obra realizada por los liberales en el Poder: «En el orden material: despilfarro de la hacienda; olvido de los intereses agrícolas, comerciales e industriales; progresión de los impuestos, ineficaz para cubrir un déficit que se renueva sin cesar. En el orden moral: destrucción de las franquicias municipales y provinciales; organización de un sistema de instrucción pública en oposición a la fe religiosa de la nación; imposición con la amenaza del hambre, ejercida por los Poderes públicos, al objeto de poblar las escuelas oficiales». Los conservadores, en oposición a esa política liberal de intromisión abusiva del Estado, combatían por la autonomía de los organismos locales con la fórmula: «ni Estado educador, ni Estado comerciante, ni Estado industrial, ni Estado *sacristán*».

El resultado de la elección de 1884 fue favorable a los católicos (de 34 votos subieron a 66), y el triunfo marcaba el comienzo de una era de preponderancia conservadora, que había de durar hasta 1914. El "Gabinete Malou se apresuró a imponer el criterio católico en la enseñanza en sustitución de la ley de 1879, contra lo cual los liberales protestaron violentamente. La mayoría obtenida por el partido liberal en las elecciones municipales siguientes produjo una gran agitación entre sus elementos, que interpretaban esa victoria como una repulsa a los católicos y a su ley escolar. Leopoldo II, con objeto de terminar la contienda que se hacía cada vez más violenta entre los dos partidos, consiguió la dimisión de los ministros ultras e intransigentes más odiados por los liberales: Jacob y Woeste; pero Malou, entendiendo que el Gobierno era solidario de la política de aquéllos, les sigue en su dimisión. Oct. 1884.

Durante el Ministerio Beernaert, el elemento obrero se constituye en partido socialista que adopta dos modalidades: entre los mineros walones, se manifiesta con tendencia revolucionaria de tipo francés, en tanto que los flamencos se orientan en sentido más dogmático, siguiendo características del socialismo alemán. Los socialistas, organizados ya, comenzaron sus agitaciones con carácter violento, en demanda de mejoras de clase y de sufragio universal. Beernaert, espíritu progresivo, satisfizo sus primeras aspiraciones con reformas sociales, que suscitaron la hostilidad, no sólo de los *ultras* de Woeste, sino también por parte de los liberales. Esta conducta se resolvía para los católicos demócratas en aumento de simpatías y de arraigo entre las masas populares; para los socialistas, en un acrecimiento paulatino de sus filas, y para los liberales, en pérdida de elementos, que engrosaban las huestes políticas conservadoras y proletarias, a expensas de su propia vida.

La cuestión del sufragio universal planteada por los obreros dividía por entonces a los partidos. La solución, urgente ante el apremio de las peticiones, no parecía fácil, supuestas las divergencias dentro de aquéllos. Entre los conservadores, Beernaert, de acuerdo en principio con la reforma, había de luchar con las intransigencias de la extrema derecha-Woeste— que solo patrocinaba ligeras ampliaciones. Los distintos criterios que los partidos sustentaban acerca de la cuestión hacían interminables y estériles los debates, y sólo las impaciencias de los obreros, apresuraron la solución en la fórmula transaccional Nissens—diputado católico—estableciendo el sufragio universal con voto plural—1893—. Las elecciones generales—1894— verificadas con arreglo al nuevo sistema, sancionaron el aniquilamiento del partido liberal, la preponderancia de los católicos, y la aparición vigorosa en el Parlamento de los socialistas[1]; en general, era la expresión elocuente de los efectos producidos por el contacto mantenido por católicos y socialistas con el pueblo, y el aislamiento de los liberales.

Después de esa primera reforma, el Ministerio Burlet,—1894-96—completaba la legislación electoral en cuanto a provincias y municipios. El partido conservador, con estas mejoras,

---

[1] Catol. -105.-lib. 18.-Social. 29.

enteramente demócratas, ganaba más y más la adhesión del país, de tal modo que en las elecciones de 1889, alcanzaban 111 puestos, en tanto que los liberales quedaban en 12.

El partido liberal no se resignaba a la desaparición, y poseído de que la representación proporcional podría hacer resurgir sus antiguas fuerzas, pedía la reforma en tal sentido. Los socialistas, por su parte, creyendo exigua su representación parlamentaria, solicitaban la abolición del voto plural que pondría término a una situación ficticia, favorable a los elementos conservadores. Los liberales vieron realizados sus deseos; Smet de Naeyer—1899—les otorgó la representación proporcional; y la escisión del partido conservador, fue el resultado de esa concesión, que colocó a la extrema derecha—Woeste— frente al Gobierno. No eran infundadas las esperanzas de los liberales en la virtualidad de la reforma conseguida. Las elecciones de 1900 les dieron 31 puestos, en tanto que los católicos, divididos, no pasaron de 85. El triunfo de las aspiraciones del partido liberal sirvió de acicate a los socialistas, que se agitaban con la pretensión de anular el voto plural. Con tal objeto, en vísperas de las elecciones de 1902, promovieron una serie de manifestaciones, que en algunos sitios degeneraron en verdadera revolución. Este sistema produjo resultados opuestos a los por ellos supuestos, ya que su antiguo prestigio vacilaba.

Si los conservadores durante su gobierno hubieran permanecido alejados e indiferentes de las peticiones obreras, seguro es que el partido socialista hubiese aumentado más aún. Pero la continua y provechosa labor de aquéllos en la legislación social; su atención constante dedicada a satisfacer las necesidades del obrero, restaron elementos, que los católicos acaparaban, al partido socialista. Por eso, los socialistas, despechados aparentaban desconocer toda la obra social de los católicos que ellos calificaron de engañosa, de «apariencia», no obstante su real importancia. Ese desdén, que encubría mal disimulados recelos ante tan eficaz concurrencia por parte de los católicos, no bastaba para aminorar el arraigo en el pueblo de los conservadores por su obra social. Precisamente al amparo de ese prestigio reforzaban su posición en el Gobierno, merced a su acertada gestión financiera que les permitía aligerar de sacrificios al contribuyente.

El partido católico, en posición tan brillante, estaba dividido. El Ministerio Beernaért 1884-94—señaló el comienzo de un movimiento político-católico en discrepancia con los más intransigentes— Woeste.—La política social, inaugurada por entonces, mostraba la fisonomía y el matiz de la agrupación católica avanzada. La preponderancia de Woeste, después de la retirada do Beernaért del Gobierno, significaba el triunfo de las antiguas ideas conservadoras, pero aquellas concepciones, en movimiento ascendente, aparecían fuertes ya hacia 1905. En el interregno, los obreros, con nuevos derechos políticos, atravesaron una era de crecimiento y de prosperidad. Los elementos *progresistas* de la derecha fueron hacia el pueblo para recoger sus anhelos de mejora y atender sus reivindicaciones políticas y sociales; conducta que les permitía, de una parte, "disputar la influencia entre el proletariado a los socialistas, y, de otra, dar satisfacción a las aspiraciones de su temperamento, acoplado a las necesidades de la época. Con este carácter esencialmente democrático, flexible y transigente, aparecía el grupo de la *joven derecha*,—Beernaért, Hellepute, Verhaegen—frente a la *vieja derecha*—Woeste—encerrada en un criterio reaccionario, rígido y excesivamente conservador.

III

El proyecto de las fortificaciones de Amberes, presentado por el Gobierno a instancias de Leopoldo II, embrolló más aún las relaciones políticas dentro de las fracciones de la derecha. Se agudizaba la desavenencia entre ellas, determinando la disgregación circunstancial de un grupo de diputados personalmente antimilitaristas, o a quienes el antimilitarismo de sus electores imponía ese criterio. La orientación, en sentido de futuras y onerosas cargas militares, que la doble línea de fortificaciones propuesta suponía, levantó el clamor general contra las pretensiones ministeriales, y sólo merced a una escisión provocada entre los liberales por esta cuestión, a las gestiones personales del monarca y a una serie de concesiones que mermaban el alcance del proyecto primitivo, el Gobierno triunfó por una escasa mayoría.

Las consecuencias de esa ley militar se reflejaron en la posición, ya difícil, de los conservadores. No sólo se acentuó la hostilidad entre sus fracciones, sino que el país pronunciábase contra el militarismo del Gobierno, censurando su falta de independencia y la sumisión al gobierno personal del soberano. Las elecciones de 1906 ratificaron esa animosidad con la pérdida sufrida por los católicos. Aun cuando conservaban mayoría suficiente para gobernar, entraban en una fase aguda de disgregación. Las discusiones sobre *concesiones mineras* alejaron a la «joven derecha» del grueso de las fuerzas en un movimiento de franca rebeldía, y unida a la izquierda, votó contra el Gobierno, incapaz de mantener la disciplina. La «joven derecha», que tan importante papel jugó en la derrota del Gabinete Smet de Naeyer—1906—subía al Gobierno con el Ministerio Trooz, representada por Renkin—diputado elegido por obreros católicos,—y Hellepute. El nuevo Gabinete era como un alto en la lucha mantenida entre sí por los elementos conservadores; a modo de tentativa de unión entre sus dos fracciones, y, así, el Ministerio afirmaba expresamente que, entre las fuerzas conservadoras, «se había establecido una unión indefectible».

La cuestión de la anexión del Congo aumentaba las divisiones de los partidos. El disgusto general contra el poder personal del rey de los belgas, y «autócrata africano», y sus enormes y continuos gastos superfinos, acrecía la hostilidad contra la anexión en virtud de la estrecha relación existente entre el Estado libre del Congo y el monarca belga. Razones económicas, comerciales e industriales, dividieron a las distintas fracciones para justificar sus respectivas actitudes. Los liberales, ya en discrepancia anteriormente sobre la cuestión militar y las concesiones mineras, también ahora se disgregaron en diversas opiniones. La derecha ahogaba sus discordias en aras de un interés supremo de disciplina y de conservación del partido, pero se justificaba el temor de que no lograse contener sus rivalidades. La muerte de Trooz—Dic. 1907—trajo a la presidencia a Schollaert. Oportuna fue su llegada, por la significación conciliadora que entre las dos fracciones representaba el nuevo jefe del Gobierno, para contener la disociación de la derecha, cuyos elementos, tan distantes en la cuestión del Congo, tendían a reanudar la separación.

El partido socialista era el único que—de acuerdo con la decisión del Congreso socialista internacional de Stuttgart—1907—condenaba, no sólo la anexión del Congo sino toda la política colonial. La unanimidad, sin embargo, era muy relativa. Su leader Vandervelde, separándosele la opinión general, y contra ella, declaróse partidario de la anexión en nombre de un sentimiento humanitario, «para librar a los indígenas de abusos, e «impedir que los negros caigan en la barbarie».

En las elecciones de 1908, las izquierdas, fortalecidas con la feliz experiencia de las elecciones municipales en los sitios en que combatieron unidas, aspiraban a la formación de un *Cartel* para las legislativas. En pocas materias coincidían; puntos aislados de contacto en las cuestiones militar y electoral, no tenían suficiente virtualidad para comunicar a sus fuerzas la unidad necesaria. El concepto demasiado amplio e inconsistente de clericalismo, fue el único terreno de coincidencia, y, aun así, no logró englobar en un conjunto a todos los elementos. Esta falta de acuerdo fortalecía de modo negativo a los conservadores, que encontraban la mejor garantía contra sus divisiones propias en las divisiones de sus adversarios. En las elecciones, alrededor de la anexión, en las que se manifestó el sentir general opuesto a ella, católicos y liberales perdían los mismos puestos —5— que ganaron los socialistas.

Nuevamente se vieron los partidos afectados por las cuestiones militares. La «vieja derecha»—Woeste—, portavoz de los sentimientos antimilitaristas flamencos, se pronunciaba por el servicio militar voluntario, puesto que Bélgica sólo necesitaba ejército defensivo. Los socialistas y radicales, mantenían un criterio favorable al régimen de «nación armada» como Suiza, en igual situación internacional de «nación neutralizada.» Schollaert se proponía por todos los medios, muy al contrario, llegar a la creación de un ejército con el proyecto Hellebant, estableciendo el servicio personal general[1]. El Gobierno, integrado por las dos fracciones de la derecha, vacilaba en admitir la cooperación de los liberales para aprobar el proyecto. Pero la ineficacia de las tentativas para atraerse a los antimilitaristas de la derecha imponía al Gobierno la necesidad de una mayoría siquiera circunstancial. El Congreso de Malinas-Junio 1909--celebrado en conmemoración del 25.0 aniversario de la subida al Poder de los conservadores, no pudo lograr la armonía entre las intransigencias de Woeste y el criterio democrático y progresivo, dentro de la concepción católica y conservadora, de la «joven derecha». Fracasaron los intentos de concordia, y en diciembre se aprobaba el proyecto militar, prescindiendo del concurso de la «vieja derecha».

Una entente se iniciaba al mismo tiempo entre conservadores y socialistas. Después de la lucha sostenida en común por católicos-Schollaert-y liberales en la cuestión militar, los conservadores admitieron con ligeras variantes la proposición de los socialistas reduciendo las horas de trabajo en las minas, y la coalición católico-socialista vencía a los liberales en el asunto de las cantinas escolares en el Concejo de Gante. Esas alianzas, esporádicas y circunstanciales, carecían, como era natural, de transcendencia, porque en todo caso los futuros problemas de la

---

[1] Ante la insistencia mostrada por Schollaert en pro de la formación de un ejército, le preguntaron si ese tesón estaba fundado en razones de orden superior, a lo que contestaba en sesión de 4 de Nvbre. de 1909: «*Sí, hay algo que justifica nuestros temores*».

enseñanza y de la cuestión electoral, en los que tanto discrepaban, y la proximidad de las elecciones—1910—haría desaparecer todo rastro de afinidad entre elementos tan opuestos. Para la lucha electoral, los partidos, en efecto, volvían a sus respectivas posiciones. La derecha, dividida y con una mayoría en lenta y segura disminución, entraba en la liza con un pesimismo acrecentado por la conciencia de la fortaleza y acometividad de las izquierdas. Liberales y socialistas vieron en la situación desesperada de la derecha un motivo para apretar sus filas a fin de dar la última acometida a aquella antigua fortaleza que al parecer se desmoronaba, y su vigor renacía ante la posibilidad inmediata de alcanzar el Poder.

IV

Como tantas veces, la vitalidad de los conservadores deshizo los cálculos optimistas de las izquierdas. No obstante su mala situación ante las elecciones, los católicos sólo perdían un voto. Sin embargo, el descenso de la mayoría, no por escaso menos significativo, y su falta de cohesión, eran otros tantos peligros agravados por la unión de las izquierdas. Ni aun la lucha en materia de enseñanza, que siempre, de modo mecánico e instintivo, unió a los elementos de la derecha por el significado religioso que aquélla tenía, consiguió en esta ocasión suavizar las asperezas en la convivencia de las fracciones conservadoras. El proyecto Schollaert del «bono escolar»[1] no contaba con la entera adhesión de Woeste. La oposición pedía el aplazamiento de los debates sobre el proyecto hasta después de las elecciones. Pensaba para entonces subir al Poder y, en tal caso, vendría por tierra el proyecto escolar. Schollaert carecía de base suficiente en qué apoyar su negativa, debido al criterio de la «vieja derecha, que aportaba un refuerzo a las pretensiones de las izquierdas. Todo ello trajo consigo la crisis del Gobierno, y a la caída de Schollaert se creyó que el partido conservador había llegado a su término. El barón de Broqueville, pudo, sin embargo, contra todo cálculo, conjurar el grave peligro. Tan sólo cambiaban las personas en el Gobierno; el espíritu conservador mateníase incólume en la política general del Gabinete, y aun el proyecto escolar perduraba en su espíritu esencial, o sea la subvención por el Estado a las escuelas privadas.

Ese triunfo conseguido por las izquierdas les sirvió de estímulo para reanudar su protesta contra el voto plural, pidiendo la unificación de la legislación electoral para las provincias, municipios y elecciones legislativas. El instinto de conservación de los católicos se oponía a toda concesión en la materia; el voto

---

[1] Sistema mediante el que el Estado entrega bonos a los padres de los alumnos y éstos, a su vez, al maestro como medio de regular luego sus haberes con el Estado. Como quiera que las escuelas congreganistas eran las más concurridas, puede afirmarse que estaban indirectamente subvencionadas.

plural era, a su juicio, el secreto de su invencibilidad, la mejor y más segura garantía de sus victorias[1], y en modo alguno pensaban ceder en ese punto, que sería, dada su situación difícil, el golpe de gracia. Compartían las izquierdas esta creencia, y por eso pedían con más insistencia su abolición. Los conservadores, no obstante su irreductibilidad en este punto, prevenidos contra una posible abdicación de su parte a que pudieran conducirles sus divisiones o las incidencias políticas, buscaron un contrapeso a tal medida, y haciendo gala de su espíritu democrático, lanzaban la petición del sufragio para las mujeres. De este modo se aseguraban de antemano la mayoría de los sufragios femeninos por la preponderancia de las ideas católicas entre las mujeres belgas. Los socialistas vieron el peligro, y decían que «estando aún dominadas las mujeres por el clero, el sufragio universal íntegro sería un desastre para el ideal socialista», y que «era preferible mantener todavía el voto plural».

La *entente* liberal-socialista, concluida tácitamente en la colaboración contra el voto plural y con motivo de la legislación escolar, mantúvose de un modo expreso para las elecciones municipales de 1911 — Oct. — Tenía, sin embargo, un vicio esencial de origen. En momentos de entusiasmo en la lucha, bien pudieron abdicar los liberales moderados de sus teorías eclécticas acerca de la reforma electoral. Pero, en ambiente ya más sereno, ¿era posible una colaboración continuada entre el burgués liberal y el obrero, animados de una mutua y hostil desconfianza? El triunfo en las elecciones municipales les prometía resultados halagüeños, y por ello se mantuvo el Cartel, liberal-socialista[2] para las legislativas de 1912.

---

[1] M. J. Barthélemy, en su obra *L'organisation du suffrage et l'expérience belge* (París 1912) tiende a demostrar que el voto plural no favorece a los conservadores belgas tanto como parece deducirse de la frase de Flére-Orban: «voto plural, voto clerical». V. pág. 412 y sigt.

[2] El Congreso Socialista de Bruselas — 1910 — parecía, no obstante, protestar de las alianzas con los partidos burgueses, y «ponía en guardia a la clase obrera contra los peligros de una política que, so pretexto de nn bloque o coalición anticlerical, atentara a la independencia del partido obrero»... «el partido obrero, — añadía — mantendrá su plena y entera libertad de acción, y su política seré.... una política de clase». Esto da a entender la desconfianza entre loa

Se creía en el aniquilamiento del partido conservador. En la lucha electoral, y entre los mil medios de propaganda, unos carteles representaban al partido católico como una bujía que se extingue. Todo, en efecto, tendía a formar la convicción de que los conservadores terminaban, con estas elecciones, su etapa de gobierno. Los socialistas, que tan cercanos al Poder se creyeron desde hacía algún tiempo, venían discutiendo sobre su cooperación ministerial. Vandervelde, anteriormente, ya se había declarado opuesto a ella, «porque la mancha caería, no solamente sobre el socialista que aceptase una cartera, sino sobre todo el partido si éste le autorizase a ello». Dos tendencias, sobre tal punto, se manifestaron luego en el partido: la gubernamental, patrocinada por L. Bertrand y Anseele[1]; y la antigubernamental, defendida por L. Broukére. Por otra parte, el Congreso socialista de Bruselas—1910—decía:—«El partido rehúsa admitir , como posible la participación individual de ciertos socialistas, sin el asentimiento, del Partido Obrero, en un Ministerio cualquiera. Tales socialistas, si los hubiere, deben considerarse excluidos, por ese mismo hecho, del partido». La confusión era grande sobre este extremo entre los socialistas, que redujeron el problema a «una cuestión de principios que deberá ser resuelta por un Congreso del partido el día en que prácticamente quede planteada.»

Precisamente ese entusiasmo de las izquierdas, que hacía prever un próximo Gobierno liberal-socialista, preparado ya, a juzgar por los detalles en la futura colaboración, fue la causa de que una vez más, las1 esperanzas no pasaran de ahí. La burguesía liberal, que no marchaba de buen talante en la alianza socialista, vio surgir ante ella repentinamente un problema de bienestar y de tranquilidad sobre el cual había de pronunciarse. La posibilidad, la certeza casi, de un Gobierno socialista, de orientación radical indudable, le aterró. Comparó el ambiente

---

socialistas contra los liberales, v explica el por qué las uniones Heredas a cabo entre ambos partidos, con fines electorales, no llegaban a conseguir la unanimidad y sólo pudieran lograrlas en ciertos distritos.

[1] Decía éste: «Proclamémoslo: somos un partido de gobierno, y si es verdad que a veces recurrimos a medios ilegales, es debido, a que se nos coloca fuera de la ley y a que se nos quiere impedir la conquisto del Poder».

de prosperidad material, real e indudable, creado por los conservadores, con la problemática gestión de las izquierdas en el Gobierno, y decidióse por la situación presente. De este modo el miedo de la burguesía a la política ministerial de la conjunción liberal-socialista influyó en gran parte en la-victoria de los conservadores; triunfo inesperado y «Sorprendente que les concedía 101 puestos, mientras los liberales permanecían en 45 y los socialistas ganaban 4.

Después de los primeros momentos de excitación por el fracaso, difícilmente contenida entre los liberales, manifestada por los socialistas en incidentes violentos y lamentables, el sedante del tiempo les hizo comprender la sinrazón de sus alteraciones, dándoles solución más práctica. Desde la institución del sufragio universal, las izquierdas convinieron en que el principal obstáculo para derrotar a los conservadores era el voto plural, añadido como contrapeso a la reforma. Nuevamente entendían imprescindible condición para la victoria, que sus pretensiones de siempre prosperasen. Dentro del partido conservador existía desacuerdo en cuanto a la reforma. La intransigencia de Woeste, exacerbada con la victoria, que no admitía la posibilidad siquiera de concesiones, era un freno aplicado al temperamento conciliante de Broqueville, cuyo espíritu generoso de transacción se detenía ante la necesidad del apoyo de Woeste. Los socialistas, llevando a la práctica sus eternas amenazas, encaminando sus esfuerzos a la reforma electoral, y en discrepancia con los jefes, declararon la huelga general—Abr. 1913— que, no obstante su carácter pacífico, determinó grandes perjuicios a los intereses industriales y comerciales. El espíritu de avenencia del Gobierno hizo que se anunciase la creación de una comisión parlamentaria con el fin de estudiar la reforma electoral relativa a provincias y municipios, que, además, «podría buscar una fórmula superior al sistema electoral vigente, aun en lo relativo a las Cámaras legislativas».

La declaración de huelga, que había empañado la amistad entre liberales y socialistas, fortificó indirectamente al Gobierno. De una parte, Broqueville, persiguiendo como fin atraerse a los elementos *ultras* de Woeste, había logrado disminuir en gran parte la distancia que les separaba, mediante atenciones prodigadas a sus amigos, Además, los liberales no enfeudados a los socialistas se aproximaban al Gobierno, cuyo proyecto militar era el eje de todas estas combinaciones. Muy rara vez puede fracasar una política si antes el Gobierno cuidó de ponerle la etiqueta patriótica. En esta ocasión, el calificativo de *nacional*, aplicado a los proyectos militares del Gobierno, concluyó con las vacilaciones de los liberales, que, por otra parte, manifestábanse partidarios de aumentar los contingentes militares; de esta manera el proyecto ministerial quedó asegurado — Jul. 1913.-

La ley escolar, renovando la lucha tradicional, rompía esa inteligencia transitoria entre conservadores y liberales, y, no obstante la obstrucción sostenida por parte de las izquierdas, triunfó el criterio católico poco antes de la guerra europea. Las elecciones de Mayo 19H, no fueron precedidas de campañas políticas agitadoras. Diríase que el profundo desengaño sufrido en las anteriores sometió a las izquierdas a su condición de vencidas, con un fatalismo definitivo. El *Cartel* liberal-socialista había desaparecido, y ahora combatía cada partido con sus propios medios, aisladamente. Los católicos perdían 2 puestos — 99 — que ganaban los socialistas — 40 — en tanto que los liberales, pacientemente, permanecían en una inalterable mediocridad[1].

El último momento de la lucha entre los partidos, dentro del período de normalidad que estudiamos, era sobre la cuestión de la enseñanza. El mismo problema inaugura la lucha de los partidos en el Reino de Bélgica y mantiene viva la hostilidad entre ellos a través de su historia. De igual modo, al comenzar la guerra europea, en el Gobierno entraron todos los partidos en un Ministerio de coalición, destinado a salvar a la Patria, como 84 años antes los Gobiernos de *Unión* se establecieron al calor de análogo ideal sagrado y generoso de echar y mantener los fundamentos de la Nación belga.

---

[1] Conservaban 45 puestos desde 1910.

RUSIA

Hasta 1905 estuvo Rusia sometida a un sistema de gobierno autocrático. En 6-19 Agosto 1905, prometió el Zar «un Cuerpo consultivo especial, encargado de la elaboración y discusión de los proyectos de ley y del examen del presupuesto», así como la convocatoria de una Duma. No obstante, declaraba vigente el al mismo tiempo, la ley fundamental sobre la naturaleza del «poder supremo autocrático» – samoderjavnaia – El manifiesto de 17-30 Octubre 1905, es un paso más en las concesiones, y reconoce las libertades: individual, de conciencia, de palabra, de reunión y de asociación. Se llama en él a todas las clases de la población al ejercicio de los derechos electorales, prometiendo que ninguna ley entraría en vigor sin el consentimiento de la Duma. – El Poder legislativo, según las leyes fundamentales, corresponde al Emperador, de acuerdo con el Conseja del Imperio, y a la Duma, equivalentes, estos organismos, a un Senado y a una Cámara popular. . El Consejo del Imperio (1ª Cámara) se compone, según ukase de 24 Abril-5 Mayo 1906 y Estatuto de la misma fecha, de miembros nombrados por el Emperador y miembros elegidos. Los primeros son designados todos los años; los segundos son elegidos por q años, y cada j se renuevan en su tercera parte. La Duma (2ª Cámara), según ukase imperial de 20 Febr.-5 Mar.1906 y posteriores leyes elector ales se compone de miembros elegidos por 5 años mediante sufragio indirecto en los gobiernos y ciudades principales. Las Cámaras se reúnen anualmente, y sus miembros perciben indemnización parlamentaria. – «El Poder administrativo pertenece a S. M. el Emperador en los límites del Imperio de Rusia».

Los regímenes políticos moldean la fisonomía de los partidos. Sistemas que amparen con la ley ideas de libertad, no permiten, por falta de ambiente, la existencia de partidos revolucionarios. En razón inversa del margen que se deja a la libertad de ideas y de sentimientos, (los partidos evolucionan; y cuanto menor es el espacio que se consiente a los movimientos y aspiraciones políticas, tanto más los partidos se orientan en sentido radical y subversivo. La causa principal de que esas colectividades se acojan a esta modalidad es una oposición torpe del régimen contra los programas liberales. Los partidos más pacíficos degeneran en organizaciones que adoptan procedimientos violentos al chocar con opresiones sistemáticas e irracionales, al sentir coartadas injustamente las libertades, base de su existencia). El régimen político de Rusia, anterior a 1905, era el ambiente típico para la generación de partidos revolucionarios. Un sistema de gobierno autocrático y opresor impedía la expansión dejas ideas liberales por moderadas que fuesen. El movimiento liberal carecía, por ello, de condiciones de vida que hubiera podido encontrar en un espacio, siquiera restringido, de libertades, y si al amparo de un régimen benévolo hubieran esas aspiraciones evolucionado pacíficamente, la constitución política de Rusia determinó allí la! aparición del *partido socialista revolucionario*. Ante un Gobierno aferrado sistemáticamente a una concepción política estrecha, de oposición e intransigencia absolutas, los liberales carecían de entereza para manifestarse. Contra la violencia empleada por el Gobierno, solo podían luchar partidos violentos; partidos de existencia azarosa, oculta y secreta, cuyo espíritu de proselitismo antepusiera el logro de sus aspiraciones, la afirmación enérgica de sus programas, al sacrificio de la propia vida individual.

Tal fue el *partido socialista revolucionario*, fuerza poderosa encargada de allanar caminos infranqueables, vanguardia destacada por las libertades rusas, oprimidas e incapaces, por débiles, de abrirse paso por sí mismas, con el fin de crear, a costa de su abnegación, una atmósfera beneficiosa y accesible a la implantación y desarrollo de las mismas. Nació, por consiguiente, el socialismo ruso, de un conjunto de circunstancias que habían de comunicarle características especialísimas y peculiares. Porque su fin principal era político, combatir, destrozar el régimen autocrático, sirviéndose de fuerzas, no proletarias, sino intelectuales y acomodadas, que dejaban a un lado todo programa de lucha de clases.

Tales antecedentes permiten calificarle de un socialismo especial, esencialmente *político*, más bien que *social*. Porque si no adopta la lucha de clases del socialismo marxista, se aleja del anarquismo al no sancionar sus ideas políticas negativas ni sus procedimientos sistemáticos de violencia.

I

Las corrientes de libertad que agitaron Europa hacia 1825 llegaron hasta Rusia, sin que lograsen arraigar. Sólo durante el régimen inaugurado por Alejandro n, apareció como una tentativa de sanción de los anhelos de libertades ya extendidos en el país. La liberación de los siervos abrió una época de lisonjeras esperanzas, fallidas bien pronto, sin embargo. La llamada *inteligencia* — espíritus cultivados, aristócratas, estudiantes, — promotora del movimiento liberal, sintió gran decaimiento al observar que el recién implantado sistema carecía de continuación y de trascendencia. El fracaso de sus aspiraciones en momentos tan propicios les desalentó; y sumidos en un pesimismo infecundo, limitaron su actividad a una censura amarga de los males de su patria, que ellos estimaban perdurables y sin remedio. Estos «pesimistas cínicos»[1] y negativos, fueron los calificados por Turguienef de *nihilistas*. Abandonada, por esos espíritus apocados y estériles, a la autocracia omnipotente y tiránica, vencedora de la fugaz agitación liberal, siguió Rusia en calma, resignada y fatalista[2].

---

[1] Seignobos. Ob-cit. Pág. 577.

[2] He aquí las palobras que Turguienef pone en boca de un personaje de sus novelas y que retratan el ambiente — 1887: — «Hace ya tiempo que no había vuelto al lugar donde nací, pero no encuentro en el el menor cambio. Letargo de muerte, casas sin techumbre, murallas arruinadas, y fango, y hediondez, y pobreza, y miseria, miradas de esclavos, insolentes o abatidas, todo continúa casi como antaño. Nuestro pueblo se ha libertado, y su mano, igual que antes, pende inerte junto a su cuerpo. Nada, nada ha cambiado. Jamás mis queridos, compatriotas durmieron con sueño tan terrible. ¡Todo duerme: por todas partes, en ia aldea, en la ciudad, en carro, en trineo, durante el día, en la noche, sentados, de pie... el mercader, el *chinovnik* (funcionario) duerme; en sü torre, duerme el centinela, bajo el frío de la nieve, bajo el ardor del sol. Y el acusado duerme y el juez dormita; los campesinos duermen con un sueño de muerte; siegan, labran y duermen; trillan el trigo y duermen aún; padre, madre, hijos, todos duermen! El que golpea y lo mismo el golpeado, duermen. Soló la taberna está despierta con la mirada siempre vigilante. Y apretando entre sus cinco dedos un jarro de aguardiente, la frente junto al Polo Norte y los pies en el Cáucaso, duerme con sueño eterno nuestra patria la Rusia Santa.»

Fracasado el movimiento liberal, aparecen, como • elemento más avanzado, los socialistas. El deseo de sacudir al país de su modorra lanzó entre el pueblo, en activa propaganda de esas ideas, a gentes de toda condición. Los estudiantes rusos en el extranjero eran, al volver a su patria, otros tantos propagandistas, y una pléyade de pensadores iniciaban al país en el credo socialista. Chernichevsky[1], Michailovski, Herzen[2], Bakunin, Lavrof son considerados como los precursores del socialismo ruso, que adoptaba a la sazón las dos modalidades opuestas: pacífica, marxista, de Lavrof, y revolucionaria de Bakunin. La primera triunfaba por entonces; el socialismo revolucionario se incubaba en tanto esperando, con el vencimiento de los moderados, la hora de su actuación, a modo de elemento de reserva. Gentes acomodadas, estudiantes y aristócratas, dedicáronse a una activa propaganda impulsados por un movimiento generoso y altruista de educación del pueblo, al cual instruían, al mismo tiempo, en las ideas socialistas. El Gobierno imperial, fiel a su régimen de violencias contra los pacíficos propagandistas, realizaba inconscientemente un trabajo de selección, porque si fracasaban los moderados, los pusilánimes, amilanados por los rigores de la autocracia, su puesto sería ocupado por los radicales revolucionarios.

Vera Sassulich, erigiéndose en vengadora de los atormentados en las prisiones, disparó su revólver sobre el prefecto de policía Trepof[3] — 1878 — Diríase que esta fue la consigna para que los terroristas, saliendo de sus organizaciones secretas, comenzasen la lucha contra el Gobierno. Aparece entonces un partido misterioso y oculto, fortalecido por un espíritu sobrehumano de sacrificio, que no lograban domeñar las torturas ni rigores de la policía. A tenor de los procedimientos policíacos, el partido

---

[1] Expuso sus teorías socialistas en su célebre novela «¿*Qué hacer?*».

[2] Alejandro Herzen, refugiado en Londres desde 1851, fundó en 1857 su diario *Kolokol* — La Campana. — Los vicios de la administración rusa, las quejas de las provincias, el sentir general, todo se exponía en ese diario favorecido por una colaboración veraz y secreta. Estaba prohibida su introducción en Rusia, pero nadie pudo evitarla. Hasta el mismo Zar encontraba el *Kolokol* en su mesa de trabajo todas las mañanas, colocado allí, y hasta en su carroza, por manos misteriosas.

[3] No obstante el régimen político ruso, fue absuelta.

aumentaba su presión, y de socialistas pasaban a revolucionarios para terminar en terroristas, luego de haber bordeado el anarquismo. Sólo la delación del judío Goldenberg[1] pudo rasgar el secreto, inaccesible hasta entonces para el Gobierno, que ocultaba la organización terrorista.

Los terroristas, con objeto de aunar sus esfuerzos en la contienda a muerte contra el Gobierno imperial, tendían a la unidad. Las distintas organizaciones y elementos dispersos de esa naturaleza se agrupan en la *Narodnaia Volia*—*La voluntad del pueblo* — Así quedaba constituido el primer *partido revolucionario ruso*[2]. Fuertemente centralizado, como medio para conseguir una disciplina imprescindible, tomó como procedimiento el terrorismo, aunque «le repugnaban las violencias — decía — a las que únicamente la necesidad les había actualmente obligado». Terroristas circunstanciales, por consiguiente, no adoptaban la violencia como punto esencial de sus concepciones políticas. En un mensaje de la *Narodnaia Volia* a Alejandro II, se pedía una Asamblea nacional y «en adelante,—lo declaraban solemnemente ante la patria y el mundo entero—, desistirían de sus procedimientos, sometiéndose al Gobierno sancionado por la Asamblea.» Pero, no satisfechas sus aspiraciones, comenzó a poner en práctica su programa sangriento, que culmina en los atentados contra el Zar—1881—. Las deportaciones y los tormentos dieron cuenta, sin embargo, de esta organización de individuos exaltados y fanáticos, y fueron vanas las tentativas encaminadas a resucitar su espíritu por entonces.

Antiguos miembros de la *Narodnaia Volia*.—Plejanof, Vera Sassulich, Deustch y Axelrod— derivaban en su antigua concepción socialista revolucionaria, y, renunciando al programa violento, acogíanse al marxismo. Quisieron fundar un partido de clase, susceptible de existencia en un régimen constitucional, y atrajeron al elemento obrero urbano que por entonces aumentaba. Acopladas las reivindicaciones de éstos, con las aspiraciones de aquéllos, quedaban echados los

---

[1] Véase E.M. de Vogüé.—Un regard en arrière.—Les terroristes ruses. Rev. des Deux Mondes. 1894. II. pág. 190 y sigts.

[2] Los terroristas tenían un periódico «Tierra y Libertad», y celebraban sus sesiones nocturnas en los bosques.—(Congreso de Lipetzk—Julio—1879.)

cimientos de un partido socialista-demócrata. El espíritu preeminente de clase, como lazo de unión, les consiguió mejoras en la legislación social con las huelgas de 1891 a 1895, afirmándose, de esta suerte, la compenetración de los elementos del partido, e imprimió a sus reivindicaciones un carácter esencialmente económico, —*economismo*— que no tardó luego, dentro del nuevo régimen, en posponer a concepciones políticas como premisas necesarias de conquistas sociales. En 1898 quedaba, así, constituido el *Partido Obrero Social-Demócrata* (P. O. S. D.) En la organización de las masas ha encontrado la mejor prenda de vida próspera y vigorosa, y, al mismo tiempo, el más poderoso obstáculo contra las tentativas del régimen autocrático directamente encaminadas a su disolución. Prueba fehaciente de su crecimiento e importancia fue la huelga de Baku— 1903—que comprendió 200.000 obreros[1].

Similares y aliados del P. O. S. D., existen diversas organizaciones regionales: *El Bund* judío, que tanto contribuyó a la formación de los dos partidos socialistas rusos. Organización económica y política «esencialmente judía», de obreros judíos de Lituania, Polonia y Rusia, fundada en 1897, afirmó exclusivamente en los comienzos de su vida, el ideal marxista, y aun cuando luego expresara su carácter nacional también, elementos más nacionalistas fundaron el *partido socialista judío nacionalista* (sionista)—*Poale Zion*—Este partido no admite la lucha de clases porque, como decía Feinberg, «yo sufro en primer término, no como proletario, sino como judío, conjuntamente con mis hermanos aun cuando pertenezcan a otras clases sociales»[2]. La *Social demacrada de la Polonia rusa*[3] y la *Social democracia letona* de las provincias bálticas.

---

[1] Los socialista-demócratas de más relieve, eran: Plejanof, Kamenef, Wladimiro Ulianof Lenin), Axelrod, Martof, Alexinsky, Dahn, Máximo Gorky, etc.

[2] E. Laskin. Le socialisme national. París 1917. pág. 176.

[3] Los polacos tienen dos partidos socialistas, separados por sus concepciones nacionalistas. El *partido socialista polaco-Polska Partya Socvalistyzna*—(P P. S.), concretaba su ideal nacionalista preferente de la independencia de Polonia y su relación con el socialismo en la fórmula: «la opresión extranjera es una forma de la opresión de clase». Al dividirse el *partido socialista revolucionario*, fundado por Warynski en 1SS2, una fracción se funde en el V. P. S. y otra constituye, bajo Rosa Luxemburg, la *Social democracia de la Polonia rusa*, que se

Así como la *Narodnaia Volia* agrupó elementos revolucionarios dispersos, el *Partido Socialista Revolucionario* —P. S. R.— constituido en 1900-1901 era la concreción de los ideales terroristas, que no acababan de cuajar en transitorias organizaciones. Fundado por Marina Polonsky, Lasarevich, Tarassof, Rubanovich, etc. se ufanaba de seguir las tradiciones de la *Voluntad del Pueblo*. Esencialmente terrorista y revolucionario, tenía su «Organización de combate». — *Borievaia Organisatsia* —[1], que preparó entre otros atentados, los de Plehve —Julio 1904— y el Gran Duque Sergio —Febr. 1905.— Como sus antecesores, calificaban de «triste y terrible necesidad» el empleo de esos medios, justificados por ellos en la oposición del Gobierno imperial a permitirles sus propagandas pacíficas, y en el hecho de que «la violencia no está justificada sino allí donde se dirige contra la violencia». Fieles seguidores de Bakunin, que había señalado los «instintos revolucionarios del pueblo», quisieron ganar los elementos campesinos, como los socialistas demócratas se fundaron en los obreros de las ciudades. Para el logro de esas aspiraciones, y medio de llevar a la práctica sus ideas revolucionarias, fundaron una *Liga agraria*, con fines de propaganda en los campos, y adoptaron el programa de reparto de tierras, halagando así los instintos de la población rural, procedimiento el más eficaz para atraerles a su esfera de acción. Atentos sólo al «ideal catastrófico», mantuviéronse individualistas, descuidando la organización de los adheridos, lo cual les quitaba cohesión. Además, en plena crisis revolucionaria llegaron a una profunda escisión, formándose dos fracciones en torno a dos concepciones acerca de los medios de combate: *maximalistas*, radicales, terroristas, partidarios de una solución extrema -*máxima*- la cuestión agraria, y cuyo carácter excesivamente independiente, anarquista, fue la causa de ser arrojados del partido; y

---

desentiende de la cuestión de la independencia. Después de varias vicisitudes, el P. P. S. se divide en 1907 en dos grupos: *fracción revolucionaria*, nacionalista y terrorista, y *fracción de la izquierda*, antinacionalista. La *fracción revolucionaria* se considera como la heredera legítima y continuadora de la tradición del P. P. S. «puesto que la fracción de la izquierda ha renunciado al ideal de la independencia de Polonia, principal objeto del P. P. S.»

[1] La Organización di combate quedó disuelta después de la traición de Azef.

moderados o *minimalistas*. Estas circunstancias, unidas a la dura represión con que fueron combatidos por el régimen autocrático, explican fácilmente el estado precario a que se vieron reducidos[1].

Los campesinos, objeto de ardiente concurrencia por parte de revolucionarios y absolutistas, surgieron también como factor político importante. Con anterioridad al nuevo estado de cosas, el *mujik* ruso, en su ignorancia, reforzada por un fatalismo milenario y una sumisión ciega y religiosa al Zar, no veía sino la cuestión agraria como más inmediata y tangible, Las predicaciones políticas y sociales revolucionarias, les mostraron horizontes de esa naturaleza, en íntima relación con su condición miserable, en los que iba implícito el cambio de régimen-que hiciera posible resolver la cuestión de la tierra. Y reunidos en diversos Congresos, en los que ya no se limitaban a pedir «tierra», como de antiguo, sino «tierra, y libertad»— *zemlia ivolia*, vienen al fin a constituirse en la *Unión Campesina-Krestianski-Saius*-Oct. 1905 en que se mezclaban obreros y campesinos.

---

[1] En los comienzos del régimen constitucional, el socialista-revolucionario Rubanovich, hablando del número de partidarios del grupo terrorista, decía: «es el número de los miembros del partido prisioneros del Zar, confinados en fortalezas y cárceles, o deportados. No lo evalúo en menos de 30.000, entre los cuales hay 10.000 mujeres»; y en su informe al Congreso de Stuttgart—1907— decía el P. S. R.: «Se muere, no sólo en sangrientos combates, sino también manejando una prensa tipográfica, vendiendo libros, distribuyendo periódicos o carteles, hablando en los mitins, pronunciando conferencias, disertando en las reuniones, organizando a los obreros, a los campesinos, a la juventud. Manifestaciones, huelgas, *boycottage*, todo supone víctimas, cuesta sangre. La duración media de la vida de un Comité es ano o dos meses; la de un periódico, uno o dos números» J. Longuet.—Ob. cit. pág. 390.

II

El movimiento socialista ruso, según queda indicado, puede estimarse como una exacerbación del movimiento liberal; a modo de un liberalismo radical que degenerase en revolucionario. Las ideas liberales moderadas, contenidas por el régimen político ruso, cuyos rigores aumentan en la lucha con los socialistas, vivieron en Rusia latentes y ocultas en los *zemstvos*—asambleas provinciales—con la burguesía liberal demócrata y entre las clases nobles y los estudiantes. De otra parte, las profesiones liberales-ingenieros, médicos, abogados, etc.—iban organizándose, dentro de Rusia, en *Uniones* que, en Mayo de 1905, se federaron en la *Unión de Uniones*, de tendencias muy radicales, compuesta de 14 de aquéllas. Fuera del territorio sometido a la autocracia, las aspiraciones de esa índole fueron encauzadas por Pedro Struve, profesor de Economía en la Universidad de San Petersburgo, que, en 1902, fundó en Stuttgart una revista—*La Emancipación* (*Osbovoidenlé*)—erigida en representante y portavoz de todas las aspiraciones liberales en la más amplia significación de esta palabra.

Todo este extenso movimiento liberal, puede considerarse como un gran partido de elementos dispersos. No las discrepancias entre ellos, sino la falta de organización, de unidad, de contacto, les mantuvo separados, pero una vez establecida cierta solidaridad entre las fracciones distintas.se establecerá entre ellas un intercambio de criterios que ha de terminar, siguiendo un proceso de unificación, en verdadero partido político.

A principios de 1905 los partidos socialistas estaban ya organizados, y los gérmenes de los futuros próximos partidos liberales, se hallaban en camino de evolución progresiva. Hasta entonces, la Separación, la falta de concierto entre las diversas organizaciones más o menos rudimentarias de las distintas ideas políticas, les debilitó. Ahora, las circunstancias, presididas por un criterio unánime, impuesto por los mismos acontecimientos, les acercaron, encadenando sus respectivas actuaciones; y las agrupaciones políticas acortaban las distancias, estableciendo un círculo de sitio amenazador contra el Gobierno imperial. Los partidos socialistas introducen, con sus fructíferas propagandas, la disolución en el ejército y en la flota. El P. O. S. D. provoca una serie de huelgas que culminan en la de Oct. 1905, «la huelga general más formidable que haya habido en cualquier país y época». Las excitaciones revolucionarias del P. S. R. entre los campesinos, se traducen en atentados contra las propiedades rusticas y en la revolución agraria del otoño de 1905, que produjo una pérdida de 20 millones de rubios en aquéllas. Los absolutistas, por su parte, organizados en los llamados *Cien Negros* y la *Banda Negra—Chernaia Sotnia*—animados de un espíritu de odio nacionalista contra finlandeses, polacos y armenios, desatan el «terror blanco, en los clásicos *pogroms*—pillaje, saqueo-contra los opuestos al régimen autocrítico y, como objetivo principal, contra los judíos.

De este movimiento general revolucionario de 1905, reforzado por los desastres rusos en la guerra con el Japón, salía el manifiesto de 17-30 Octubre, no como concesión graciosa del Zar, sino a pesar suyo, arrancado violentamente por las circunstancias, en el que prometía, entre otras medidas en pro de la libertad, una Duma legislativa.

Inaugurado así el régimen de libertades, las aspiraciones liberales tomaron cuerpo, cristalizando en dos tendencias. El movimiento de opinión dirigido por Struve y el conservado en los *zemstvos* llegan, después de un proceso laborioso de acomodación, a constituir el *partido constitucional-demócrata*—llamado partido K. D. por las iniciales en ruso de aquellas dos palabras, y en castellano *cadete*. Organizado en 27 de Octubre de 1905, este partido radical, «más demócrata que constitucional», reclutaba sus fuerzas entre las profesiones liberales y parte de la burguesía. En algunos puntos de su programa aparecía cierta inseguridad[1], y entre sus elementos, se observaba una tendencia

---

[1] Reciente la organización del partido, decía su "leader" Miliukof: "La vida misma ha demarcado ya nuestro partido d! las agrupaciones vecinas... Se trata de combatirnos apoyándose en el principio de la unidad de Rusia y de la

republicana, que creyó incompatible el régimen zarista con el triunfo de sus ideas liberales[1]. La orientación moderada se unió en el *partido octubrista*. Organizado en Noviembre de 1905, este partido conservador, estimando suficientes libertades las; otorgadas en el manifiesto de Octubre, ajustó a él su programa; de ahí el nombre adoptado. Representaba a los elementos conservadores de la alta burguesía y a los grandes propietarios rurales. Comenzó por tener escasos y meritorios miembros: Alejandro Guchkof —jefe—, conde Heyden, príncipe Gregorio Lvof, Stajovich, Dimitri Chipof, etc. La *extrema derecha*, los *ultras* absolutistas, se agruparon en la *Unión del pueblo ruso*, con su órgano en la prensa, *Russkoie snamia*. — La *bandera rusa* — integrado por elementos de la aristocracia, grandes propietarios rurales y clero ortodoxo.

Por tal modo constituidos en un primer intento los elementos políticos, marchaban de una etapa de transición a situaciones más estables. Era el comienzo de su vida, época de tanteos, de acomodación, en busca de posiciones más definidas. Así, los socialistas acentuaron sus radicalismos; querían, «llevando la revolución hasta el fin», el establecimiento de la República. Los burgueses liberales aparecieron pujantes radicales, pero a medida que las concepciones socialistas se pronunciaban hacia la izquierda, los liberales, reaccionando, se desdecían paulatinamente de sus exageraciones originarias, proceso

---

inviolabilidad de la propiedad, como si tuviésemos intención de negar una u otra. El partido constitucional-demócrata, por el contrario, acepta ambas. No siente intransigente enemiga más que contra la centralización administrativa burocrática, y contra la doctrina manchesteriana en el terreno económico. De esta suerte, el verdadero límite no llega hasta donde le buscan nuestros adversarios de la derecha, sino hasta el punto mismo en que los intereses de clase de los agrarios y de los grandes industriales rusos, eleva» sus reivindicaciones. Jamás nuestro partido será defensor de teles intereses. Otra cosa es en cuanto a lo que nos separa de nuestros aliados, más que adversarios, de la izquierda. Ni más ni menos que ellos, ocupamos el ala izquierda del movimiento político ruso, aunque no pedimos con ellos una república democrática, ni la socialización de los medios de producción".

[1] Entre sus miembros importantes estaban Pablo Miliukof. jefe; P. Struve, Golovin, el Prof. Muromtsef, Petrumkevich, «Miliukof era la cabeza de este partido, Rodichel su cerebro ? Chingaref su brazo derecho».

descendente más claramente manifestado con motivo de las reivindicaciones campesinas sóbrela cuestión agraria.

Iba a ser elegida la primera Duma. El Gobierno imperial contaba a su favor con la abstención de los socialistas-defraudados por la no vigencia del sufragio universal[1] y con los sentimientos conservadores y de ciega' sumisión al Zar supuestos en los campesinos. De ahí la labor preparatoria del Gobierno, dispuesto a asegurar una nutrida representación a los últimos, y aplastar por todos los medios a los radicales. Pero, no obstante las circunstancias propicias al Gobierno, y sus maniobras para impedir el triunfo de la izquierda, ésta venció[2], y en la Cámara se vio reforzada por un nuevo e inesperado partido de oposición, el *partido laborista*. — Los campesinos no se hicieron solidarios de la abstención electoral decretada por la *Unión campesina*, y los rústicos elegidos se presentaron en la Cámara agrupados en el *partido laborista — Trudovaia Gruppa —* del que eran jefes Anikin y Aladin. Las esperanzas fundadas por el Gobierno en los campesinos se frustraron. A la masa sistemáticamente sumisa a la autocracia, sustituyó un partido francamente radical, tenaz en sus extremadas reivindicaciones agrarias, fogoso e intemperante[3].

---

[1] Los obreros, en vista de esa actitud, previendo, además, un Parlamento ficticio, hechura del Gobierno, y con temor a los procedimientos gubernamentales, ejercieron el sufragio votando en algunas fábricas por... el perro del portero, y en otras por la chimenea A. Zevaes. La revolution russe-Parfs-1917. pág. 79.

[2] K. D. 161; S. D. no elegidos como tales, 17; 31 octubristas; una centena de laboristas; 70 autonomistas; y una centena «sin partido».

[3] El grado de discernimiento, no ya de ilustración, de las fuerzas parlamentarias campesinas, queda indicado en las notas siguientes: En la primea Duma, un *mujik* se perdió en el curso de su peroración. ¿Para qué diablos quieres hablar si no sabes decir nada? le preguntan. — Es verdad, pero mis electores se quejan de no haber visto mi nombre en los periódicos y me han escrito diciendo que era incapaz, y que si no hablaba me apalearían a mi retorno». En la segunda Dama, otro *intelectual* decía: «Lástima que los campesinos rusos no sean más instruidos. ¡Mejur trabajada estaría la tierra! *Aun el aire haríamos que fuese cultivable*, y entonces, nos contentaríamos con la posesión del aire y dejaríamos la tierra para los ricos». Cit. p. Rev. Polit. et Parl. 1907 II. pág. 377.

La primera etapa parlamentaria— Mayo-Julio 1906 —sería, pues, dirigida por una «Duma roja», radical carácter que le aseguraba el predominio de los K.D. y *laboristas*. Los K. D. eran los más numerosos, pero la preeminencia fue ganada por los *laboristas* en virtud de su programa agrario, nervio de la política rusa, que absorbía la general atención. La cuestión agraria, en efecto, era tan importante en Rusia[1], que se pedía, como suprema necesidad del pueblo, «tierra y no la Constitución». Los laboristas creyeron sinceramente en la eficacia del Parlamento, y, de un modo pacífico[2], presentaron sus atrevidas reivindicaciones, resumidas en la petición de que «la totalidad del suelo, así como las aguas, sean propiedad de la nación», con objeto de proceder a un reparto entre campesinos, porque «siendo la tierra un bien de Dios, todos los que la trabajan tienen derecho a ella». Los K. D. en su «proposición de los 42»— llamada así por el número de firmantes,—conformes con la expropiación, demandaban a cambio la indemnización correspondiente, y el Gobierno admitía el reparto de tierras del Tesoro, y, en su defecto, las de propiedad privada compradas por el Estado a los que «voluntariamente quisieren venderlas». Los campesinos vieron fallidos sus deseos de arreglar la cuestión agraria por medios pacíficos, y cunde de nuevo en los campos la agitación como en el otoño de 1905. Los liberales también sufrieron un desencanto. Sus anhelos patrióticos de un trabajo parlamentario encaminado a la redención de su país, tan malparado por acontecimientos interiores y exteriores, chocaron con la ineficacia del nuevo régimen de libertad en el que el Gobierno continuaba siendo un instrumento del poder autocrático. Las imposiciones de los absolutistas, temerosos de la instauración de un régimen parlamentario y, con él, de la preponderancia de los radicales, disolvieron la Duma—22 Julio 1906.[3]

---

[1] Véase M. Kovalevsky—La Russie sociale y Le régime économique de la Russie. París 1898.

[2] En sesión de Mayo 1906 decía Aladin: «He venido aquí, lo mismo que vosotros, con el ardiente deseo de evitar a mi patria la cruel experiencia de una revolución».

[3] En el ukase de disolución, justificaba el Zar la medida: "Hablamos llamado por nuestra voluntad a los representantes de la nación rusa a realizar una obra

III

Al mismo tiempo que la Duma era disuelta subía al Gobierno Stolypin en sustitución de Goremykin.

Los K. D., laboristas y socialistas-demócratas, dando pruebas de una gran inexperiencia política, reunidos en Viborg—Finlandia—lanzan al pueblo un manifiesto[1] sedicioso. Los moderados octubristas, cuyas negociaciones con Stolypin para formar Gobierno fracasaron en virtud de las exigencias absorbentes de aquél, salieron de su conservadorismo para avanzar un paso adelante. La izquierda octubrista y la derecha K. D. se unieron de esta suerte en el *partido de la renovación pacifica – renovistas –* bajo el C. Heyden y Miguel Stajovich—Jul. 1906 — Los elementos escasos que permanecieron en el grupo octubrista, constituían, según el *Novoie Vremia*, el *partido del aburrimiento*. Laboristas y S. R. formaron—1906—el *partido populista*—Korolenko, Miakotin, Pechejonov y Volk-Karatchevski, cuyo programa rechaza el terrorismo.—Del Congreso musulmán de Nijni-Novgorod—Agosto 1906—salió el

---

legislativa. Nosotros... esperábamos que sus trabajos fueran beneficiosos para el país... Nuestras esperanzas, sin embargo, se han defraudado... El pueblo, perturbado por la excitación de sus representantes... ha cometido múltiples violencias, atacando a las personas y las propiedades... Solo podía llegarse a aquel mejoramiento de su condición, cuando el orden y la tranquilidad sean un hecho... y con toda la fuerza de nuestra imperial voluntad haremos entrar a los desobedientes por el camino de la Ley".

[1] Más tarde rectificaban esa torpeza. El manifiesto de Viborg, dirigido a los electores, decía: "Queríamos una ley que distribuyera las tierras a los campesinos, y no sólo las de los particulares sino también las del clero y de la Corona; y como el Gobierno estimara-inaceptables estos deseos de la Duma, se ha procedido a disolverla. El Gobierno promete convocar una nueva Duma dentro de siete meses. Rusia va a estar sin representación durante tan larpo espacio de tiempo... En esos siete meses trabajará el Gobierno contra el movimiento popular a fin de formar una Dieta sumisa y obediente... El Gobierno no tiene, sin nuestro consentimiento, ningún derecho a percibir impuestos ni a llamar al pueblo a las armas. Por tanto, nuestra conducta estará justificada si una vez que el Gobierno ha disuelto la Duma, no dais ni dinero ni soldados... Ningún poder puede resistir a la voluntad única e inflexible de una nación".

partido *Ittifak*—la *Alianza*— con un programa radical semejante al de los K. D. En el P. O. S. D. venía acentuándose una división manifestada a partir de su segundo Congreso de 1903 y sobre todo en los de Estocolmo—1906—y Londres—1907—acerca de la táctica a seguir y sobre la cuestión, que tanto afecta a la unidad de los partidos socialistas en general, relativa a las alianzas con los partidos «burgueses». La división se concretaba en: *mayoritarios-bolcheviques*—Lenin[1]— y *minoritarios-mencheviques*—Flejanof, Martof y Danh.—Las primeros, marxistas rigurosos, preconizan la unión de obreros y campesinos como base para llegar a su fin revolucionario, y no transigen con la burguesía liberal. Los segundos no conceden importancia a los elementos agrarios, y quieren ir a la revolución con la burguesía, lo cual equivale a renegar de la revolución. Como términos extremos de esas dos fracciones, aparecieron luego los *otsovistas*, de los *mayoritarios*, y los *liquidadores* o *revisionistas*, de los *minoritarios*[2]. Por su parte, los absolutistas, agrupados en la *Unión del pueblo ruso*—Dr. Dubrovin—y en otras fracciones como la de los *verdaderos rusos*, de los *hombres rusos* etc., reuníanse en Congresos en los que se pedía el retorno al antiguo régimen.

La conducta del Gobierno, empeñado, al parecer, en la tarea de exacerbar a los partidos, aumentando las filas de la izquierda, dio lugar a la formación, o mejor, al acrecentamiento, del ambiente radical. El fracaso de la primera Duma, llevando la desilusión al ánimo de los creyentes en la eficacia del régimen nuevo, excitó los sentimientos radicales. Testimonios irrecusables eran la formación del partido *renovista*, con todo el significado de un avance hacia la izquierda, la generación de las agrupaciones extremas musulmanas y el aumento de los. radicalismos entre los socialistas demócratas.—La labor del Gobierno, determinante, muy a su pesar, de la prosperidad de los partidos de la izquierda, era el mejor apoyo de la revolución. Los S. R. reanudaron, por las mismas causas de general

---

[1] Véase: E. Antonelli. La Russie bolchsviste. París 1919. L. Trotzky-The bolsheirsm and world peace. Nueva York 1918. A. F. Kerensky. The prelude of bolshevism. Londres.

[2] Longuet. Ob. cit. pág. 400-401.

descontento, sus antiguas campañas sangrientas—atentado contra Stolypin-y sus predicaciones terroristas entre el pueblo, al que excitaban a combatir, mediante el asesinato, «al Gobierno y a sus representantes, por inferior que fuese su grado». El ejército y la flota sufrían la general influencia disolvente. Los ultras volvían a sus pogroms, revueltas preparadas de antemano, muchas veces con el concurso de la policía, en las que el pueblo desfogaba sus instintos feroces; «procedimiento clásico—dice A. Leroy-Beaulieu—de los adversarios de toda reforma liberal. Para arrancar las masas a la propaganda, se intenta levantarlas contra los judíos[1].

En esta tensión de ánimos, que caldeaba la atmósfera política, el Gobierno preparaba las elecciones para la 2ª Duma.—Febr. 1907.—Mal se avenía la «política de reformas vigorosas»[2], anunciada por .Stolypin, con los tradicionales manejos del Gobierno en la preparación de la Asamblea. Visto el error sufrido con los campesinos en la 1ª Duma, el Gobierno proponíase ahora impedir en lo posible su representación. La izquierda, en general, firmante del manifiesto de Viborg, era el objetivo de la destrucción decidida por aquél, pero en particular *cadetes* y *renovistas*, atrajeron la hostilidad del Gobierno. A ambos, con los socialistas, se les negaron todos los derechos. Sistemáticamente se les rehusó la inscripción[3], y privados de reunirse, los *cadetes* hubieron de refugiarse en Helsingfors—Finlandia—para celebrar su Asamblea.

Una vez más fracasó el Gobierno en sus intentos de reducir la representación de la izquierda[4]. La 2.a Duma sería radical

---

[1] Rev, polit. et parl. 1906, III, pág. 215.

[2] «Tres políticas son posibles hoy—decía Stolypin:—la primera, es ana política de reacción; la segunda, de pasividad ante la revolución que amenaza; y la tercera, de reformas vigorosas.»

[3] La personalidad de los partidos políticos en Rusia se adquiría en virtud de la inscripción o legalización. Únicamente a los registrados se les permitían los actos consiguientes al reconocimiento de esa personalidad, como: publicar programas, reunirse en Congresos o Asambleas, trabajos de propaganda, etc.

[4] S. D. 51 (*Bolcheviques* 12—Alexinski—; *mencheviques* 39— príncipe Tseretelli); 31 S. R.—(Dr. Gourbounot); *populistas* 19— (Volk—Karachevski); 51 *laboristas-trudoviki*—(Karavaiev); 36 musulmanes; 46 del *Kolo* polaco; K. D. 102—Miliukof; 50 *octubristas* y *renovistas*—Prof. Kapustine; y 50 de la extrema

también. Aseguraban ese predominio, de una parte, la mayoría ganada por los cadetes, acrecentada luego en virtud de su alianza con polacos y musulmanes, y, de otra, la preeminencia de las ideas socialistas, no vinculadas en los representantes de ese partido, sino dispersas y confusas, pero reales, en otras agrupaciones. La extrema izquierda, sintiéndose fuerte, apareció intemperante, levantisca, —tanto, que un ministro, dirigiéndose a ella, hubo de decirle, que «el banco de los ministros no era el banquillo de los acusados»,—y decidida a terminar con la Asamblea. La extrema derecha colaboraba inconscientemente en ese propósito, animada de un espíritu absolutista, incompatible con el régimen recientemente establecido. Entre ambas tendencias, los K. D. representaban el deseo de un Parlamento duradero. Ya habían éstos adoptado un criterio político diferente del primitivo. La experiencia moldeó su carácter, acoplándole a la realidad, dotándole de una flexibilidad muy distante de la rigidez, vigorosa pero ingenua, de los firmantes del manifiesto de Viborg. Habían sido duramente perseguidos por el Gobierno en el período electoral, y, sutilmente, olvidando agravios, no dudaron en colocarse junto a aquél, sin más objeto que el de evitar oposiciones y estridencias en que pudiera fundarse una disolución de la Duma. Los *cadetes*, los únicos verdaderamente parlamentarios de la Asamblea, eran la fuerza intermedia, el elemento *tampon* y pacificador entre las intransigencias antípodas encaminadas al mismo fin, papel ostensiblemente representado en la cuestión agraria. Entre las peticiones de expropiación forzosa, de la extrema izquierda, y la defensa de la propiedad privada, mantenida por la derecha, los K. D. preconizaban, como transacción, la indemnización justa. Iban a fracasar, sin embargo, en tan generosas funciones. La disolución, tan temida por ellos, se cernía sobre la Asamblea. Se daba por cercana al leer la carta del célebre profesor de Derecho Internacional en la Universidad de San Petersburgo, Martens[1],

---

derecha-Kruchevane, Purichkevich, Krupenski. —Había además 3 diputados armenios elegidos por su organización revolucionaria nacionalista.— *Dachnakzoutioun*.

[1] El *Times* de 15 de Abril, publicó la carta, en que se decía: «La Duma no ha hecho absolutamente nada y jamás ha mostrado ni aún el deseo de que hubiera querido hacer algo. Durante un mes de sesiones, la mayoría de sus

la cual era un estímulo para los absolutistas, opuestos a la Duma.

En el Gobierno no existía unanimidad, y, en trance tan discutido, se dividía en dos grupos: opuesto a la disolución, Stolypin, y favorable a ella, Kokovtsov (Ministro de Hacienda). Las discusiones, y con ellas las esperanzas más opuestas, fueron interrumpidas bruscamente. El 14 de Junio, rodeado de tropas el Palacio de Tauride—lugar de reunión de la Duma— Stolypin solicitó de la Cámara el procesamiento de 55 socialistas y el arresto inmediato de 16 de ellos, acusados de complot contra el Zar y de propagar ideas subversivas en el ejército. El 16, quedaba disuelta la Duma.

Las leyes fundamentales prescribían el concurso del Zar y de la Duma para la modificación de la ley electoral. El soberano, mediante un golpe de Estado, modificó aquélla por su propia autoridad, y al mismo tiempo que se disolvía el Parlamento publicábase la nueva legislación electoral. Era ésta el resultado de una dolorosa experiencia de la autocracia; la sanción de un firme y perdurable deseo de asegurar una Cámara dócil y sumisa, eliminando para ello a nacionalistas e izquierdas. Con esa tendencia se redujo el número de diputados. «*La Duma... debe ser rusa en el alma.* Las otras nacionalidades que componen nuestro Imperio deben enviar a la Duma sus representantes, pero no en número tal que puedan llegar a ser los árbitros de los destinos de Rusia». Tales premisas, justificando la reforma electoral, dejaban ya adivinar la política del Gobierno. Sin duda considerábase tácitamente indicado el aplastamiento de la izquierda porque a ello se tendía conjuntamente.

Los S. R. se abstuvieron de votar. Los demás partidos de la izquierda, deseosos de una unión que les permitiera afrontar eficazmente la hostilidad del Gobierno, vieron malogrados sus deseos. Oponíase a la formación de un bloque entre ellos, la mutua desconfianza que, desde S. D. en adelante, sentían por su

---

miembros no ha tenido más que un objeto: deshacerse del Gobierno. Cada uno de ellos, socialista o demócrata, monárquico o polaco, únicamente piensa en su partido, olvidando el interés de Rusia. Esa falta lamentable de patriotismo... es una enfermedad fatal, cuyo natural término es la muerte... La disolución de la Duma es absolutamente inevitable.»

respectiva moderación, y por eso quedaban en sus puestos. La derecha iba a un triunfo indudable, cuidadosa y escrupulosamente preparado por el Gobierno. Las elecciones[1] recompensaron al fin los desvelos gubernamentales. El Gobierno había logrado sus deseos; la 3ª Duma sería la «Duma negra», Nueva *Chambre introuvable*, se ha dicho de ella gráficamente, aunque descontábase el resultado para la Cámara rusa, pero que, en todo caso, no tendría continuación en una *Chambre retrouvée* de Luis XVIII.

---

[1] S. D. 19; *laboristas* 12; una cincuentena de K. D.; musulmanes 6; polacos – Dmówski – 16; *progresistas* 39; *octubristas* 132; derecha moderada 2; extrema derecha 171.

IV

La derecha, triunfante, prevalida de su predicamento, manifestó bien pronto sus características. Los S.D.[1], concurrentes a una Cámara que no representaba al pueblo, y sólo «para desenmascarar los hipócritas proyectos de ley que se depositarían en la Duma en interés de la reacción y de las clases burguesas», tropezaron con la oposición sistemática e intolerante de aquélla. Stolipyn, no obstante declararse expresamente instrumento del Zar cuando decía: «el Gobierno no puede seguir otra ruta que la indicada por el Emperador», era sospechoso a la derecha que le tildaba de liberal. Nacionalistas absorbentes, ortodoxos rígidos, antisemitas implacables y sanguinarios; tal era el temperamento de los absolutistas, y fácil, por tanto, deducir los matices de la política trazada al Gobierno.

La Duma[2] se dedicó a laborar en tal sentido. Ortodoxos y nacionalistas emplearon su actividad contra Polonia, doble enemigo por su condición de católica. Los *uniatas* aprovecharon las libertades reconocidas para volver al catolicismo, y el Gobierno, confiando en su mayoría, presentó un proyecto

---

[1] En su informe al Congreso de Copenhague, decía el partido S. D. «La fracción socialista de la Duma... tiene como misión defender la revolución y el socialismo en un *Parlamento* de contra-revolución... Sin embargo... afirma cada vez más su cualidad de... portavoz natural, no sólo de la clase obrera, sino de todas las reivindicaciones democráticas de la revolución... y se opone, no sólo a la reacción zarista, sino también al liberalismo burgués, una de cuyas fracciones, los octubristas, es aliada directa del Gobierno, y la otra, los K. D., después de haberse declarado «la oposición de S. M.» (a), ha roto totalmente con la democracia y se arrastra a remolque de la primera».

(a) Miliukof decía: «En tanto que haya un Parlamento que controle los presupuestos, la oposición *de* S. M. no se convertirá en la oposición *a* S. M.

[2] El espíritu de los *cadetes*, más conservador con relación a sus radicalismos de antaño, permitió al Gobierno terminar la cuestión agraria. El proyecto gubernamental, aceptado por aquéllos con ligeras variantes, y una vez amortiguada la inalterable oposición de las izquierdas por la ausencia de S. R. disolvió la propiedad comunal --*mir*-- y quedaba sancionada la propiedad individual. El Consejo del Imperio aprobó, a su vez, el proyecto en 1910.

restringiendo la libertad en cuanto al paso de unas a otras religiones. Los octubristas decidieron la derrota de los nacionalistas en la Duma, pero quedaba la sanción del Zar, que, al rehusarla seguramente, quitaba trascendencia al fracaso. Querían, al mismo tiempo, los nacionalistas rusos, formar con las regiones habitadas por los *uniatas* un gobierno dependiente directamente del de Kiew; era, según decían los polacos, «el cuarto reparto de Polonia». La creación de los *zemstvos* en los Gobiernos del Oeste marcaba el principio de la rusificación, y, del mismo modo, en Finlandia aseguró sus posiciones el nacionalismo ruso.

El partido octubrista carecía de sustantividad, y la descomposición comenzaba a operar en su seno. Era un partido vacilante, indeciso, de matiz ambiguo, sin verdadero programa perfectamente demarcado que le asignase personalidad. Situado entre agrupaciones políticas definidas y radicales, alimentábase de criterios mantenidos de modo categórico por las fuerzas colocadas en los límites de sus extremos. Era *el gris*—de que hablaba Max. Gorky[1]. La fórmula «ni reacción ni revolución», que de modo más o menos encubierto han hecho suya algunos partidos europeos similares, pudiera atribuirse, en propiedad, al octubrista. En realidad, solo tenía derecha e izquierdo, sin ese centro que, con todos sus defectos, hubiera constituido su individualidad. Los partidos radical y absolutista ejercían por ley natural una fuerza de atracción sobre los elementos octubristas respectivamente afines colocados en los extremos del partido, que, como carecía de sustantividad, se disgregaba en los dos factores dominantes, casi únicos.

La crisis nacionalista de la derecha descubrió el estado del partido octubrista. La formación, a fines de 1909, del *partido nacionalista ruso*—ortodoxo, antisemita y que incluía en su programa la existencia de una Duma legislativa[2],—dislocando

---

[1] Se ha establecido relación entre la personalidad vaga y borrosa de este partido y el «Gris monótono y'mezquino cuyo espíritu es el asiento de un sapo viscoso, la banalidad... ...en la lucha,—de que hablaba Gorky—entre el Rojo radiante, paladín de la verdad, y el Negro, monstruo de la tiranía».

[2] La extrema derecha, antisemita también y ortodoxa, pedía una asamblea -- *Zemski Sobor*—de competencia limitada, y, aun así, meramente consultiva.

las fuerzas octubristas constituía a modo de ala derecha del grupo matriz. La tendencia de la izquierda octubrista siguió a los progresistas, y un grupo, con el nombre de octubrista, conservador acentuado, pero con los mismos gérmenes de disolución que provocaron la ruptura, quedó a las órdenes de Rodzianko a fines de 1910, por haber sido elegido Guchkof presidente de la Duma. A su vez, el flamante partido nacional ruso no tardó en dividirse en Mayo 1911; de él se separaba un grupo nacionalista moderado y rusificador transigente, con el nombre de *partido nacional independiente* —Krupenskí—.

La Duma fue disuelta en Agosto 1912. Era la primera que llegaba al término legal, circunstancia nada sorprendente si se tiene en cuenta que fue la primera Duma de la derecha.

En el período electoral para la 4ª Duma, el Gobierno añadió a los conocidos procedimientos uno nuevo. Por si fuera dudoso el triunfo de sus parciales, destacó ahora las fuerzas influyentes en el país del clero ortodoxo, asegurando así, al mismo tiempo, su adhesión, problemática en anteriores elecciones en las que se le dejó en una penumbra que aprovechó para favorecer en parte a la izquierda. El Procurador del Santo Sínodo, Sabler, era el nuevo resorte empleado por el Gobierno. Fracasó, no obstante, contra todo cálculo, su labor[1]. Las derechas ganaban, pero las izquierdas no sufrían la derrota preparada y prevista por el Gobierno, sino que algunas de sus fracciones aumentaron. El nuevo jefe del Gobierno, Kokovtsov, Ministro de Hacienda también, financiero de gran talento que supo remediar los efectos de las graves crisis que Rusia atravesó, no se amparaba en una mayoría fuerte y definida. Los octubristas, sin cohesión, divididos y en franca evolución, en su mayoría, hacia la izquierda, se distanciaban del Gobierno. Su inteligencia con *cadetes* y progresistas, para reelegir —Nov. 1912-a Rodzianko presidente de la Duma, era ya una alianza ostensible. No eran unánimes, sin embargo, los sentimientos radicales entre los

---

[1] 14 S. D.; 10 *laboristas*; 58 K. D.; 48 *progresistas* o *independientes*; 15 polacos; 90 octubristas.

octubristas, por lo cual persistían las divisiones que el Congreso de San Petersburgo— 1913—no consiguió remediar.

Para la izquierda, además, Kokovtsov era un reaccionario; para las derechas, un liberal. La oposición de una y otras contra el proyecto sobre el régimen de previa censura a la prensa, indicaba la común hostilidad; sólo con el partido de Krupenski—llamado, por prestar ese apoyo al Presidente, grupo koko— podía contar el Gobierno. Tan menguado concurso no podía ser instrumento de gobierno, y aun así, la oposición de la Corte contra Kokovtsov le hacía imposible gobernar. El proyecto de establecimiento del monopolio del Estado sobre el alcohol,—el «presupuesto borracho», como le llamaba Wite,—aumentó la animadversión de la Corte contra el Gobierno.

A primeros de 1914 le sucedía Ivan Logguinovich Goremykin[1]. El Emperador, al parecer, iniciaba una *nueva ruta*, como lo indicaba con sus deseos de «que el Gobierno y las Asambleas legislativas trabajasen animados de un sentimiento de mutua confianza». Posible sí era, pero necesario también cambiar radicalmente el sistema. Por de pronto se imponía un régimen electoral que asegurase una Duma verdadera, sincera representación del país. Sólo de esta suerte desaparecería el recelo del pueblo contra las Asambleas ficticias, y pudiera lograrse mitigar la hostilidad de las izquierdas contra los Gobiernos. Sin embargo, quedaba otro término más influyente en el ánimo de la Corte: ¿Consentirían las derechas nacionalistas y ortodoxas renunciar a su posición de supremacía traspasándola a los adversarios? El espíritu de abnegación, requisito indispensable para realizar el consejo estimulante del soberano, era incompatible con los principios partidistas, fuertemente arraigados, de la derecha nacionalista y ortodoxa. Concepciones éstas tanto más difíciles de extirpar cuanto que eran la viva y actual encarnación de sentimientos, organismos e instituciones tradicionales, que, entremezclados y afirmados en el tiempo, constituyen el *alma rusa* con todos sus prejuicios ancestrales, políticos, sociales y religiosos.

---

[1] Ministro del Interior en 1895-99 y Presidente en 1906 decía: «Soy como un abrigo de pieles, conservado entre naftalina, del que se han acordado un día de frío».

SUIZA

Después del «Pacto Federal» de 1815, que unía a 22 Cantones reconociéndoles una soberanía amplia, y de la Constitución de 1848, se promulgó la vigente de Mayo 1874 que sufrió posteriores revisiones. Establécese en ella la Confederación suiza, compuesta de 22 Cantones soberanos, en cuanto su soberanía no esté limitada por la Constitución federal. Como tales, ejercen todos los derechos no delegados en el Poder federal. Entre los asuntos de competencia federal, marcados taxativamente, están los relativos al derecho de declarar la guerra, concluir la paz, las relaciones oficiales entre los Gobiernos extranjeros, o sus Representantes y los Cantones. — La autoridad suprema de la Confederación en materia legislativa se ejerce por la Asamblea federal. — Bundes-Versamlung — *que se compone de dos secciones o consejos: el* Consejo Nacional — Nationalrath — *y el* Consejo de los Estados — Standerath — . *El* Consejo Nacional, *integrado los diputados del pueblo suizo, se elige por 3 años mediante voto directo, y sus miembros perciben indemnización de la Caja federal. El* Consejo de los Estados *se compone de diputados de los Cantones, a razón de dos por cada uno de ellos. En los Cantones repartidas — (semicantones: Basel: Stadt y Land; Appenzell: Ausser Rhoden e Inner Rhoden; y Unterwald: Obwald y Nidwald) cada semicantón elige uno, y perciben indemnización de los Cantones. Esas dos Asambleas se reúnen todos los años.-La autoridad ejecutiva superior de la Confederación se ejerce por un* Consejo federal *compuesto de 7 miembros elegidos por 3 años por la Asamblea federal, de entre todos los ciudadanos suizos elegibles para el Consejo Nacional. La presidencia del Consejo federal corresponde al Presidente de la Confederación. Este es elegido por un año por la Asamblea federal de entre los miembros del Consejo federal. Los miembros de este Consejo perciben indemnización de la Caja federal. — La administración de justicia en la Confederación pertenece a un Tribunal federal. Según la ley federal acerca de las* votaciones populares *sobre las leyes y disposiciones federales — 17 Jun. 1874 — serán sometidas a la decisión del pueblo, si la petición en tal sentido se hace por 30.000 ciudadanos u 8 cantones, 80 días antes de su publicación en la Hoja federal. — En 1891, se establece el derecho de* iniciativa *popular en materia de* revisión constitucional, *y, así, cuando 5o.ooo ciudadanos suizos con derecho de voto, pidan la revisión* total, *la cuestión de saber si la Constitución federal debe ser revisada, se someterá a votación del pueblo suizo. La revisión parcial puede tener lugar: o bien por iniciativa popular o en las formas establecidas por la legislación federal. La* iniciativa popular *consiste en una petición presentada por 50.000 ciudadanos suizos con derecho de voto reclamando la adopción de un nuevo artículo constitucional o la abrogación o modificación de artículos determinados de la Constitución. De todo este sistema, eminentemente democrático y único en Europa, se desprende que el ciudadano suizo es constituyente y legislador, ya que, mediante el derecho de iniciativa apoyado por cierto número de firmas, propone leyes v correcciones constitucionales, que luego, una vez admitidas por el Gobierno, acepta o rechaza mediante el voto popular, que es la* sanción o referéndum.

Diversas circunstancias de índole muy varia privan a los partidos políticos de la Confederación, de la importancia primordial que lógicamente debía corresponderles en su calidad de factores políticos. De entre las causas que contribuyen a esta postergación, aparte la organización especial política del Estado suizo, se acusan por su relieve dos principales: la *supremacía de la vida local sobre la nacional,* y los *derechos de iniciativa y de sanción (referéndum).*

No quiere decir el primer punto el predominio abusivo con significado de imposición, ni la soberanía de «consignas subalternas». El ambiente político en este país no es propicio al desarrollo de *intereses locales,* en el sentido políticamente inmoral que supone la frase consagrada, ni sus costumbres políticas, de. una pureza excepcional, no empañada por su madurez y su experiencia políticas, alimentan corrupciones ni venalidades. Significa que la actividad política se concentra en los Cantones, que absorben y distribuyen en la periferia las energías políticas, con perjuicio del centro, de la política federal o nacional. Este espíritu particularista, no desaparecido por fusión en un todo, como en el Imperio Alemán, por ejemplo, es una de las claves que explican la escasa importancia en el Consejo nacional de los partidos políticos. La política local informa la constitución de los partidos prestándoles bases y aspiraciones, crea el ambiente donde sus luchas tienen lugar y preside la elección de mandatarios para la Cámara. La política nacional contribuye indirectamente a favorecer ese espíritu cantonal, ya que los partidos no pueden aspirar al ingreso en el Consejo federal, que no es Gobierno de partido, ni encuentran los diputados en el Consejo nacional, por el tiempo limitado de sus reuniones, motivos para unirse en colectividades políticas animadas por el espíritu, superior y más amplio, nacional.

Por último, las facultades legislativas soberanas atribuidas a los ciudadanos de la Confederación, completan la justificación de la importancia mínima que tienen los partidos nacionales. El programa de los partidos en general es su alma, la razón de su existencia, el depósito de sus aspiraciones y de sus ideales que condicionan toda su actuación política, su personalidad, en fin, que les distingue e individualiza. En Suiza, por el contrario, desaparece la razón de ser de los programas políticos como base esencial de su existencia. El hecho de que el ciudadano, legislador directo, pueda deshacer por su propia autoridad la obra de sus representantes, es causa bastante de la inestabilidad de esos programas, de su falta de fijeza y de arraigo, lo cual, al mismo tiempo, libra al mandatario o diputado de la responsabilidad política que supone decidirse libremente, sin mandato imperativo de sus electores. Carecen, en todo caso, los credos políticos en la Confederación de la supremacía en el partido de que gozan, en general, en los demás países. En éstos, el afiliado al partido ha de seguir la norma impuesta, trazada por la agrupación parlamentaria; el individuo está subordinado a la directriz. Por el contrario, en Suiza, el miembro está por encima del programa, es más, puede decirse que lo elabora él mismo en sus decisiones repetidas, manifestadas en el *referéndum*.

No tiende, pues, la organización política de este país ni la psicología de sus habitantes, a consolidar partidos nacionales, porque no crean condiciones favorables para ello, lo cual se resume en la ausencia de espíritu de partido. Y no es que falten partidos en el Consejo nacional, sino que preferentemente son partidos políticos cantonales.

En la vida local es, por consiguiente, donde deberían estudiarse, pero la generalidad de este Ensayo o Introducción justifica plenamente que no nos detengamos en estudio tan minucioso y amplio como el que supone el examen de los partidos y sus transformaciones en cada uno de los veintidós cantones que integran la Confederación Suiza.

PAÍSES BAJOS

La revisión de la Ley fundamental *de 1814, llevada a cabo en 11 Oct. 1848, como consecuencia de la nueva situación del Reino después de la separación de Bélgica, marca el punto inicial de la actividad política interior de Holanda. – Según aquella, el Poder legislativo reside en el rey y en los Estados Generales. Estos están divididos en:* Primera Cámara, *elegida por los Estados provinciales; y* Segunda Cámara, *elegida con arreglo a un sistema censitario, por cuatro años, y renovable por mitad. Los diputados perciben indemnización. El Poder ejecutivo lo ejerce el rey mediante sus ministros, responsables ante los Estados Generales.*

AL comenzar el régimen constitucional holandés, — 1848 — los partidos políticos eran: *Partido conservador*, de tendencias teocráticas y temperamento aristocrático, partidario del régimen de privilegios anterior a la Constitución de 1848. Fundado por Groen van Prinsterer, adversario político y amigo de Thorbecke, con fuerzas protestantes, se manifestó desde un principio como partido confesional en la lucha con los liberales sobre la enseñanza. Se llamó *partido antirrevolucionario* por «oposición a los principios revolucionarios que los liberales infiltran en las leyes», lo cual implica un nacionalismo remoto opuesto a la importación de esas ideas extranjeras subversivas. «Somos y nos llamamos antirrevolucionarios — decía Kuyper en 1890 —, es decir, opuestos al espíritu de la Revolución. Aceptamos todo lo bueno que hay en ella, pero deduciendo principios distintos a los revolucionarios». Después del proyecto electoral de Tak — 1895 —, del grupo antirrevolucionario se separa la fracción llamada *cristianos históricos*. Frente a la mayoría del partido, de tendencia democrática, — Kuyper, — que pudiera calificarse, dentro de aquél, de *izquierda*[1], surgió esta fracción de la

---

[1] El jefe de esta agrupación, Kuyper, decía: «es preciso ir hacia el pueblo, y en él, entre los obreros de las ciudades y de les campos, es donde debemos encontrar nuestras fuentes de vida... Y ya que nuestra fuerza y nuestro centro de actividad están en el pueblo, no tememos ir hacia él, si fuera preciso, con

derecha—Savornin-Lohman—constituida por elementos en que dominaban las ideas conservadoras puras y sentimientos aristocráticos, representantes de la intransigencia calvinista hostil a las alianzas con los católicos.

El *partido liberal*, cuyas fuerzas comenzó a organizar Thorbecke, inspirador de la Constitución del 48, formado también por protestantes, tenía como programa aquella Constitución, y mantenía el criterio de la independencia del Poder civil. A sus primitivas divisiones en *doctrinarios* —Thorbecke— y *progresistas* o *radicales*—Kappeyne, van Houten—, siguieron otras más trascendentales. La fracción más numerosa, la *Unión liberal*— Goeman Borgesius— se funda en 1889, y de ella sale el partido *liberal demócrata* o *radical*—L. Drucker—; y más tarde, los moderados—Tydeman—llamados *viejos liberales* o *liberales independientes*,—calificados por los socialistas de *conservadores de la izquierda*—se constituyen definitivamente en partido en 1905-1906.

Los *católicos* organizan sus fuerzas en *partido político* en 1860-1870. El verdadero promotor y fundador del mismo fue el prelado Shaepman, que dedicó sus esfuerzos a dotarle de una perfecta organización. A su muerte, 1903, el grupo parlamentario católico -*Roomsche-Katholicke-Kamerclub* — era un partido fuerte, sin jefe claramente determinado. Kolkman, el Dr. Kolens y van Nispen eran, en los últimos tiempos, sus figuras principales.

El *socialismo* no quedaba constituido en partido hasta la fundación de la *Socialdemocratiscke Bond*— 1881. Pero la dirección anarquista del agitador Dómela Nieuwenhuis, provocó, por reacción, la constitución del *Partido Obrero*— 1894—que acaparaba los elementos socialistas parlamentarios, en tanto que Domela Nieuwenhuis agrupaba a los de tendencias anarquistas. Esta división de *marxistas y revolucionarios* ha perdurado. Una fracción *marxista*—Polak, Mendeis—dentro del partido, en pugna con los moderados o *revisionistas*—Troelstra, Van Kol,—se separó de aquél—1910—formando un partido

---

los radicales y aun con los socialistas, con lo que de sano y generoso tiene el socialismo.

social-demócrata, de poca importancia por el escaso número de miembros.

I

En los primeros tiempos del régimen constitucional holandés, los católicos, en escasa y dispersa minoría, ante la hostilidad de los protestantes conservadores, acogiéronse como salvaguardia a la protección de los liberales, que, más escépticos o con criterio religioso más amplio, supeditaban la hostilidad de creencias al refuerzo político que se les ofrecía. La unión entre ellos solo se vio turbada en algún punto de oposición transitoria de los católicos hacia el Gobierno liberal-Ministerio Thorbecke-1849-1853 —y salvo circunstancias de momento, católicos y liberales mantuvieron su alianza política. Así, la organización eclesiástica de Holanda despertó la antigua hostilidad de los protestantes contra los católicos, y el Gobierno liberal, en desacuerdo también en este punto con el rey, prefirió mantener la amistad con sus aliados y protegidos, que era la caída del Gobierno, a sumarse a los protestantes. Abr. 1853. El movimiento político-religioso fue la consecuencia de ese conflicto.

Dada la naturaleza especial de los partidos políticos holandeses, difícil sería augurar sobre la persistencia de la antigua alianza. Les separaban antagonismos de creencias religiosas sinceramente profesadas, materia poco propicia a las transacciones. En todo caso, si los liberales hubieran permanecido dentro de su primera concepción religiosa moderada, y los católicos hubiesen continuado en escaso número y faltos de cohesión, acaso habría perdurado. Pero los liberales mostrábanse sectarios y acentuaron un matiz antirreligioso, y los católicos, cuyas fuerzas crecían, comenzaron a organizarse. De otra parte, los problemas planteados a la sazón sobre la enseñanza no se prestaban a la continuidad de una alianza entre partidos representantes de criterios político-religiosos tan radicalmente opuestos. Ya en 1857, los católicos, obligados por las circunstancias al sacrificio de sus creencias, hubieron de soportar la ley aprobada por los liberales estableciendo un privilegio en favor de la escuela oficial, subvencionándola, sin reconocer la igualdad con la escuela confesional privada.

Los católicos no podían oponerse a la política liberal, por la escasez de sus fuerzas. Nada esperaban tampoco de la ayuda de los conservadores protestantes, cuya enemiga hacia ellos les obligó anteriormente a buscar la protección de los liberales, y, sin embargo, la conveniencia de unirse frente a la política liberal era igualmente reconocida por ambos partidos confesionales. La idea de una unión entre católicos y protestantes, condenada al fracaso dé antemano por los que estimaban como el mayor obstáculo para conseguirla el odio legendario y la hostilidad tradicional entre las dos concepciones religiosas en este país, fue un hecho, sin embargo, contra todo cálculo, merced a la perseverancia y al espíritu transigente, elevado y sagaz de dos personalidades eminentes: Monseñor Shaepman y el Dr. Kuyper, jefes, respectivamente, de los católicos y de los antirrevolucionarios.

Es verdad que representaban, las dos agrupaciones, concepciones religiosas inconciliables que, en otro tiempo, habían sellado con sangre su hostilidad, pero el concepto amplio y el ideal común de *cristianismo* les permitiría aunar sus esfuerzos frente a la concepción materialista y atea de los liberales. Desde — 373 — ese momento, la coalición «cristiana», llamada por los liberales la «alianza monstruosa», quedaba establecida.

Los «cristianos», prepararon para el combate, en una fuerte organización, los elementos recientemente aliados, y el triunfo obtenido en las elecciones de 1888, eran la mejor prueba de los esfuerzos realizados por la coalición[1].

La coalición *cristiana* desde el Gobierno—Minist. Mackay—1889—se apresuró, sancionando prácticamente la alianza, a imponer su criterio en materia de enseñanza, con la «ley de pacificación», que establecía la igualdad entre las escuelas oficiales y las privadas. Pero muy pronto comenzaron las divergencias acerca del proyecto militar del Gobierno — 1888-91—que preconizaba el servicio personal, opinión no

---

[1] La coalición «cristiana» obtuvo 27 antirrevolucionarios y 25 católicos, contra 46 liberales. Los socialistas ganaron un puesto para su jefe Domela Nieuwenauis.

compartida por gran parte de los antirrevolucionarios y del partido católico, y la alianza, así resquebrajada, entraba en las elecciones—1891-, desorganizada, incapaz de una acción común y eficaz. El triunfo de los liberales fue el corolario de la disgregación de las fuerzan entre los *cristianos*.

Los partidos todos entraron por entonces—Minist. liber. Tak van Poortvliet—en una fase de completa dislocación. La causa fue el proyecto electoral. La interpretación del Ministerio Tak-1891-de la ley electoral de 1887[1], agrupó a los partidos en dos bloques: demócratas, o partidarios del sufragio universal, y conservadores, que defendían el sufragio restringido. Junto al Gobierno estaban los radicales—fracción Kerdijk—llamados también *antiplutócratas*—; el ala izquierda liberal; calvinistas demócratas—Dr. Kuyper y católicos demócratas—Shaepman.— Formaban el bloque opuesto: los radicales de Van Houten, que había evolucionado hacia la derecha para mezclarse con los liberales moderados; una fracción católica aristócrata, de la que se ha dicho que «todos eran jefes o todos soldados», y el grupo calvinista aristócrata—Savornin-Lohman.-La lucha entre los llamados *takistas* y los *vanhoutistas* (Van Houten había tomado la dirección del grupo opuesto al Gobierno) se resolvía en las elecciones de 1894, que dieron el triunfo a estos últimos. Con ello quedaba aprobado tácitamente el proyecto de Van Houten, más restringido que el de Tak, pero que hacía subir de 300.000 a 700.000 el número de electores, como luego lo fue, en efecto—1896—. Por tal manera el espíritu conservador triunfaba.

---

[1] La ley de 1887 condecía, en principio, el derecho de sufragio a todo ciudadano que poseyera *signos de aptitud*, y de *bienestar social*. El Gobierno lo interpretaba así: signos de aptitud: saber leer y escribir; de bienestar social: no haber recibido socorros de la beneficencia en término anterier de un año.

II

De la batalla reñida alrededor de la cuestión electoral, salían los partidos destrozados, convertidos más bien en simples fracciones. Los liberales se vieron afectados más intensamente. Se encontraban divididos en tres grupos que, si bien coincidían en concepciones amplias y generales como el librecambio y la independencia del Poder civil, estaban profundamente distanciados en diversas materias, tanto, que más bien parecían partidos separados que fracciones de un todo. Desde los doctrinarios *viejos liberales*, partidarios del sufragio restringido y enemigos de la intervención del Estado en los pleitos entre el capital y el trabajo, hasta los *radicales*, que patrocinaban el sufragio universal, llegando en materia social hasta la «socialización de los medios de producción y de trabajo», pasando por la *Unión liberal*, que era el centro, y representaba un criterio ecléctico con aspiraciones a una política de concentración de las izquierdas, una serie de matices, en gradación ascendente, ofrecía toda la gama entre conservadores y socialistas.

El partido socialista, en proceso de formación, atravesaba también la crisis común a todos los partidos. Los socialistas se habían constituido en diferentes agrupaciones después de los esfuerzos realizados por H. Gerhardt, desde 1878, para organizar esos elementos. Desde que el pastor protestante Domela Nieuwenhuis se puso al frente del movimiento, avanza la organización hasta que, en 1881, las agrupaciones socialistas se unen en la *Federación Social-demócrata-Socialdemocratische Bond*.-La dirección de marcado carácter revolucionario impresa por Domela Nieuwenhuis al Socialistenbond logró reunir a gentes exaltadas y fanáticas, imbuidas de ideas anarquistas. Ante esa orientación[1], algunos socialistas de prestigio se

---

[1] El jefe procuraba mantener a su partido dentro de esa concepción avanzada con su *Programa del partido socialista revolucionario*, en el cual recomendaba, entre otros medios, «el empleo prudencial de explosivos, si la manipulación de esas materias se simplifica de modo que su manejo pueda servir de arma al

propusieron apartar a los obreros de camino tan peligroso como ineficaz para lograr sus reivindicaciones. Hubieron de luchar ardientemente para rescatar las fuerzas obreras del programa de Domela Nieuwenhuis, pero la división existente dentro del partido socialista revolucionario favorecía las generosas tentativas de Troelstra, Polak y algunos otros, quienes, en 1894, lograron tras inauditos esfuerzos, constituir el *Partido Obrero Social-Demócrata – Social-Demokratische Arbeiterpartei* – de tendencias marxistas, como ya indicaba su nombre, tomado del alemán.

Disuelta la *coalición cristiana*, los liberales, aun estando tan divididos y maltrechos, nada tenían que temer de sus adversarios. Sin embargo, la lucha política preparábase en el terreno religioso, lo cual equivalía al resurgimiento del acuerdo entre católicos y antirrevolucionarios. Y, en efecto, tan pronto como Van Houten – «el Gambetta holandés» – concretó su programa político en el combate contra el clericalismo, puede decirse que la «alianza monstruosa» renacía. No desmayaron sus huestes ante el fracaso en las elecciones de 1897. Se acrecía, por el contrario, su entusiasmo, al contemplar el estado precario del partido liberal, cuyos elementos, en situación anárquica, le impedían gobernar, hasta el punto de que Pierson, no obstante agotar las flexibilidades de su política, sucumbía con su Gobierno en la difícil tarea de acomodación entre elementos tan discordes.

*

Los *cristianos*, en cambio, proseguían pacientemente su obra de organización, en espera de las elecciones de 1901. Shaepman y Kuyper excitaban el celo de sus fuerzas, sometidas a la antigua disciplina que en 1888 les otorgó la victoria. Frente al anticlericalismo de sus adversarios, entraban en la liza enarbolando, como antaño, la enseña religiosa. Los liberales, sin cohesión, desbaratados, encontraban la *coalición cristiana* en un todo compacto y fuerte. El recuerdo excitante de sus antiguas luchas religiosas, táctica ideada por los liberales para dividirla,

---

proletariado sin excesivo peligro para la vida de quien los utiliza, garantizando suficientemente el logro del objeto perseguido».

se estrellaba contra la disciplina y la organización de los *cristianos*, mantenidas por el prestigio de sus jefes. La coalición obtenía la victoria-1901-y Kuyper subió de nuevo al Gobierno. La exasperación de los liberales por su derrota hacía derivar la hostilidad, hasta entonces dirigida sobre la *coalición cristiana*, concentrándola en un sentimiento de odio personal hacia uno de sus directores: Kuyper. Justificaba la enemiga, desde el punto de vista liberal, la concepción política de aquél. El «leader» antirrevolucionario, que «inventó una política infundiéndola por alma una teología», profesaba en materia religiosa una gran intransigencia, al par que en política[1], debido a la asociación estrecha que él establecía entre estas dos concepciones, mostrábase intolerante, con una estrecha rigidez de principios. Su temperamento político-religioso, le conducía, pues, a una irreductible hostilidad contra la izquierda, que, por su parte, le devolvía con creces tales sentimientos.

El Gobierno de combate de Kuyper llevó a su grado máximo la animadversión liberal, tomándole como único blanco de sus rencores. Persuadidos los liberales de la desventajosa posición en que les colocaban sus divisiones, procuraron remediar el mal, no sólo trabajando por la unidad del partido, sino acrecentando sus fuerzas con los elementos socialistas. Quedaba, pues, frente al de las derechas, un bloque formado por las izquierdas. Los socialistas entraban en una fase de reconstitución. Dislocadas las fuerzas de Domela Nienwenhuis por sus declaraciones de antiparlamentarismo, no compartidas por la mayoría, ésta, organizada en el *Socialistenbond* había pasado (1898) a engrosar las filas del *Partido obrero socialista* — Troelstra. — La resistencia del proyectado bloque sería, no obstante, problemática, por incompatibilidad entre el temperamento conservador de los «viejos liberales» y los radicalismos socialistas. Dado el abismo que separaba programas ten opuestos, el terreno de concordia sería demasiado vago, con lo cual, lo ganado en extensión, se perdía en intensidad. El anticlericalismo, con toda su amplitud e inconsistencia, era el punto de concordia entre las izquierdas.

---

[1] El Dr. Knyper señalaba como un hecho dominante en la Historia de Holanda, la antitesis entre los partidos «cristianos» y «paganos».

En la violente campaña electoral de 1905, los liberales, a la antigua táctica empleada para dividir las fuerzas *cristianas*, añadían ahora toda clase de procedimientos para desprestigiar ante la opinión a los personajes de la alianza, sometidos por ellos a una censura más que política, personal. Tal carácter adquirió la lucha electoral, cuyo fin único parecía el aniquilamiento de Kuyper. La alianza *cristiana* no se resintió en su disciplina por esos ataques; ni la muerte de Shaepman ni el abandono por Kuyper de la jefatura conmovieron su cohesión. Kolkman y el Dr. Bavinc, sucesores, respectivamente, de aquéllos, conservaron la solidaridad de tus fuerzas. Pero, no obstante, el resultado de las elecciones[1] justificaba el inmenso júbilo de los liberales ante la caída de su enemigo Kuyper.

Tras lucha tan reñida, el ambiente político estaba excesivamente caldeado para soportar un Gobierno de combate como el de Kuyper. Goeman Borgesius, comprendiendo los inconvenientes de ello y en vista de la desunión liberal, se decidió, en consecuencia, a formar un Ministerio moderado bajo su dirección efectiva. De Meester, político cuyo pasado no hubiera podido hacer prever, por falta de notoriedad suficiente, su actual encumbramiento, al frente de un Ministerio de segunda fila, elaboró un programa, modelo de habilidad en tales circunstancias. La diversidad de matices dentro del partido liberal hacía imposible al Gobierno, so pena de enajenarse apoyos indispensables, formular afirmaciones concretas. Sólo siguiendo el procedimiento adoptado podía mantenerse en el Poder. Su programa, vago e impreciso, era demasiado amplio para que no satisficiese las pretensiones más discordes. Y si esto le aseguró la cohesión de la mayoría, la moderación de sus procedimientos llevó a los conservadores a cooperar en él.

Esta satisfacción que la derecha encontraba en la mesura del Gobierno despertó los recelos de los socialistas, que no tardaron en romper el bloque. Con ello, la situación del Gobierno se hacía

---

[1] La futura mayoría obtuvo 52 puestos (45 liberales, distribuidos en 11 *viejos liberales* (Tyderaan); 23 *unionistas* (G. Borgesius; 11 demócratas (Drucker) y 7 socialistas (Troelstra).

La minoría de la derecha contaría 48 diputados: 25 católicos, 15 anturevolucionarios y 8 cristianos-históricos.

crítica, ya que aquéllos serían árbitros de la situación, porque unidos a los conservadores les era fácil derribar al Ministerio. Los demócratas, sin seguir a los socialistas en la escisión, estaban disgustados con el Gobierno. En esas condiciones, el apoyo de la derecha fue el único medio para sacar triunfante la obra legislativa del partido liberal. Y aun esta última cooperación, cesaba con motivo de las leyes militares, que suscitaron la oposición, no sólo de los socialistas y de los demócratas, ya vacilantes éstos, sino de los mismos conservadores. El Gobierno liberal en esta situación no pudo mantenerse. —1907.—

*

La minoría conservadora subió al Poder. Aparte la hostilidad de los elementos liberales contaba Kuyper, en los preliminares de constitución del Gobierno, con la falta de unanimidad en la coalición acerca de su presidencia en el Ministerio. Se imponía, de otra parte, proseguir la obra de paz iniciada por los liberales descartando un Ministerio Kuyper, con lo cual, los *cristianos*, cooperadores en la anterior situación a la obra del Gobierno liberal, acaso pudieran obtener el apoyo recíproco de los elementos moderados liberales y la benevolencia del resto del partido liberal. Razones eran éstas más que suficientes para descartar a Kuyper del Gobierno, y el único medio que permitiría a la derecha gobernar, puesto que se aseguraba el Gobierno cristiano una mayoría, nada homogénea ciertamente.

Heemskerk, hombre sagaz y dotado de espíritu flexible, fue el delegado por la coalición para constituir Ministerio. A pesar de que mantenía íntegro el programa de la alianza *cristiana*, y en su declaración ministerial ofrecía «un espíritu de conciliación tan grande como sea posible en la aplicación de los principios», los liberales, en justa correspondencia, le otorgaron su benevolencia. No tropezaba ya el partido liberal con la rigidez de Kuyper, y se veía desarmado ante la moderación del nuevo Gobierno. De esta suerte, tan solo el cambio brusco de personas, que equivalía, es verdad, a la sustitución de procedimientos en la aplicación de los mismos principios, tuvo la virtud de reducir la creciente hostilidad de los liberales.

Pero era preciso, a pesar de tan excelentes augurios, decidir de modo concluyente, por medio de las elecciones, la situación anómala, sin mayoría, de un Gobierno sostenido en parte por la condescendencia de sus adversarios.

El período electoral fue tranquilo. La política conciliante de Heemskerk, que había suavizado asperezas y rozamientos; la relegación voluntaria de Kuyper a un segundo término en política, que apartaba uno de los mayores motivos de encono en la lucha, y, por último, el inesperado nacimiento de una princesa heredera—Abr. 1909,-borrando discusiones sobre la sucesión al trono, y uniendo a todos los ciudadanos en un mismo júbilo patriótico, crearon un ambiente de paz que era la mejor garantía de serenidad contra los apasionamientos propios de la lucha política.

Los antirrevolucionarios, que al tratar de la presidencia del Gobierno no pudieron ocultar sus discrepancias, llegaban a la reconciliación, y el bloque *cristiano* quedaba consistente y unido con la liberalidad y sacrificios, de índole política, de los católicos hacia sus aliados. Los liberales, en tanto, fracasaban en sus tentativas de unir a las fracciones diferentes de la izquierda. En vano, Borgesius, «leader» de la «Unión liberal», trató de conciliar los extremos del partido. Sus orientaciones hacia la extrema izquierda le privaban del concurso de los «viejos liberales», sin conseguir por ello el apoyo de los demócratas—Treub.— De este modo, estos elementos, en un conglomerado desacorde, se presentaron a combatir.

El resultado-Jun 1909-fue el triunfo de las derechas[1].

Cuando la situación se presentaba en extremo halagüeña, para los *cristianos*, una serie de circunstancias peligrosas amenazaban dar al traste con la mayoría y con el Gobierno mismo. De una parte, los cristianos-históricos, de acuerdo con los principios esenciales del grupo, protestaban de la alianza concluida con los católicos, con todo el significado de una amenaza de

---

[1] La coalición de las derechas obtenía 60 puestos: antirrevolucionarios 23; cristianos-históricos 12; católicos 25. Los liberales descendieron a 41: 21 de la «Unión liberal»; demócratas 9; los «viejos liberales» quedaban en 4, como castigo a su eclecticismo, y socialistas 7.

disgregación del bloque. De otra, la impopularidad de Kuyper crecía por el desprestigio consiguiente a la acusación de que fue objeto-1910-de comercio ilegítimo de condecoraciones, lo cual, aún cuando fue absuelto por un tribunal de honor, recrudecía los ataques de sus implacables y sistemáticos enemigos los liberales, que se traducían en oposición al Gobierno, y renovaba las diferencias en el mismo bloque *cristiano*, dentro del cual, contaba Kuyper con adversarios. El jefe antirrevolucionario, deliberadamente, había renunciado su acta de diputado, pero siguió ejerciendo sobre el partido una influencia no por discreta menos eficaz. La izquierda, en tanto, logró unirse alrededor de unas cuantas concepciones: sufragio universal; sufragio femenino (que no despertó los entusiasmos de las presuntas favorecidas); escuela neutra y libre-cambio, que atrajo adeptos opuestos al proteccionismo de la derecha.

En esta situación entraron los partidos en las elecciones. -Jun. 1913- Los antirrevolucionarios[1], sobre todo, quedaban destrozados, y conseguían un triunfo brillante les socialistas. El número de diputados con que contaban éstos les hacía dueños de la vida del Gobierno por lo indispensable de su apoyo. Desde ese momento quedaba planteada la eterna y tan debatida cuestión entre los socialistas, ¿cooperarían o no a la formación del Ministerio? En principio contaban con las decisiones del Congreso de Amsterdam-1904-rechazando esa cooperación socialista a un Gobierno «burgués». Mas, aun siendo imposible la ayuda de Los socialistas al Gobierno, por negarse éste de antemano a determinadas concesiones, no tardaron en condensarse las dos tendencias en el Congreso extraordinario de Zwolle—Agosto 1913:—la gubernamental — Troelstra —y la antigubernamental—Van der Goes.-La decisión del Congreso en pro de la segunda, era el fracaso del Gabinete liberal del Dr. Bos,—Jun.— proyectado sobre aquella base.

Sin embargo, los principios del partido liberal predominaban. El Gobierno extraparlamentario de Cort van der Linden perdía, en realidad, este carácter, que supone neutralidad política, desde el momento en que se hacía solidario del programa

---

[1] 25 católicos; 12 antirrevolucionarios; 9 cristianos-históricos; 37 liberales y 18 socialistas.

liberal; y al aceptarle íntegramente, se consagraba, de modo bien explícito, la continuación de los liberales en el Poder.

DINAMARCA

Después de la «guerra de los ducados» — 1864 — en la que pierde el Schleswig-Holstein, Dinamarca dictó una Constitución en Jul. 1866, que no era sino la revisión de la de 184Q. — El Poder legislativo corresponde conjuntamente al rey y al Risgdag que se compone de dos Cámaras: Baja o Folkething y Alta o Landsthing. La primera se elige por 3 años con arreglo a un sistema amplio de sufragio. La segunda es nombrada, en parte, por el rey, y en parte es elegida por sistema censitario; estos miembros electivos se renuevan por mitad cada cuatro años. El Rigsdag se reúne anualmente, y sus miembros perciben indemnización parlamentaria. — El Poder ejecutivo pertenece al rey, cuyas decisiones han de ser refrendadas por sus ministros, que son responsables.

Los partidos políticos daneses se formaron alrededor de dos clases sociales. La nobleza y elementos burgueses de las ciudades constituyeron el núcleo del *partido conservador*. El elemento agrícola, muy numeroso en este país, esencialmente agrícola, formó el *partido liberal*, dividido en *moderados* e *izquierda democrática*. Los *socialistas*, no llegaron a prosperar, no obstante haber establecido, desde 1866, una sección de la Internacional. La oposición del Gobierno hacia esas ideas les obligó a ocultarlas en sus sindicatos, hasta la constitución — 1878 — de la *Unión democrática-socialista — Social Demokratish Forbound —* que, en 1887, consiguió enviar representantes al Folkething.

La historia de los partidos políticos daneses, como de la nación misma, hasta 1894, puede resumirse en el conflicto constitucional entre las dos Cámaras, cada uno de los dos partidos contaba con mayoría en cada una de las Asambleas. La derecha era dueña del Landsthing, la izquierda del Folkething, y unos y otros lucharon por la supremacía respectiva de aquéllas. Origen de la lucha fue la tendencia reformista de la derecha, con la oposición consiguiente de la izquierda en cuanto a los gastos que aquélla exigía. Ya en 1872, los elementos de la izquierda, coaligados en la *Izquierda unida*, lucharon vigorosamente contra el Gobierno, cuyos presupuestos rechazaban, procedimiento que origina la caída de algunos Ministerios. Planteada la hostilidad bajo los Gobiernos Holstein de Holsteinberg-1870-74- Jonnesbech—1874-1875—culmina la lucha bajo el Gabinete de combate Estrupp, mantenedor de los gasto» militares y del proyecto de fortificaciones de Copenhague.

La izquierda contaba con mayoría en el Folkething, pero el Gobierno tenía tras de sí, las fuerzas conservadoras y el apoyo del rey. Todos los procedimientos parlamentarios de la izquierda chocaron contra la decisión de Estrupp de mantenerse en el Poder con tan valioso concurso. En vano los liberales demandaban al rey «un Ministerio en armonía con la representación del pueblo», y apelaron a la oposición sistemática a todos los proyectos presentados por el Gobierno, incluso presupuestos. Acogiéndose al artículo 25 de la Constitución[1], Estrupp consiguió salvar el concurso de la mayoría, y la hostilidad entre los partidos, que era al mismo tiempo conflicto constitucional, oposición entre el rey y la Nación, fue causa de que Dinamarca viviese en un constante estado político de excepción. Tenía a su favor el Gobierno no sólo el apoyo del rey y del Landsthing, sino la disgregación entre los elementos liberales. Aprovechando esa falta de unidad, pudieron los conservadores— 1880-81—, apoyados en la fracción liberal moderada, conseguir la aprobación de los presupuestos y de algunas leyes militares. Y si bien la armonía duró poco, ya que el conflicto renacía después, los gérmenes de desunión entre los liberales acabarían la obra destructora iniciada.

Al mismo tiempo que los elementos moderados liberales se acercaban a los conservadores, iniciando así la dislocación del partido, Estrupp parecía abandonar las intransigencias con que comenzó su gobierno. Pero apenas entrevista una esperanza de conciliación, los demócratas—Berg—reaccionaban, acentuando

---

[1] El artículo 25 de la Constitución dice: «En los casos particularmente urgentes, puede el Rey, durante el intervalo de las sesiones del Rigsdag. decretar leyes provisionales, no contrarias a la Constitución, que, en todo caso, deberán presentarse en el Rigsdag en la próxima sesión.

su radicalismo ante aquella actitud de los moderados, fraccionándose así—1884—el partido liberal. Del grupo de Berg—*izquierda danesa* —se separó la agrupación llamada *izquierda literaria*—Hörup—y el partido se vio dominado por dos tendencias en cuanto a la conducta a seguir con el Gobierno: una favorable, adversa otra a la reconciliación. Esta última estaba representada por los más radicales, conocidos con el nombre de *los europeos*, opuestos sistemáticamente a toda transacción.

El Gobierno encontró en esas disidencias, el medio de negociar con los moderados, entre los que cundía la idea de un convenio con aquél, comprobada fa ineficacia de su actuación parlamentaria. Los radicales, un tanto desorientados con la reciente pérdida de Berg—1891—opuestos siempre a ese espíritu de concordia, no fueron favorecidos por las elecciones de 1892, que otorgaron el triunfo a los moderados, decidiendo, en cierto modo, la tendencia que el partido seguiría en cuanto a sus relaciones con la derecha. En 1893, los moderados y el Gobierno llegaban a un arreglo respecto a las fortificaciones de Copenhague, y en 1894, quedaba ya, ampliada la transacción, definitivamente terminado el conflicto que había comenzado en 1873.

La retirada de Estrupp—1894,—aunque no por mucho tiempo, mitigó la lucha entre los partidos. La izquierda se unía en el *partido de las reformas*, pero los radicales, de acuerdo con su tradición, continuaron hostiles a la petición de créditos para el presupuesto militar, y, dentro de él, para las fortificaciones de Copenhague. Los Ministerios que siguieron al de Estrupp— (Redtz-Tholt—1894-97—; Howing — 1897-1900—y Shested— 1900-1901), todos de la derecha, sostuvieron la lucha con los radicales a quienes las elecciones venían favoreciendo.

Al fin, en 1901, después de unas elecciones que ratificaban la mayoría en el país de los radicales, el rey, siguiendo procedimientos parlamentarios de que hasta entonces había prescindido, llamó al gobierno a los liberales. Esta nueva orientación o «cambio de sistema» significaba la sanción del monarca a la supremacía en la Cámara, del partido que durante tanto tiempo se vio condenado a la impotencia no obstante sus derechos al Poder.

El nuevo Ministerio liberal—Deuntze Jul. 1901 — Ener. 1905— encontró la oposición del Landsthing, como los conservadores antaño tuvieron la de Folkething; por ello sus ideas librecambistas y favorables al voto femenino, fracasaron. Pero además de esa hostilidad—reminiscencias del al parecer extinguido conflicto constitucional—, la división de la izquierda hacía la vida imposible al Gobierno. Las diferencias dentro del partido llegaron a afectar tan profundamente al Ministerio que originan su caída— Enero 1905—y dan lugar, bajo la presidencia de su sucesor J. C. Christensen Stadil, a una dislocación completa de las fuerzas liberales. Dos fracciones quedaron constituidas como resultado: bajo Christensen, la *izquierda reformista.— Venstre-reform-parti—*, y 16 partidarios de Deuntze, constituidos en la *izquierda radical*. Este nuevo grupo, que aparecía pujante y con una vitalidad vigorosa, se manifestaba en su vida independiente con arrestos de partido bien organizado, en su prensa numerosa. La fisonomía de la reciente agrupación política, quedaba indicada en las causas de la escisión. Fieles a la tradición radical, los partidarios de Deuntze censuraban a Christensen, elevado a la presidencia principalmente por el espíritu de clase de los agrarios, su tendencia hacia la derecha y su espíritu reaccionario, frente a lo cual se presentaban ellos como los mantenedores de los principios y de las tradiciones democráticas.

Las elecciones de 1906 no mejoraron la situación de los ministeriales[1]. El Gobierno, a causa de ese resultado, y teniendo en cuenta el fraccionamiento de los liberales, no tardaría en manifestar su verdadera orientación. Obligado, en consecuencia, a una táctica de compromisos, resultaban ciertas las censuras de Deuntze que el Gobierno negaba, no obstante la tendencia conservadora de su política general. Imprescindible como era la cooperación de alguno de esos grupos para gobernar, Christensen se apoyó en los conservadores y en los liberales

---

[1] Izquierda reformista, 55; conservadores, 14; izquierda radical, 11; socialistas 24.

moderados, cuyo jefe, Neergaard, entraba en el Ministerio. Frente a esta coalición, los radicales se unían a los socialistas.

El compromiso de 10 de Enero de 1908 entre reformistas y conservadores liberales, hizo posible la permanencia en el Poder de Christensen. Su obra legislativa produjo una escisión entre los conservadores. La ley acerca de la reforma electoral para los municipios, en la que se incluía el sufragio femenino, determinó la hostilidad de la extrema derecha, en tanto que el resto de los conservadores se adhería al Gobierno. Los elementos agrarios también entraron en la oposición por el espíritu proteccionista que presidía la reforma arancelaria, ganando aquél, en cambio, el apoyo de los socialistas, que si en ese punto eran ministeriales, acerca de la reforma electoral acompañaban a la extrema derecha.

Pero los proyectos de reformas militares fijaron las posiciones de los partidos, aportando elementos que les agruparan en posiciones más definidas. Los partidos preconizaban dos soluciones radicales y otra intermedia. La derecha se pronunció en sentido favorable a las defensas, auxiliada por la propaganda de las mujeres y por un gran movimiento de opinión que cristaliza en el *partido nacional progresista*—1908—el cual estimaba indispensables las defensas militares. Era la fórmula «del todo». Mantenían las izquierdas la solución opuesta con la fórmula del «nada». Los reformistas, inspirados por Christensen, eran partidarios de un criterio intermedio: demolición de las defensas terrestres y ampliación de las marítimas, opinión ambigua que no se avenía con las ideas concretas dominantes en el país. El informe acerca del asunto, emitido—Julio de 1908—por la Comisión nombrada al efecto en 1902, reflejaba tan diversas tendencias en una gradación continua, desde la que pedía defensas completas hasta la que rechazaba las fortificaciones—socialista—fundándose, no sólo en la imposibilidad de defenderse caso de ser atacados, contra Inglaterra o Alemania, sino en que mejor garantía de paz que los armamentos, era la difusión de las ideas socialistas.

El *asunto* Alberti[1], desprestigió en cierto modo al partido ministerial y más directamente al Gobierno y a Christensen, acusado de negligencia por apoyar a su ministro, contra quien tan rudos ataques se dirigían. No obstante su retirada del Gobierno— Oct. 1908—seguía gobernando indirectamente con el Gabinete Neergaard—izquierda moderada.—El fraccionamiento de los partidos le permitía ser arbitro de un Gobierno en el que colocó cuatro miembros de su grupo. La discrepancia entre Christensen y Neergaard, acerca de los proyectos militares, respecto a los cuales el presidente del Consejo se mantenía en una posición independiente de su protector, rompió la armonía entre ambos, sin que bastara a conjurar la desavenencia, el espíritu de conciliación de Neergaard[2]. La intransigencia de Christensen hacía ineficaz todo intento de arreglo. Las elecciones-1909, Mayo—giraban sobre la cuestión palpitante de las defensas, aun cuando, influido también poderosamente el cuerpo electoral por el asunto Alberti, en realidad no se pronunciaba estrictamente acerca de los proyectos militares. Los reformistas sufrían las consecuencias de las culpas de Alberti; repercutía en ellos el desprestigio del exministro de Justicia, y los perjudicados por él votaban por los radicales, que llegaron a 20. Christensen perdía puestos; la derecha—*höjre*—llegaba a 21; los socialistas se mantenían en el mismo número—24—y Neergaard consiguió 11. No obstante desertar del mermado grupo reformista algunos diputados favorables al proyecto militar del Gobierno, Christensen continuaba siendo árbitro, por lo cual, Neergaard, al ver rechazadas por aquél sus proposiciones de transacción, entre ellas la de someter la cuestión al *referéndum*, se retiraba del Gobierno—Agosto 1909—.

---

[1] El ministro de Justicia, Alberti, se declaró culpable de distracción de fondos—unos 20 millones de coronas—y falsedad, de que fueron víctimas la *Asociación para la exportación de manteca de los agricultores daneses*, fundada por el padre del ministro, y la *Caja de Ahorros de los campesinos de Seeland*.

[2] Neergaard ligaba íntimamente la cuestión de las defensas con la independencia de su patria. Por eso, ponderando la importancia de aquélla, decía: «Si nosotros mismos no somos capaces de defender nuestra neutralidad, otros dirán que sienten mucho tener que hacerlo en nuestro nombre.»

La izquierda reformista no podía sucederle. El mayor obstáculo era, de una parte, la situación ante el país de ese partido tan profundamente afectado por el delito de Alberti, y de otra, su posición ambigua y poco definida ante un asunto de tan capital importancia para la nación como la cuestión de las defensas. En el nuevo Gobierno—Conde Holstein-Le-dreborg[1]—lograba, sin embargo, Christensen la Cartera de Defensa Nacional. La desconfianza del país hacia su futura gestión en ese departamento, conocidas sus ideas acerca de los proyectos militares, llevó la intranquilidad al ánimo de todos los patriotas, que vieron comprometida la seguridad de la nación. Un gran movimiento de opinión contra el ministro mostró al rey, apoyo de Christensen, de manera harto expresiva, el sentir general, causa de su dimisión.

Las leyes militares, que tan directamente habían influido en los partidos, ocasionaron una escisión en la derecha. Un grupo de conservadores disidentes, la fracción moderada, se agrupó junto al Gobierno al solo objeto de la aprobación de aquéllas. Pero el Conde Holstein Ledreborg, tuvo el poco acierto de hablar de esa cooperación en términos que aquel grupo estimó depresivos. Los radicales aprovecharon esta ruptura para derribar al Gobierno. Un voto de censura contra el presidente, presentado por los conservadores moderados, fue ampliado por los radicales a todo el Gobierno, y, al prosperar, el Ministerio caía— 21 Octubre—. Los radicales eran minoría pero eran vencedores, y contaban, no sólo con las fuerzas socialistas, sino con la confusión reinante en los partidos, debilitados por sus divisiones internas. Zahle, jefe de los radicales, que formó Ministerio advirtió al rey que él ni sus ministros admitirían títulos ni condecoraciones, rechazando hasta el uniforme de Consejeros. Los radicales, tan pagados de cuestiones protocolarias, decidieron su porvenir con sus declaraciones sobre las defensas. Sus proyectos de reducción de gastos militares y demolición de las fortalezas de Copenhague, provocó una reacción militarista contra ese pacifismo de un Gobierno que hacía tales confesiones en una época en que el

---

[1] Antiguo jefe de la izquierda, que se mantenía alejado de la política, y el primer católico que subió a la Presidencia del Consejo en Dinamarca.

sentimiento patriótico se exaltaba ante la cuestión de la defensa nacional.

Para las elecciones —Mayo 1910— siguientes a la disolución, quedaban formados dos bloques. Los socialistas, cuyo Congreso de Odense había decretado la alianza, lucharon unidos a los radicales, ambos opuestos a las defensas, y frente a ellos, los grupos Neergaard y Christensen, de la izquierda, aliados a los conservadores, todos favorables al sistema de defensa más o menos completa. El entusiasmo patriótico despertado por el Gabinete Zahle con su criterio sobre los proyectos militares, se pronunció contra los partidarios de la indefensión, y, completamente derrotados, los radicales se retiraban del Gobierno —I Jul.—. El bloque vencedor, conservador-liberal, subía al Poder con el Ministerio de coalición Klaus Berntsen. En realidad continuaba gobernando Christensen, lo mismo que anteriormente con Neergaard.

Las divisiones en el bloque radical-socialista mermaban su potencia frente a sus adversarios, que se mantenían en una hostilidad creciente. Sin embargo, la coalición liberal-conservadora no tardó en resentirse. Los conservadores seguían con su espíritu tradicional, al mismo tiempo que los liberales reaccionaban en un sentido francamente radical, haciendo imposible la continuación de la alianza.

Del mismo modo que la cuestión de las defensas, el proyecto de revisión constitucional planteado por el Gobierno introdujo la confusión y ocasionó el fraccionamiento en los partidos. Incluía el Ministerio en el proyecto, la aptitud de las mujeres para ser electores y elegibles en las elecciones legislativas, y la supresión de la facultad del rey para nombrar senadores. Los partidos se agruparon en dos concepciones opuestas que dislocaron el partido liberal. Conservadores y radicales, como dos polos opuestos, ejercían una fuerza de atracción sobre el grupo intermedio de los liberales, que se vieron solicitados por criterios definidos. Liberales moderados y conservadores eran opuestos a las pretensiones democráticas de socialistas radicales en la constitución de la Cámara Alta, privada en adelante, si el proyecto prosperaba, del elemento aristocrático nombrado por el rey; y en cuanto a la reforma electoral discrepaban de la opinión del Gobierno, no ya por negarse sistemáticamente al derecho solicitado para las mujeres, sino por creer la concesión demasiado prematura.

Con el apoyo de socialistas y radicales, el Gobierno conseguía la aprobación del proyecto en el Folkething, pero los elementos conservadores, con mayoría en el Landsthing, no dejaron prosperar el proyecto radical del Gobierno.

Las elecciones—Mayo 1913—en las que la reforma constitucional jugaba tan importante papel, indicaron una tendencia en el cuerpo electoral, favorable a la política radical. Los. conservadores y moderados eran derrotados por los socialistas—que aumentaron de 24 a 32—y por los radicales—que subían de 20 a 31.

De nuevo los radicales formaban Gobierno con Zahle—Junio—que, en su programa, ofrecía dedicar una atención especial y preferente a la reforma electoral.

SUECIA

La antigua división de la Dieta en cuatro «Órdenes» desaparece en la Constitución de 22 Jun. 1866. «Pertenece al Riksdag, dice esta última, de concierto con el rey, nacer las leyes generales, civiles y criminales.» La Dieta – Riksdag – *se compone de dos organismos:* Primera Cámara, *de carácter aristocrático, elegida por 9 años por los Consejos provinciales* – landstingen – *y por los Consejos municipales* – stadsfullmäktige – Segunda Cámara *elegida por 3 años según sistema censitario. Los miembros de esta última, a diferencia de los de la* Primera, *perciben indemnización parlamentaria. Las dos Cámaras* – Riksdag – *hacen la ley y el presupuesto y se reúnen anualmente.*

En Suecia, como en los demás países escandinavos, los partidos políticos se formaron, dentro del régimen constitucional, siguiendo dos características comunes; primera: las fuerzas conservadoras fueron suministradas por las ciudades, y las liberales por los elementos rústicos; segunda: su condición de partidos de clase. Los campesinos, en Suecia, se unieron en el *Landtmannapartiet* o *partido agrario* —1867— bajo la dirección del Conde Arvid Posse. En este partido *democrático* – izquierda – que en sus orígenes se manifestó adversario del clero y de la nobleza, ganó la preeminencia un espíritu acentuado de clase, que a la defensa de los intereses agrícolas supeditó toda reivindicación política. — De las ciudades sacaron sus fuerzas los elementos *conservadores* – derecha – formando el *partido de la inteligencia* – intelligenspartiet; su condición de representante de intereses de las clases elevadas, se ratificó con el tiempo al compás del espíritu de clase de los agrarios. — Los *socialistas* no se organizaron en partido hasta el último tercio del siglo XIX.

*

La cuestión militar puso frente a frente a los agrarios y a los conservadores. Las reformas en el ejército suscritas por el rey y los conservadores, en sus deseos de organizar un poder militar fuerte, según el modelo prusiano, a la sazón en auge, fueron enérgicamente combatidas por los agrarios. El *Landtmannapartiet* veía amenazados sus intereses de clase con los impuestos consiguientes a los proyectos militares, y sistemáticamente se pronunció contra toda modificación de aquella índole. Este antimilitarismo, basado en criterios egoístas, chocaba, a su vez, con la oposición de los conservadores a las peticiones agrarias en pro de la rebaja de impuestos sobre la tierra. En tal situación de lucha mantenida por tendencias antagónicas, padecía la vida política sueca, paralizada. La respectiva conveniencia de los partidos y lo infructuoso de su actuación les indujo a aceptar ideas más conciliables, y mediante transacciones llegaron a un convenio (Ministerio Themptander—1885) por el que se hacían mutuas concesiones, ampliado luego bajo el Gabinete Bostrom—1892—.

La cuestión arancelaria había planteado simultáneamente un nuevo problema de trascendencia para los partidos. En 1880 se formó un partido proteccionista que seguía la nueva orientación económica de Bismarck. El partido agrario, al pronunciarse ante las tarifas, se dividió en nuevo Landtmannapartiet, proteccionista, y antiguo Landtmannapartiet, partidario del libre cambio. Las luchas parlamentarias y electorales, que al principio aseguraban una mayoría libre-cambista, dieron el triunfo a los proteccionistas, que en 1888—Ministerio Bildt—lograron imponer su opinión.

El partido agrario estaba muy dividido por los distintos criterios sustentados en las varias cuestiones de política general, y los conservadores, por la misma causa, tampoco gozaban de gran consistencia. Los socialistas, fuera de estas contiendas, declarábanse defensores tan sólo de reivindicaciones de clase. La poca seguridad en las orientaciones de los partidos se traducía en la instabilidad de las alianzas entre ellos, y de este modo el *antiguo Landtmannapartiet*, que se unió a los liberales de las ciudades en 1890, volvía de nuevo a fundirse en la fracción agraria del mismo tronce en 1895.

La cuestión electoral puso a prueba también la cohesión de los agrarios. Hjalmar Branting, con su periódico *Tyden—El Tiempo—*, diario luego con el nombre de *Social demokraten*, y Danielson con el *Arbetet—El Trabajo—* encauzaron las corrientes socialistas importadas de Dinamarca por Augusto Palm — 1881 —; organizadas en *partido socialista* — 1889 — se unieron a los elementos demócratas en las peticiones de sufragio universal. Los partidarios de la reforma formaban un grupo compuesto de socialistas, liberales radicales de las ciudades y una fracción demócrata de los agrarios; frente a ellos estaban los conservadores y parte de los agrarios, defensores del sufragio restringido. En 1900 los elementos liberales se unieron en el *Liberal Samlings partiet* — partido de concentración liberal — favorable a la ampliación del sufragio y opuesto al programa «patriota» de los conservadores en cuanto a las relaciones políticas con Noruega. La cuestión de la reforma electoral mantuvo la pelea entre los partidos, y Lindtmann — conservador-mediante una paciente labor de transacciones y componendas hizo triunfar el proyecto (1907, ratificado luego en 1909) de sufragio universal para la elección de la Cámara Baja, con el aditamento de la representación proporcional para las dos Cámaras, sistema que los liberales combatían anteriormente.

En las elecciones de 1908 se presentó una nueva agrupación política, organizada a raíz de la separación de Noruega, el *partido liberal progresista*, compuesto de elementos diversos, en su mayoría procedentes del *antiguo Landtmannapartiet*. Los socialistas entraban divididos en el período electoral; una fracción, los «jóvenes socialistas», sindicalistas anarquistas y antiparlamentarios, por tanto.se puso frente al grueso del partido parlamentario, no antimilitarista merced a la dirección impresa en1 ese sentido por H. Branting. El Ministerio conservador se dividía, y en las elecciones, los conservadores pierden puestos, en tanto que los liberales aumentan y, sobre todo, los socialistas, que de 17 llegan a 33 diputados.

Para las elecciones al Riksdag — Sept. 1911 — con arreglo al nuevo sistema, liberales y socialistas combatían unidos. La alianza no era muy segura aparaban a sus términos, antagonismos dogmáticos, que cedían, no obstante, en presencia de la necesidad práctica de combatir a los conservadores. Las cuestiones sometidas al país para que decidiera mediante el sufragio afirmaban los lazos que unían a los elementos de la izquierda. En el fondo de la política sueca aparecía un problema constitucional, acerca del que las izquierdas se pronunciaron unánimes, o sea la reforma del Código político en el sentido de asegurar la supremacía de la Cámara Baja arrancando el veto a la Cámara Alta. Los conservadores, también acordes en mantener las prerrogativas de la Cámara de los Señores, donde tenían mayoría, y en declararse por el *statu quo* constitucional, se dividieron en cuanto al grado a que había de llevarse la defensa de tales criterios. Los que pudiera llamarse *ultras*, con asiento en la Primera Cámara, constituían el elemento hostil e intransigente de modo sistemático a la más pequeña modificación constitucional. Otro grupo, representante de la opinión moderada y transigente, no compartía con los primeros la ciega hostilidad contra los liberales. Quedaba, pues, planteada una lucha entre enemigos y partidarios del parlamentarismo. El cuerpo electoral, sin embargo, tenía motivos que le afectaban más de cerca, y en virtud de los cuales había de pronunciarse. Las izquierdas preconizaban el sufragio femenino y la defensa nacional, pero condicionada ésta a los recursos financieros del país. Los conservadores se oponían a la ampliación del sufragio; concebían el sistema de defensas con un criterio amplio que implicaba sacrificios pecuniarios del país, y en su época de gobierno figuraba la huelga de 1909.

Las probabilidades de triunfo no estaban, por esas causas, a su favor. Las mujeres, con el despecho de no haber sido escuchadas en sus peticiones de sufragio; los campesinos, reacios a soportar las cargas consiguientes a las defensas preconizadas por los conservadores; y los negociantes, rencorosos, a quienes la pasividad, el absentismo del Gobierno conservador en la huelga de 1909 les hizo sufrir grandes perjuicios, eran elementos contribuyentes a la derrota de los conservadores que, en efecto, quedaron reducidos a 64; los liberales perdieron también 2 puestos (102), en tanto que los socialistas pasaban de 33 a 64. Lindtmann que venía sosteniéndose en el Gobierno con minoría en la Cámara Baja, aunque con mayoría en ambas Cámaras—Riksdag—cedió ahora su puesto.

Al subir los liberales al Gobierno—Karl Staaff-Oct. 1911—pudo pensarse en una orientación radical, dada la estrecha amistad que les unía con los socialistas, que declinaron la invitación de aquéllos de colaborar en el Poder. Sin embargo, el temperamento del presidente bastaba para disipar todo recelo. Un prestigio adquirido en las negociaciones con motivo de la separación de Noruega le afirmaba como algo nacional, superior al espíritu partidista, y su carácter moderado era un argumento en pro de una orientación liberal admisible para los conservadores. En la política desarrollada por Staaff fueron los conservadores, en efecto, su más valioso apoyo y, aun cuando el proyecto de sufragio femenino fue rechazado por los intransigentes de la Cámara Alta, se consiguió su aprobación en la Cámara Baja. Tan sólo por un momento pudo temerse la ruptura entre los conservadores de la Segunda Cámara y el Gobierno, con motivo de la votación de la ley sobre los azúcares, en la que liberales moderados y conservadores se pusieron frente a Staaff, si bien fueron reducidos mediante transacciones.

Dos problemas de suma importancia persistían latentes en la política sueca, de los que no conseguía apartar la atención general, la labor parlamentaria: la cuestión de las defensas, tradicional en Suecia, y el parlamentarismo. En los últimos meses de 1913 y primeros de 1914, el problema de las defensas fue caldeando los ánimos hasta absorber todos los apasionamientos. Los liberales, de acuerdo con su programa en las últimas elecciones— 1911— patrocinaban un proyecto cuyos términos no suscitaron la hostilidad estridente de ningún partido, y ante el cual solo se presumía la oposición de los conservadores, puesto que hacía pesar los créditos sobre las clases acomodadas; y aun así, en todo caso, sin llegar a una irreductibilidad que hiciera fracasar la propuesta. Los campesinos, influidos ahora por un ardiente patriotismo, declaráronse prestos a cooperar en los sacrificios necesarios para las defensas; y en la «peregrinación patriótica»—6 Febr. 1914— al Palacio real, expusieron al rey tales propósitos. El monarca se pronunció en sentido de llevar a cabo la inmediata defensa nacional; con ello se colocaba en discrepancia con su Gobierno, y Staaff tachaba de anticonstitucional la conducta del soberano. Radicales y socialistas[1], relacionando esta cuestión con el

---

[1] En la cuestión militar los conservadores y elementos moderados pedían 355 días de instrucción militar; los liberaos 280 y los socialistas 180.

problema de la reforma constitucional, se unieron contra las pretensiones del rey al objeto de defender las prerrogativas del Parlamento contra el poder personal, «propio de tiempos antiguos, no del siglo xx». Los estudiantes aportaron nuevos elementos de combate en una contienda que ganó todo el país. Las asociaciones políticas de los estudiantes de Upsal, conservadoras—*Heindal*— y radicales— *Verdandi* —apoyaron a sus respectivos correligionarios, y frente al bloque parlamentarista, socialista-radical, los estudiantes fundaron la *Asociación Constitucional*, defensora de las prerrogativas de la Corona, «para combatir las tendencias no suecas que se introducen en nuestra vida parlamentaria»[1]. Esta labor de los estudiantes era, al mismo tiempo, una propaganda electoral con la etiqueta nacionalista, y estimulada por el monarca.

La cuestión de las defensas había dividido el partirlo liberal, pero Staaff, adoptó una posición que le permitiría rehacer su partido. Colocando el parlamentarismo en el primer plano y la defensa nacional en el segundo, como decía un manifiesto de los conservadores censurando a aquél, había planteado la cuestión constitucional sobre la base de las relaciones directas entre el rey y los campesinos, presentándose como víctima que caía por defender los derechos del Parlamento frente a una extralimitación de funciones por parte de la Corona. El problema, formulado de esta suerte, reconstituyó el partido liberal, que se veía solicitado a pronunciarse en primer término acerca de la cuestión constitucional, sobre la que era unánime la opinión, antes que acerca del asunto de las defensas, que provocaba la dispersión de sus fuerzas. De ahí el fracaso en la formación de un Gobierno liberal moderado—Barón de Geer.—

El Gobierno extraparlamentario Hammarskjoeld —Feb. 1914— no enfeudado a partido alguno, se presentó ante la nación como dispuesto a borrar las diferencias entre los partidos para conseguir una aspiración general: las defensas del país, interés superior que exigía la cooperación de patriotas en general por cima de filiaciones políticas partidistas.

---

[1] Véase. Rev. polít. et parí. 1914. II. pág. 385 y sigts.

Las elecciones de la primavera de 1914 otorgan el triunfo a la derecha —80— y a los socialistas —73— y hacen perder 30 puestos a los liberales —70—.

NORUEGA

Después de haber estado sometida a Dinamarca, fue incorporada a Suecia por el tratado de Rui-de Ener. 1814. Bajo el poder de ésta, se dio a Noruega una Constitución en May. 1814, «la primera en fecha de todas las Constituciones monárquicas de tipo moderno que han sucedido a las Constituciones del período revolucionario e imperial.» El conflicto en que vivieron Suecia y Noruega a partir de la unión, agudizado luego por las discrepancias sobre la representación diplomática y consular, determinó la separación de ambos países – Jun. 1905. La Constitución noruega, dictada en su nuevo estado de independencia, es una revisión de la anterior de 1814. – Según ella, «la Nación ejerce el Poder legislativo mediante el Storthing *que se compone de dos secciones: un* Lagthing *y un* Odelsthing». *El* Storthing *se reúne anualmente y es elegido por un período de 3 años. Un cuarto de sus miembros constituye el* Lagthing *y los tres cuartos restantes forman el* Odelsthing. *Cada una de las Cámaras-Thing – celebra separadamente sus sesiones.*

En los tiempos cercanos a su separación de Suecia, los partidos políticos noruegos entraron en una fase de aproximación que mitigó sus naturales diferencias políticas. Como los belgas, fundiéronse en una concepción patriótica que cobijaba diferentes criterios políticos. El poeta Björnstjerne Björnson, jefe de la llamada *izquierda literaria*[1], contribuyó en gran parte a la alianza o unión – *Samling partiet*-1903.-Las líneas de separación entre los partidos perdieron su antiguo brillo y precisión por efecto de esa convivencia, pero una vez conseguida la completa soberanía, y sin objeto ya la fusión, los partidos van recobrando aquella personalidad de que voluntaria y patrióticamente habían abdicado. Ya después de 1906, los partidos resurgían en el nuevo régimen con sus caracteres distintivos: *partido*

---

[1] En 1886 la *izquierda democrática* se dividió en dos fracciones separadas por concepciones más bien de índole religiosa: *vieja izquierda*, luterana – Sverdrup – y *nueva izquierda* partida laico y radical llamado también *izquierda literaria* o *europea* – B. Bjoernson.

conservador, constituido por las clases acomodadas—Stang;— *partido liberal*, dividido en *izquierda consolidada*— Berner-, y *liberales*—W. Konow—A su izquierda los *radicales*, entre los que abundaban los campesinos; separados de éstos había una fracción más avanzada, los *obreros demócratas*— Castberg—y por último los *socialistas* -Eriksen—Influyentes en la vida política, aunque desprovistos de ese carácter, existían el *partido agrario* y el *partido de la templanza*; este último estimulaba al Gobierno en la reglamentación restrictiva del consumo de bebidas alcohólicas. En los primeros meses de 1909 se formó un nuevo partido; Christian Michelsen, que a raíz de la separación de Suecia inició algunas tentativas en el mismo sentido, constituyó ahora el llamado *izquierda liberal*. El nuevo partido, al cual se adhirió Konow, tenía un programa muy parecido al de la derecha, y en él se concedía un lugar preferente a los problemas económicos. Por renuncia de Michelsen se atribuyó su jefatura a Abraham Berge.

Al acercarse las elecciones del otoño de 1909, los conservadores se encontraban divididos acerca del *landsmaal*[1] y de la cuestión de las bebidas alcohólicas. Contra la generalidad del partido, favorable al *riksmaal* o lengua oficial, apoyada por B. Bjoernson en este punto, y opuesta al criterio restrictivo del partido de la templanza, los diputados del Oeste, donde el *landsmaal* «era una religión», pronunciaron un movimiento de discordia. Los liberales, que habían subido al Poder (Mar. 1908) con Gunnard Knudsen, nombrado luego jefe de la fracción de Berner, llevaron a cabo una política radical donde se veía reflejado el temperamento avanzado del ministro Castberg. A la oposición general que esa labor despertó en el país, se unía la hostilidad contra el Gobierno, del elemento femenino, alarmado por las disposiciones legislativas que equiparaban los hijos naturales a los legítimos en cuanto a los derechos sucesorios. Las mujeres, a quienes se había otorgado el derecho de sufragio en 1907, no dejarían de manifestar su protesta al ejercer por vez primera sus facultades de electores. Le faltaba además, al Gobierno, el apoyo de los socialistas, con quienes había terminado sus relaciones

---

[1] Antiguo idioma de origen noruego, en oposición al riksmaal, que procede del danés.

amistosas y, por último, contaba en su perjuicio con la enérgica y hostil campaña de hombre tan prestigioso como Ch. Michelsen, el principal factor de la independencia de Noruega.

No fallaron los cálculos. Las mujeres, en efecto, favorecieron con sus votos a los conservadores y a los socialistas. El bloque gubernamental—radicales e izquierda consolidada—de 60 baja a 47 diputados; los socialistas obtuvieron 11 y los obreros demócratas 2; la coalición liberal-conservadora, de 55 sube a 63 puestos (42 conservadores y 21 liberales). Se presentaron pocos candidatos femeninos, y de ellos obtuvo puesto, en calidad de suplente, con filiación conservadora, Ana Rogstad.

La coalición—derecha e izquierda liberal—subió al Gobierno— Enero 1910—con el Ministerio Konow, cuya consistencia cedía a causa de los distintos criterios que allí se sustentaban acerca del *landsmaal*. La derecha, que tenía en el Gobierno menos representantes que por su fuerza numérica le correspondían, inició la disolución del bloque con sus reproches a Konow, originario del Oeste, y, por tanto, favorable al *landsmaal*. Disuelto el Gobierno por la dispersión de sus elementos, el Ministerio del general Bratlie[1], *leader* de la derecha—Febr. 1912—se esforzó en detener la bancarrota de la alianza, y aun cuando aseguró en el Gabinete la posición de su partido, el hecho de otorgar a W. Konow la presidencia del Storthing era prenda segura de refundición de la antigua inteligencia.

La cuestión del *landsmaal*, que tanto pesaba en las luchas de los partidos, tenía profundas raíces en el país. Sobre todo la población rural encontraba en ella un firme apoyo para una tácita y vigorosa manifestación de nacionalismo. Las derechas no estaban acordes en este asunto; las izquierdas, en cambio, previendo el enorme provecho que podía proporcionarles halagar anhelos tan extendidos en los campos, declaráronse unánimes por la defensa del *landsmaal*. La eficacia de tal procedimiento quedó patente en las elecciones de 1912—Oct. Nov.—En tanto que los radicales llegaron a 76 puestos y los

---

[1] En este Gabinete estaba Konow, primo del expresidente del Consejo, W. Konow.

socialistas —Egide Nissen—[1] a 20, la coalición liberal-conservadora quedó reducida a 24.

El Ministerio G. Knudsen—Ener. 1913—que pareció relegar a un segundo término la política de armamentos prometiendo concentrar su actividad en la legislación social, fue conducido por el elemento radical a una orientación francamente hostil a la Corona. Laborando contra las prerrogativas reales consiguió una ley que suprimía el derecho real de veto, y con esta tendencia, más que parlamentarista opuesta a las facultades constitucionales del monarca, se formuló una proposición que solicitaba se privase a la Corona del derecho de abrir y cerrar las sesiones, así como de nombrar por sí sucesor al trono caso de no existir herederos. Pero, lo mismo que en la anterior etapa, el país reaccionaba en sorda protesta contra esa política excesivamente radical, y los conservadores aprovecharon aquel movimiento que llevaba a las masas a concepciones análogas a las por ellos sustentadas.

---

[1] El partido socialista estaba dividido en dos tendenciis: moderada —Eriksen— y revolucionaria—Tranmoel. Eriksen fue expulsado del parido—Abr. 1912— por sospechoso, ante sus secuaces, de monarquismo y por sus preferencias manifiestas y expresas a favor del *riksmaal*, contra la opinión general del partido.

TURQUÍA

La Constitución de Dic. 1876.-7 Zilhidjé 1808 – no llegó a aplicarse de hecho. El poder absoluto del Sultán rigió hasta que por rescripto -Hatt-y-humaioun- Ag. 1908 – fue puesta en vigor aquélla, a consecuencia de la revolución llevada a cabo por los «jóvenes turcos.» El Poder legislativo corresponde a la Asamblea general, que se compone de dos Cámaras: Cámara de los Señores o Senado, y Cámara de diputados. La primera de carácter eminentemente aristocrático; la segunda elegida por un período de cuatro años. Se reúnen anualmente el 1.º Nov. de cada año, y sus miembros perciben indemnización parlamentaria. – El Sultán sanciona y promulga las leyes; nombra al Gran visir y confirma la elección de los ministros, propuestos por éste, que es el encargado de la formación del Gabinete. Los actos que requieren la aprobación imperial no tienen efecto si no van refrendados por el Gran Visir y el ministro competente, que es el responsable. Los ministros son responsables ante la Cámara de diputados.

El régimen constitucional no se instituyó aquí de modo estable hasta tiempos recientes. No obstante, el movimiento liberal es antiguo en Turquía, donde las aspiraciones a una política liberal e igualitaria fueron encauzadas a mediados del siglo XIX por Midhat-pachá[1], que preconizaba un régimen de igualdad para las diversas nacionalidades del Imperio. Fracasados tan altruistas ideales, los «Jóvenes turcos» recogieron en tiempos cercanos las mismas concepciones.

La política de *intervención europea* en el Imperio Otomano adoptó una modalidad externa de protección generosa y humanitaria a los cristianos, oprimidos por aquel sistema político. Los «Jóvenes turcos», patrocinando la igualdad de todos los súbditos otomanos[2], rechazaban el odioso régimen de

---

[1] A cuya iniciativa se debe la Constitución de 1876.

[2] La Constitución vigente de 1908 que no es sino la de 1876 restaurada, dice en se art. 8.º «Todos los subditos del Imperio se llaman indistintamente

privilegios causa de la situación precaria de los cristianos. Con esta política desaparecían para las potencias europeas los pretextos en que de continuo apoyaron combinaciones de su ambiciosa política oriental. Europa no podría, pues, en adelante, inmiscuirse descaradamente en la política interior otomana, y Turquía, emancipándose, ganaba en realidad la independencia. Dentro de ella, los «Jóvenes turcos» condicionaban, en fin, su concepción política igualitaria, en un Estado centralizado, a la preponderancia otomana. Estos antecedentes bastan para calificar la política de aquéllos de esencialmente nacionalista.

Dentro del nuevo régimen, y después de las elecciones del otoño de 1908, aparecieron dos partidos en la Cámara[1]: *Comité Unión y Progreso Otomanos* (C.U.P.O.) único partido con verdadera organización, que propugnaba un Estado fuerte, cuyo centralismo absorbiese la existencia autonómica de organizaciones políticas inferiores. Carecía de jefes; sus miembros más influyentes fueron: Niazi-bey y Enverbey. Su periódico oficial fue el *Tanine*.—Y el llamado *Unión liberal— Ahrar—* de ideas liberales moderadas, que admitía el nuevo régimen de libertades y, dentro de él, las nacionalidades autónomas. Su órgano en la prensa fue el *Serbesti*.

---

otomanos, cualquiera que sea la religión que profesen»; y el párrafo I.º del art. 17: «Todos los otomanos son iguales ante la ley.»

[1] Prescindiendo de grupos, sin valor como verdaderos partidos, el C.U.P.O. contaba con 1 o 4 diputados: la Unión liberal 45.

—La proximidad de Turquía al Imperio ruso, al mismo tiempo que su régimen político opresor, fueron factores propicios al nacimiento allí de las ideas socialistas. El mismo sistema era, sin embargo, el mayor obstáculo para que pudieran medrar. Sólo después de la implantación del nuevo sistema político a raíz de la revolución de los «jóvenes turcos», el credo socialista se concretó en varios núcleos, de los cuales el más importante fue la *Federación Socialista y Obrera de Salónica*, llamada así por haber nacido en este centro de actividad política del Imperio, dentro de la cual gozan de supremacía numérica los judíos españoles. En las primeras elecciones al Parlamento ganó un puesto— Vlakof—que perdió en las de 1912.

I

Después de un corto período de tanteos y vacilaciones, el Comité Unión y Progreso[1], impuesto ya en las prácticas de gobierno, tomó directamente en sus manos el Poder, y su decisión expresa impuso la retirada de algunos Ministerios — Kiamil—1908— Febr. 1909; Hilmi; Tewfik: Mayo-Dbre. 1909—y el 2.º Hilmi—. Apoyado en el ejército, se erigió en poder omnímodo, despótico y absorbente, y, prevalido, de la potencia de su base de sustentación, inauguró una política abusiva y tiránica que no reconocía límite alguno. La Administración fue acaparada por él en calidad de asiento fructífero de su clientela, y dueño del Parlamento, tuvo bajo su poder absoluto la vida de los Gobiernos[2], de tal suerte, que todo conato de independencia por parte de éstos llevaba implícita la dimisión como sanción inapelable del Comité. Este organismo, inspirador de una política corrompida y personalista, no podía, sin embargo, continuar por mucho tiempo su desastrosa labor. La oposición parlamentaria no era el único elemento adverso. Dentro del mismo Comité cundía el disgusto, y las consiguientes divisiones le debilitaron. La posición dictatorial del Comité peligraba ante la amenaza de un núcleo de fuerzas, que se manifestó en una protesta común. Con objeto de soslayar la situación comprometida, decretó aquél su propia desaparición, restringiendo su significación a un carácter exclusivamente

---

[1] En 1891, se fundó en Ginebra la asociación llamada «Comité Otomano de Unión y Progreso» que adoptó una organización masónica, secreta, entre sus miembros, con el fin de transformar el régimen político de Turquía. Después de trasladar su organización central a París, se fijó definitivamente en Salónica-1906.

[2] «Los hombres de alguna valía fueron llamados a ocupar puestos en el Gabinete y a representar al Gobierno en las provincias, en tanto que el poder activo y real pertenecía al secreto Comité «Unión y Progreso», en manos del cual, ministros y funcionarios eran verdaderos *muñecos*... En una palabra, el poder del Comité perdura, y si no hace ya reinar el terror entre los que no son sus partidarios, ejerce su influencia mediante sus miembros, que actualmente son funcionarios y ocupan el Gobierno». H. Ch. Woods. La Turquie et ses voisins, trad. del ingl. por J. Duroy. París 1911. págs. 9-11.

económico. Pero, en realidad, no desaparecía, porque dejaba como representante en el Parlamento al *partido Unión y Progreso* (U.P.) Este, según lo decretado en sesión secreta—Nov. 1910— «era el encargado de poner en ejecución el programa del Comité»[1]. Así, pues, la dirección política del Imperio seguía vinculada en el mismo organismo; la «Cámara otomana era, en cierto modo, una delegación del Comité... único poder efectivo»[2], y «un delegado general de la sección central de Salónica, en compañía de Halilbey... (*leader* del partido parlamentario U. P. nombrado tal en aquella sesión secreta) asistía a las sesiones del Consejo de ministros y tomaba parte en las deliberaciones»[3].

El Comité, no obstante esa influencia, perdía el prestigio que le rodeó en vísperas de la revolución, y su ascendiente no gozaba ya del antiguo arraigo. Sus elementos, empeñados en una lucha de envidias, despechos y recelos, se disgregaban; hostilizábanse en su seno los factores civil y militar, y las más diversas tendencias cristalizaron en otras tantas fracciones: moderados y radicales; *midhatistas*, que tomaban del partido U. P. la idea de un Poder ejecutivo fuerte, y de la Unión liberal la concepción autonómica; conservadores o *medjidi*, partidarios del gobierno personal, etc. etc. Este desbarajuste era, por otra parte, común a todos los grupos y partidos, que carecían de estabilidad y de programas.

El antiguo partido de la *Unión liberal—Ahrar—* se reconstituyó con el nombre de *partido liberal moderado,* bajo la dirección de Ismail Kemal, con el ideal antiguo de «conseguir la unión política sincera de las nacionalidades, conservando el carácter propio de cada una». Las distintas concepciones que dividían al partido U. P. se concretaron en dos modalidades principales: *tradicionalista, nacionalista, conservadora,* que aparece como consecuencia de un movimiento «completamente aristocrático, conservador y religioso» que surge a mediados de 1911— Abr.— y que contaba entre sus miembros más influyentes al

---

[1] R. Pinon—L'Europe et la Jeune Turquie—París» 1911 — pág. 99.

[2] A. Sarrou. La Jeune Turquie et la revolution—Paríi 1912.—pág. 46.

[3] V. de la Jonquiére.—Histoire de l'Empire ottoman—París 1914—II pág. 253.

coronel Sadik-bey; y la *radical*, apegada al occidentalismo; los principales personajes de esta última fueron: Djavid-bey, Talaat-bey, Hakki Babanzade y Djahid, director, éste, del *Tanine*. Intentaron las dos fracciones llegar a un acuerdo que terminase las divisiones del partido, pero no obstante las apariencias de conciliación que parecían manifestarse en las conclusiones adoptadas como fórmula ecléctica y transaccional, persistía la desunión en los extremos aprobados: «los diputados—decían— ... velarán por el desarrollo de la civilización occidental en el país, manteniendo, sin embargo, los usos y costumbres nacionales y religiosos... continuarán las tradiciones de la historia otomana dentro de los límites de la Constitución... se modificará la Constitución en lo relativo a los derechos sagrados del trono y del califato...» No se aseguró con ello la concordia ni la unidad, y siguieron más profundas las divergencias dentro del partido U.P. que se desmoronaba. Agravóse su situación con la aparición de un nuevo partido que resumía en una amalgama los elementos hostiles al Comité. El partido *Libertad y Entente— Hurrietvé Itilaf*— surgió—Nov. 1911-por unión del *partido liberal moderado* con el *partido popular*, creado éste, a su vez, por miembros que discrepaban del espíritu del Comité, a más de otros elementos disidentes e independientes. Organizado el nuevo partido sobre las bases constitutivas del partido U.P., preconizaba una política diametralmente opuesta: respeto a las particularidades de la vida nacional, «organización constitucional igualitaria y descentralizadora», una concepción autonómica, en fin, antítesis de la centralista predicada por el Comité.

La revisión constitucional proyectada por el Gobierno, en sentido de asegurar el gobierno personal renovando antiguos y tradicionales derechos del Sultán de índole político-religiosa, puso en guardia a la oposición, que vio en peligro la integridad de la Constitución. El partido U.P. y el Gobierno, ante el enemigo común, creyeron resolver el peligro disolviendo la Cámara— Ener. 1912—. En las elecciones, el Comité, mediante una presión enérgica y descarada, trató por todos los medios de destruir aquel obstáculo que amenazaba su hegemonía indiscutible. Los procedimientos electorales del Comité le aseguraron mayoría. Pero contra su poder despótico e inmoral se concretó ahora la protesta unánime, la hostilidad latente, en la *Liga militar*, que pedía unas elecciones sinceras que sustituyesen la Cámara hechura del Comité. Comenzó entonces contra éste una encarnizada persecución, un tanto mitigada por la división de los perseguidores, de los cuales, unos predicaban la lucha violenta e irreductible, en tanto que otros deseaban la reconciliación, necesaria para afrontar la difícil situación exterior e interna. «El Comité ha muerto—decía uno de sus grandes adversarios, Lutfi Fikri-bey, del partido *libertad y entente*, representando a los pacifistas en este punto—, pero no el partido U.P. Del mismo modo que el país no habría podido vivir con sólo el partido U.P., no puede existir tampoco con el partido *libertad y entente*. Es preciso que haya, cuando menos, dos partidos: uno en el Poder, otro como su regulador... Desde hoy no existe el Comité; no hay más que el partido político U.P. que combate, no mediante la revolución ni las armas, sino en la prensa, con la palabra y la propaganda... Combatamos lealmente con armas iguales, y cuando uno de los dos partidos haya conseguido la victoria tendámonos las manos diciendo: ¡viva el otomanismo! puesto que todos somos otomanos».

Durante la segunda mitad de 1912-Minist. Mouktar-pachá, Kiamil-pachá-el Comité se preparó a subir al Poder con el mariscal Mahmoud Cherfket pacha, representante de los sentimientos belicosos opuestos al pacifismo de Kiamil. La hostilidad entre el Comité y la oposición, que no se había aplacado, culminó en el asesinato de Mahmoud—Jun. 1913— como resultado de un complot urdido por elementos del partido *libertad y entente*. La lucha entre los dos adversarios continuó encarnizada, y al amparo de los procesos incoados por el nuevo Gobierno—príncipe Said Pachá-Halim—contra los asesinos de Mahmoud, el Comité, dueño de la situación, encontró en los tribunales un eficaz coadyuvante para deshacerse de sus enemigos aun de los más alejados de responsabilidad por aquellos procesos.

Lejana ya, relativamente, la encarnizada lucha entre el Comité y sus enemigos, a la que prestó singular irritación el desastre turco en los Balcanes, y satisfecho su espíritu de venganza, el Comité, reunido en Congreso,—Sep. 1913—se dedicó a planear la reconstitución de su patria, pidiendo la supresión del régimen de capitulaciones y formulando las bases de una organización política, administrativa y económica.

PAÍSES BALCÁNICOS

I
RUMANIA

Los Principados de Valaquia y Moldavia, tributarios de la Puerta Otomana, reconocidos en el tratado de Andrinópolis – Sep. 1829 – se unieron en el Principado de Rumania – Dic. 1861 – que promulgó una Constitución en 1866 –. El Poder legislativo se ejerce por el rey y el Parlamento, que consta de dos Cámaras – Adunarios – *.-Senado, elegido en su mayor parte (110 miembros de un total de 120) por régimen censitario; -Y* Cámara de los diputados, *elegida por sufragio casi universal. El Poder ejecutivo corresponde al rey, que lo ejerce por sus ministros, responsables. Los diputados, no los senadores, reciben indemnización parlamentaria.*

En torno a la Constitución de 1866, se formaron dos partidos: *blanco* o *conservador*, al que la presencia de los *boyardos*, o altos dignatarios, comunicó carácter aristocrático, con preferencias por Rusia; y *partido liberal* o *rojo*, compuesto de elementos demócratas burgueses, e inclinado hacia Alemania y Austria. El *socialista* no apareció hasta tiempos muy cercanos; el constituido con este nombre, a últimos del siglo XIX, por jóvenes intelectuales, no tardó en ser disuelto merced a las habilidades del gobierno, que supo atraer a esos elementos. Fracasada la primera tentativa, se constituyó, en los comienzos del siglo actual, el *partido social-demócrata de Rumanía*, bajo la inspiración del Dr. Racowsky, que aumentó a compás del incremento de la clase obrera.

Los partidos rumanos, como los griegos, han sido influidos poderosamente por el personalismo, condición incompatible con la existencia de verdaderos partidos políticos y antecedente de una vida política inmoral[1].

El Rey Carlos I, de la rama católica de los Hohenzollern, oficial en el ejército prusiano, se sirvió de liberales—J. Bratiano—h. 1871—y conservadores—Lascar Catargi—1871-76—como colaboradores en la obra de organización militar concebida como un primer jalón en el proceso de la independencia rumana. Los liberales—1876-88—recogieron el fruto de los trabajos de ambos partidos con la independencia de Rumania, y una vez conseguida—Congr. Berlín 1878— se dedicaron a iniciar el plan de la futura prosperidad económica del país mediante la construcción de ferrocarriles. De acuerdo también con estas aspiraciones económicas existía un partido de reciente formación. Rossetti, Carp y Maioresco, condensando las aspiraciones de un movimiento literario, fundan en Jassi—1874—una sociedad llamada *Junimea Literaria*. En esta época de gobierno liberal, la asociación literaria se convirtió en el partido político *junimista* o *jóvenes conservadores*. Además del carácter económico, esta agrupación ostentaba un temperamento democrático muy pronunciado que acogía reivindicaciones campesinas, y entre ellas el sufragio universal. Los «junimistas», partido intermedio entre conservadores y liberales, profesaba simpatías, como éstos por Austria y Alemania.

El partido liberal, muy dividido a causa de las distintas aspiraciones en su seno en cuanto a la revisión constitucional—1884—no logró redimirse de su debilidad, y al mismo tiempo, la oposición, exasperada contra Bratiano, amenazaba con la revolución si éste no dejaba el Gobierno. En las elecciones de

---

[1] «En Rumania el partido en el Poder está seguro de tener la mayoría si hace las elecciones. La opinión pública en los municipios rurales está aún en estado rudimentario... no se duda en emplear argumentos contantes y sonantes, presiones, promesas de plazas, etc. Como hay en Rumania 160.000 funcionarios que dependen del Poder, el éxito electoral está asegurado... Los partidos rumanos se sujetan, por otra parte, a una excelente costumbre que consiste en no oponer adversarios a los hombres de relieve de los otros partidos. Este procedimiento cortés tiene como resultado ventajoso que la *élite* política del país se encuentre siempre en la Cámara.» A. Chéradame. - L'evolution roumaine. Le Correspondant. 1914-II. pág. 625 y sigts.

1888 el partido liberal fue completamente derrotado. A los conservadores también les faltaba cohesión, debido a las rivalidades personales entre Floresco y Cartagi. Y de esta suerte, los partidos, fraccionados en grupos de matices más o menos definidos, hicieron imposible, con su desbarajuste, la estabilidad ministerial[1].

Los liberales, después de la derrota y dirigidos primeramente por J. Bratiano, (muere en 1891) luego por su hermano D. Bratiano (que muere en 1892) y, por último, bajo Sturdza, consiguen cierta solidez aunque muy relativa, tanto, que su triunfo en las elecciones de 1895 fue por completo infructuoso.

Los trabajos del jefe conservador Catargi, habían logrado agrupar bajo una aparente unidad a conservadores y junimistas, formando a modo de un partido compuesto de dos fracciones: «viejos conservadores»—Cantacuzeno—y «jóvenes conservadores» *junimistas* o conservadores-constitucionales— Carp.— Los lazos que unían a estos dos grupos eran, sin embargo, muy débiles, como demostró el Gabinete Cantacuzeno-1899-190i; y a esa falta de cohesión se unió luego, la escisión del grupo *takista*—Take Jonesko—. La unión llevada a cabo entre las fracciones, y la establecida entre los dos partidos, a impulsos de un sentimiento patriótico ante la revolución agraria de 1906, no resolvía la debilidad de ambas agrupaciones. En efecto, los *takistas* no tardaron en volver a su antigua posición independiente con el nombre, ahora, de *conservadores demócratas*—1908— quedando las otras dos fracciones del partido bajo Carp. La situación de los liberales era más grave aún. La jefatura de Sturdza era solamente nominal desde el momento en que se la discutía. Una de las causas más importantes de división en ese partido, eran los sentimientos nacionalistas despertados por las concesiones mineras petrolíferas solicitadas por entidades extranjeras. Entre ellos había dos corrientes principales: nacionalistas—J. Bratiano—y germanófilos Sturdza.—De otra parte, conspiraba contra la unidad del partido un elemento socialista al que se estimaba necesario extirpar de su seno como prenda de tranquilidad

---

[1] —1888—Abr. i88q—Carp-Rosetti; conservad. Catargi Abr.—Nov. 1889; junimistas. Nov. 1889—Feb. 1891.

entre los liberales. La retirada de la política, de Sturdza —1909— dio suelta a los gérmenes de disolución latentes de larga fecha en el partido. Los «jóvenes» presentaban como jefe a J. Bratiano, que triunfó, y los «viejos» a Costinesco.

Por entonces, el nacionalismo lanzó un partido político fundado por el profesor Jorga, paladín, (en cuanto nacionalista rumano, antisemita intransigente,) de la animadversión muy extendida, rural especialmente, contra los judíos, explotadores usurarios de los campesinos. En este aspecto, el adversario político principal de este partido, representado en la Cámara por sólo su fundador, era el grupo *takista* (conservadores-demócratas) semitófilo. De otra parte, los *takistas*, demagogos, parecían patrocinar un movimiento de más trascendencia. Los obreros, cuyo número crecía en virtud de la prosperidad industrial, suministraban elementos a un esbozo de corriente sindicalista anarquista que influyó en gran parte en la adopción por los Gobiernos de una activa y provechosa política económica, agraria y social, cuyos frutos beneficiosos quedaron interrumpidos a consecuencia de la crisis balcánica que tan profundamente afectó, por paralización, a la vida política y económica de los países interesados en la lucha.

El Gabinete de concentración conservadora —T. Maioresco— no era viable. Los recelos entre los *viejos conservadores*— Maioresco— y los *conservadores demócratas* —T. Jonesko— eran el mayor obstáculo para la fusión, y el rey, ante esa imposibilidad, encarga a J. Bratiano, jefe del partido liberal, de formar Gobierno.

II
BULGARIA

El tratado de San Estéfano, que terminó la guerra turco-rusa- 1878 – creaba el Principado autónomo de Bulgaria, tributario del Sultán, que comprendía la actual Macedonia. La revisión de ese tratado por Europa en el Congreso de Berlín – 1878 – impuso, como limitación a la influencia rusa, la división de aquel territorio en tres partes: la Macedonia fue devuelta al Sultán; la Rumelia oriental o región Sur, se constituyó en provincia autónoma con una administración mixta, y la región del Norte formó el Principado de Bulgaria, tributario del Sultán. En 1879, dictó su Constitución en Tirnovo en la que se creaba un Ministerio y una Asamblea – Sobranié – compuesta de 3/4 de miembros elegidos en parte por sufragio universal y 1/4 nombrado por el príncipe.

La Constitución otorgaba al Principado en la Asamblea de Tirnovo – 1879 – y la cuestión nacional, agruparon las fuerzas políticas en dos partidos: *conservador*, centralista, compuesto por las clases más elevadas y resignado a la separación de la Rumelia Oriental decretada por el Congreso de Berlín rectificando el tratado de San Estéfano. Sus personajes eran Grekof, Stoilof, Natchevich, etc. – y *liberal*, -anticentralista, reclutado entre los campesinos, que preconizaba un régimen de amplias libertades y la unión a toda costa de la Rumelia, lo cual le prestaba un firme carácter nacionalista. Sus jefes eran Tsankof, Karavelof y Slaveikof. Las ideas socialistas, que penetraron en Bulgaria por Rusia, se organizan en 1891 en dos fracciones que se unen en 1894 bajo el nombre de partido obrero social-demócrata. Las rivalidades dentro de él, derivadas de la disparidad de criterios que no acabaron de fundirse, provocaron la ruptura – 1903 – en dos ramas: socialistas *amplios*, – *chiroki socialisti* – Sakazof – y socialistas *estrictos* – *tesni socialisti* – Blagoef – nombres que ya indican la flexibilidad de sus temperamentos. Los primeros son moderados, los segundos casi llegan al anarquismo. Ambas fracciones se denominan con el nombre común de *partido social-demócrata*, y les distingue el calificativo de *unificados*, o antiguos *amplios* y *estrictos*; la fracción unificada es la más numerosa porque a ella se adhirió un grupo escindido de sus adversarios, de donde tomó su actual denominación.

Los partidos búlgaros se han multiplicado extraordinariamente por disgregaciones sucesivas. El carácter nacionalista persiste en ellos manifestado en sus preferencias por las potencias vecinas.

Menospreciando la mayoría liberal del *Sobranie*, iniciada ya en la Asamblea de Tirnovo, el príncipe se apoyó en los conservadores, por donde la hostilidad de los liberales contra sus adversarios se amplió a su protector Alejandro de Battenberg. En reciprocidad, éste, ayudado por los conservadores y por Rusia, mediante un golpe de Estado, bajo el Gobierno liberal-Tsankof-1880-suspendió la Constitución, ampliando las atribuciones del príncipe. Como precio de la complicidad, los conservadores y Rusia—ésta, mediante los generales Sobolef y Kaulbars,—formaron Ministerio. Las intrusiones rusas, en camino de franca y completa absorción, despertaron, con sus sentimientos de independencia, la enemiga de los conservadores y del príncipe contra el Zar. Con objeto de castigar a éstos por su indocilidad, Rusia pretendió lanzar a los liberales contra sus antiguos adversarios, pero el espíritu patriótico de los liberales, rebeldes a las sugestiones rusas, deshizo sagazmente la conjura. Una transacción en sus respectivos criterios constitucionales zanjaba las diferencias entre conservadores y liberales, unidos, por tal modo, en Ministerio de coalición-1883.

La transacción liberal conservadora dividió el partido liberal. Los inflexibles, partidarios de la integridad de la Constitución de Tirnovo de 1879, siguen a Karavelof y forman el *partido radical*, al que se une un grupo *liberal nacional* a las órdenes de Stambtulof, en tanto que las fuerzas propicias a la transacción constitucional quedan con Tsankof— *tsankovistas* o partido *progresista liberal-progressivno liberal nata partia*—reforzadas por los conservadores.

Las intromisiones rusas, cada vez más acentuadas en la política búlgara, colmaron la agitación nacionalista, exaltada en su triunfo por la unión de Rumelia 1885[1]. La idea nacionalista ordenó entonces a los partidos en dos grandes agrupaciones: radicales y diputados rumeliotas, unionistas y rusófobos, y, de otra parte, los elementos de Tsankof, rusófilos. Un complot urdido por éstos consiguió el destronamiento de Alejandro de Battenberg-1886-pero la contrarrevolución de los *nacionalistas*, dirigida por Stambulof, le restituye en el trono, que abandona definitivamente ante la oposición decidida e intransigente de Rusia. Lo mismo durante la regencia que bajo el nuevo «Príncipe de las dos Bulgarias», Fernando de Sajonia-Co-.burgo-Gotha-1887,-Stambulof era el personaje de más relieve. Su temperamento autoritario y fuerte le ganó la adhesión de todos los nacionalistas antirrusos atraídos por su divisa «Bulgaria para los Búlgaros», factores con los cuales constituyó el *partido liberal nacional*. Su odio a Rusia y la agitación en el país, le condujeron a una terrible política dictatorial, al objeto de acabar sangrientamente con los rusófilos, en tanto que se apoyaba en Austria y Alemania. Su etapa de Gobierno exasperó a sus enemigos. Los *tsankovistas* y *karavelistas*[2], acosados por las persecuciones de Stambulof, se disgregaban, quedando deshechas las dos fracciones. La autoridad rígida del jefe despertó recelos aun dentro de tus mismos partidarios, y el descontento comenzó a cundir entre sus fuerzas, de las que surgieron los *disidentes liberales* de Radoslav y los *nacionalistas conservadores*— *Narodnia partia*—de Stoilof-1894-que se eximían de la disciplina inflexible de Stambulof.

Los *tsankovistas* y *karavelistas*, desaparecido Stambulof.-asesinado en 1895-se rehicieron del estado de postración en que les habían sumido las persecuciones de aquél. Ya en 1901 ganaban la mayoría en las elecciones, por lo cual suben al Poder en un Gobierno rusófilo de coalición.-Karavelof-Danef— Pero la armonía en el partido *karavelista* o *radical*— Karavelof—quedó malparada al quedar solo Danef en el Ministerio-1902-; los *karavelistas* se dividieron en beneficio de sus aliados los

---

[1] La unión a Bulgaria de la Rumelia oriental cambió la denominación del príncipe que adoptó el nombre de «Príncipe de las dos Bulgarias».

[2] Su antiguo colaborador Karavelof fue rudamente combatido por Stambulof y reducido por él a prisión.

tsankovistas o *progresistas* —Danef— que ganaban el refuerzo de aquellos elementos disidentes. Los *stambulovistas* —Petkof— que suben al Poder en 1903, fieles al temperamento autoritario de su antiguo jefe, seguían una política severa, como pudo observarse en la huelga de ferroviarios, y al morir Petkof, —asesinado como su antecesor—1907—las rivalidades entre el nuevo jefe, Guenadief, y Gudef dividieron el partido en dos fracciones personalistas. Al mismo tiempo, la oposición les combatía rudamente. Danef procuraba unir a todos los grupos para dar el asalto a los *stambulovistas*. La resolución de diversos problemas: instrucción, ejército, hacienda, etc., era el motivo invocado por aquél en pro de un Ministerio de coalición, único capaz, por su fortaleza y por satisfacer la confianza general, de solventar tan graves cuestiones con garantía de acierto.

Los *stambulvistas* (liberales-nacionalistas) dejan el Gobierno en Enero de 1908, pero el Ministerio de coalición no se constituyó. Les sucedía un grupo recientemente formado: el *partido demócrata* — *democra-titckesta partia* —Malinof— rama desgajada del ala izquierda *karavelista*, al que la juventud y capacidad de sus miembros y el matiz de su programa, indicado por su nombre, auguraban un porvenir halagüeño.

Las elecciones de 1908--Mayo-Junio, dieron gran mayoría a los demócratas a expensas de los liberales-nacionalistas, que desaparecieron, y de los restantes partidos. Mantuviéronse los vencedores en el Gobierno, pero su programa radical despertó las suspicacias del soberano. La revisión constitucional, necesaria para acomodar el Código político a la nueva situación creada por la independencia—1908[1]- colocó a la Corona en actitud defensiva, temerosa de la restricción de sus prerrogativas que intentaban los demócratas. Como garantía de seguridad que disipase tales temores se formó un Gobierno de coalición presidido por el jefe de los conservadores nacionalistas Ivan Evst. Guechof—1911.—

La oposición de los partidos burgueses contra la extrema izquierda, y la consigna patriótica de reunir en una gran

---

[1] El Príncipe de las dos Bulgarias se convirtió por ese hecho en rey-*tsar*-de los búlgaros, y Bulgaria en reino independiente.— Ttarstvo.

agrupación a los amantes del progreso de Bulgaria, aseguró al Gobierno una inmensa mayoría, no sólo para la Constituyente, sino para el Sobranié ordinario. El Gobierno, en efecto, de acuerdo con su programa, condujo al país por una vía de prosperidad económica general que, luego, bajo el Gobierno de Danef y Radoslavof— *stambulovista* austrófilo—1913 —se vio comprometida por las luchas en los Balcanes. Las elecciones, a fines de ese año, pusieron en minoría al Gobierno, caso inusitado en Bulgaria. Era a modo de protesta popular, que se impuso a las presiones del Gobierno, contra la torpeza de los políticos en cuanto a la guerra balcánica y sus consecuencias. Pero las siguientes, después de la disolución de la Asamblea— Marzo 1914—otorgaron al Gobierno 126 diputados contra 119 de la oposición.

III
SERBIA

El Principado de Serbia, reconocido en el tratado de Andrinópolis, se dictó una Constitución – 1869 – aun en su situación precaria de sometido a la soberanía de la Puerta. La representación nacional estaba vinculada en una Asamblea – Skupchtina – representativa, elegida por sufragio casi universal. A ella se agregaba una cuarta parte de miembros nombrados por el príncipe.

Antes de dictarse la Constitución de 1869 habíase formado un *partido liberal* – Ristich – anticlerical, rusófilo y muy pagado de su occidentalismo. Después de la Constitución aparecen dos nuevos partidos: *progresista*, integrado por las clases elevadas, que preconizaba, lo mismo que los conservadores búlgaros, un fuerte centralismo, necesario para el *progreso* del país, y con preferencias marcadas por Austria; y *radical*[1], que nace en Kragujevach, la capital antigua, en 1880. Como los liberales búlgaros, era éste un partido representante de las aspiraciones rurales; autonomía local con sentido tradicionalista, anticlericalismo y radicalismos políticos y sociales muy avanzados, eran sus notas características; eran al principio, rusófobos, sin preferencias por otra nación. Progresistas y radicales, no obstante la diferencia esencial de sus programas, uníanse contra los liberales en una petición común de revisión constitucional. El partido liberal modificó luego por completo su fisonomía y vino a ocupar el puesto de partido conservador. Los radicales y los progresistas quedaron muy divididos en la inauguración del reinado de Pedro I. Entre aquéllos apareció un grupo de *jóvenes radicales*, de ideas avanzadas, rayanas en su izquierda con el socialismo – al que se ha estimado «como la antecámara de los partidos radicales serbios. – fiel a las concepciones, matizadas de estas ideas, del primitivo partido radical. Los *socialistas* no se organizan en partido político hasta

---

[1] Sobre el pérfido radical. Véase. A. Malet. Le Roi Milán Rev. de París. Noviembre 1899. pág. 136 y sigts.

el régimen de Pedro I—1903—en que se constituye—Julio—el *partido social-demócrata* de Serbia.

El programa doctrinal de los liberales sufrió una intensa modificación al llevarle a la práctica. Sus radicalismos desaparecieron; cedió su anticlericalismo; la antigua adhesión íntima a principios occidentales fue sustituida por un agudo nacionalismo que les llevó a la guerra con los turcos y a conseguir la plena soberanía, luego reconocida en el Congreso de Berlín -1878-; y, por último, la agregación de las fuerzas de la burguesía, de temperamento político nada liberal, convirtió al antiguo partido de este nombre en partido eminentemente conservador aun cuando no variase la denominación primitiva. En los últimos tiempos de su período de gobierno apareció encarnada la oposición en los dos nuevos partidos: *progresista* y *radical*. Para contrarrestar la hostilidad del país hacia Austria, motivada por la ocupación de Bosnia, el rey llamó al Gobierno a los progresistas, austrófilos, que habían ganado, unidos a los radicales, las elecciones de 1881.

La oligarquía progresista desde el Gobierno,— M. Pirochanatz y M. Garachanin—1881-87—se dedicó a combatir a sus antiguos aliados los radicales, cuyas peticiones de revisión constitucional, a más del triunfo conseguido en las elecciones de 1883, les atrajeron las, iras de un Gobierno despótico, absolutista y dictatorial, de los progresistas centralizadores. La solidaridad establecida entre éstos y el rey les confundió en un común desprestigio. La política de los progresistas, la conducta privada del rey y la derrota de Serbia por Bulgaria—1885— aumentó la hostilidad del país contra ambos. Los progresistas, sin ambiente favorable, enemistados con el rey y gastados en su etapa de gobierno, se encontraban en situación muy crítica. Los radicales consiguieron sus aspiraciones de reforma constitucional que determinó la abdicación de Milano, y durante la regencia de su hijo Alejandro mantuviéronse en el Poder. Pero la regencia, de espíritu conservador pronunciado, era enemiga de aquéllos, que tenían mayoría en la Cámara; y a la muerte de uno de los regentes, éstos pidieron el puesto vacante, que les fue negado.

Los liberales les sustituyeron en el Gobierno— 1892.—Factor importante en la política serbia era el rey Milano, que desde el extranjero influía decisivamente en ella. No fue ajena su intervención a la formación del Gabinete liberal Avakumovich—1892—ni a la disolución de la Cámara con objeto de conseguir mayoría liberal, de acuerdo con los sentimientos del rey hostiles a los radicales; éstos, sin embargo, no eran derrotados ni aun con los procedimientos ilegales puestos en práctica por el Gobierno (65 radicales; 65 liberales; 4 progresistas). El golpe de Estado, declarándose mayor de edad a los 16 años, urdido por Alejandro bajo el influjo de su padre— 1893— significaba la manifestación del despecho de Milano por sus fracasos.

El temperamento democrático de Alejandro le aproximaba a los radicales, pero la influencia de su padre, más fuerte que sus naturales y espontáneas inclinaciones, rechazaba ese apoyo. La estancia de Milano en Serbia—1894-95 y 1897-1900—determinó el triunfo de liberales y progresistas y la implantación de un régimen dictatorial consiguiente, que hacía posible el restablecimiento de la Constitución de 1869 y originó la desaparición de los radicales, seriamente amenazados. El casamiento de Alejandro y la ruptura con su padre—1900 — modificó la estructura de los partidos; al ordenar, aquél, la fusión de radicales y progresistas introdujo en ellos un germen de división que, en gran parte, contribuyó a fraccionar los nuevos partidos políticos.

Bajo el régimen inaugurado por Pedro I, los partidos aparecen aún más divididos. Los liberales o nacionalistas, opuestos a Bulgaria, tenían una serie de matices, desde los reaccionarios hasta los *demócratas*—Voia Velkovich—, extrema izquierda del partido. La fusión decretada por Alejandro en 1901 dividió a los *progresistas*, cuya mayoría era *fusionista*. Los radicales, igualmente, se dividían en *moderados, viejos radicales* o *fusionistas*, partidarios del sufragio restringido y en el orden internacional de Austria, fraccionados a su vez en: elemento campesino— Pachich—y elemento intelectual—Vuich—y *jóvenes radicales*, o *independientes* — Lmbn Jivko-vich—demócratas con tinte socialista, que piden sufragio universal y se inclinan a Rusia y Bulgaria contra Austria.

Las elecciones de 1903 dieron el triunfo a los *viejos radicales* y Pachich cede el Gobierno, en Mayo 1905, a los *jóvenes radicales*-- ahora bajo Liuba Stoianovich. Las elecciones de Junio 1906, disuelta la Skupchtina por el Gobierno—Pachich, —aumentaron el número de *viejos radicales* a costa de la disminución de los *radicales independientes* que se mantuvieron en una obstrucción sistemática que obligó a Pachich a disolver nuevamente la Skupchtina. A las elecciones—Mayo 1908—se presentaban unidos progresistas y *jóvenes radicales*. Los *viejos radicales* perdieron 5 puestos; los radicales independientes no ganaron más que uno, y los progresistas—Marinkovich—que venían lentamente recomponiendo sus fuerzas, 7.

La hostilidad entre ambos partidos radicales dificultaba la ejecución de los deseos del rey, favorables a un Ministerio de concentración; Novakovich—progresista—, presidió al fin un Gobierno de esa naturaleza, cuya vida era imposible por la falta de armonía entre los partidos y a causa de la recelosa hostilidad entre *jóvenes* y *viejos radicales*. El Ministerio Pachich—Octubre 1910—formado por ambos grupos radicales, fracasó por esa animosidad recíproca. Los partidos de la oposición aprovechaban, en tanto, la debilidad en que caían los dos rivales, para fortalecerse a sus expensas. El arreglo entre los radicales era imposible; a la hostilidad partidista sumábase un odio personal de los radicales independientes hacia Pachich. Los Gobiernos, por esa causa, no podían mantenerse en el Poder. Dentro de los *viejos radicales* contribuía a agravar su situación, las divisiones en el partido acerca de la conducta a seguir con Bulgaria, cuestión que apasionaba en medio de la efervescencia producida por la guerra de los Balcanes, perfectamente comprensible dada la importancia que ese país tiene en los sentimientos de los partidos serbios. En esta situación, Pachich, que había subido al Gobierno en Septiembre 1912 quiso dimitir en Junio 1913, pero el rey no le admitió la dimisión.

IV
GRECIA

La intervención europea contra Turquía, en favor de los griegos sublevados contra el poder otomano, que terminó con la sumisión de éste, (Tratado de Andrinópolis – 1820) determinó la creación, por la subsiguiente conferencia de Londres, 1830 – del Reino de Grecia, independiente del Sultán. En 1844, promulgó una Constitución que establecía dos Cámaras: Senado, *nombrado por el rey – y* Cámara de los diputados, *elegida por 3 años mediante sufragio universal. Prescribía, además, un ministerio responsable. La revisión constitucional de 1864 atribuye el Poder legislativo al rey y a la Cámara, colectivamente. Instituye el régimen unicameral suprimiendo el Senado, y la Asamblea única – Boulé – se elegirá por 4 años mediante sufragio universal directo y secreto. El Poder ejecutivo pertenece al rey que lo ejercerá mediante sus ministros, responsables.*

La activa política desarrollada por las grandes potencias europeas en el cercano oriente durante el siglo XIX influyó de modo poderoso y eficaz en la política interior de los Estados balcánicos. En Grecia, los partidos políticos durante el lapso de tiempo comprendido entre la Constitución de 1844 y la de 1864 se modelaron con arreglo a esas influencias extrañas y, así, se formaron: *partido francés* o *de los palikares* – Coletti – *partido inglés* o *de los intelectuales* – Maurokordato – y *partido ruso* u *ortodoxo* – Metaxas. – La lucha de los partidos, en esa época, era el reflejo de los litigios ambiciosos de Inglaterra, Francia y Rusia. Las agrupaciones políticas griegas, dentro de la órbita de esas potencias, no eran sino instrumentos ciegos en las combinaciones europeas de política oriental. A partir de la Constitución de 1864 los partidos, sin llegar a organizarse, arrojan el estigma de la esclavitud para caer en el personalismo. Más bien que partidos políticos fueron fracciones, grupos de caudillaje, banderías políticas personalistas – *kommata* – sm programas, ni más resorte de cohesión que el interés personal[1].

---
[1] «Desde hace muchos años, la política en Grecia ha sido dirigida por los que se ocupan de ella movidos por sus propios intereses o bien por interés de sus

De esas características se deduce una lucha de ambiciones, rivalidades y personalismos.

«Esta sociedad, completamente democrática, sin pasiones religiosas, en la que el clero goza de poca influencia, carecía de divisiones suficientemente profundas para formar verdaderos partidos. Pero como los medios de vida son escasos, los empleos muy solicitados y la instrucción superior muy extendida, los hombres políticos y los candidatos a las funciones son excesivamente numerosos para un país tan pobre; de ahí una ardiente concurrencia en las elecciones alrededor de los puestos de diputado, y en la Cámara para la posesión de los ministerios»[1]. El temperamento griego se opone, además, a la constitución de partidos políticos. «Todos los corazones helenos, latiendo al unísono, se acomodan en la vida nacional joven y ardiente de esperanza. Ninguna disensión política o social turba esa armonía... no hay más que rivalidades de personas, instables y cambiantes, que, de hecho, no dividen al país... Difícil sería distinguir verdaderos partidos que persigan fines contrarios... La divergencia de ideas políticas viene de la diferencia de creencias o de intereses de clase». En Grecia, la ortodoxia casi exclusiva y la ausencia de luchas fundadas en un régimen de privilegios, que pudiera determinar la formación de partidos por la pugna consiguiente de castas o de clases, dificulta aquella clasificación política. Y, sin embargo, no es obstáculo para una vida política inmoral. «Los políticos, en Grecia, para reclutar su clientela, han seducido todos estos apetitos, que deben colmar y conservar sin tregua. Así se ha ensañado sobre este país pequeño, ese lujo de divisiones administrativas, de tribunales, de escuelas, y la profusión de funcionarios. Y como cada cual se ajusta a las ideas y puede pasar sin apostasía de uno a otro partido a medida de sus intereses, es forzoso a los jefes que se disputan sus hombres, de mejorar la puja a expensas del Estado para fijar sus clientelas movibles. Esta plétora de postulantes o, más bien, de *déclassés*, es el peor vicio de la república que

---

amigos... Los jefes de partido han trabajado constantemente en su propia ventaja, en lugar de mirar por el bien de la nación». H. Ch. Woods. Ob. cit. pág. 272.

[1] Seignobos. Ob. cit. pág. 623.

preside el rey Jorge I, y en ello Grecia lleva el castigo de su espíritu democrático»[1]. Ni aún los socialistas, que en países de constitución política nada favorable a ello han triunfado de las dificultades para constituirse en partido, lograron en Grecia organizarse, no obstante los movimientos conducentes a tal objeto.

Delyannis, Tricoupis, Komondouros, Kanaris, Zaimis, Deligeorgis, Bulgaris, etc., fueron los jefes principales de las fracciones políticas personalistas. Los dos primeros alternaron en el Poder, y la oposición entre esos dos grupos se limitó a la lucha entre el *helenismo* impetuoso y exaltado de Delyannis y la tendencia restrictiva de contención y freno representada en ese aspecto por Tricoupis, que consiguió reunir sus fuerzas en una apariencia, excepcional en Grecia, de partido político. A la muerte de Tricoupis—1896—le sucede en la jefatura del *partido tricoupista*, Theotokis, y el *partido delyannista*, al morir Delyannis—1905—se divide en dos grupos: *rhallistas liberales*—Rhallis—, que llegaron al socialismo con su ala izquierda, y los seguidores de Mavromichalis. Persistía la política de personalismos e intereses y se iniciaba como una tendencia a terminar con aquellos partidos, factores de una política corrompida. El *partido de los japoneses*, fundado hacia 1905, y la Sociedad Sociológica, constituida por el año de 1909, parecían tentativas encaminadas a sustituir las viciosas organizaciones políticas por partidos propiamente dichos. Pero los *japoneses* no pudieron resistir la atracción del Poder que Theotokis les mostró como señuelo para fundirles en las agrupaciones personalistas; y los segundos, intelectuales con tendencias socialistas, eran débiles para derribar un régimen consolidado por el tiempo y la pasividad del país. Este, sin embargo, reaccionaba contra la supremacía de sus políticos funestos, y esas aspiraciones cristalizaron en el Ejército.

Al descontento general contra los vicios de la política, mantenidos por las banderías, se unía la agitación en el elemento militar, que protestaba de la defectuosa organización en que se le mantenía y de las posiciones privilegiadas a que se

---

[1] A. Britsch.—La nation grecque, en Le Correspondant.—1909.—II. pág. 330 y sigts.

habían encumbrado en él los príncipes de la sangre, censurando al mismo tiempo la conducta del príncipe heredero, general en jefe del ejército, «que hubiera debido dedicarse más enteramente a sus deberes militares... en vez de continuar moviéndose en una estrecha camarilla y vivir en medio de los placeres más bien que en el trabajo, en la hora en que todos los griegos debían consagrarse al bien público»[1].

Medio de expresión del antiguo y latente disgusto del país fue el organismo fundado por el ejército: la *Liga Militar* — Ag. 1909 — bajo la dirección del coronel Zorbas e inspirada por Venizelos. Siguiendo los procedimientos del «Comité Unión y Progreso otomanos», a cuya imagen habíase constituido[2], la Liga Militar adoptó procedimientos dictatoriales, asumiendo la dirección política general del país. Estos «jóvenes griegos», confiados en la fuerza que les concedía la representación tácitamente otorgada por el espíritu general de protesta, también, como los otomanos, impusieron su voluntad en el Poder. Y Mavromichalis, acaso, como castigo a su rebeldía ante la dictadura de la Liga, o bien porque ésta no estimase garantía de imparcialidad y de pureza su cualidad de hombre de partido, o ya, por último, en virtud de los dictados de su propio temperamento, rebelde a los mandatos de la *Liga* y adversario de su actuación absorbente y exclusivista, abandonó el Gobierno — Ener. 1910. —

Un político cretense, Venizelos, a quien la *Liga* había dispensado la confianza de consejero y otorgado la misión de mediador para con el rey, indicó como sucesor de aquél a Dragoumis. El Comité Militar, no opuso reparos a la constitución de tan dócil Ministerio, dentro del cual había asegurado su predominio. La *Liga Militar*, ya dividida por las disidencias entre militares y marinos y la falta de cohesión en virtud de las discrepancias entre la tendencia moderada y los partidarios de medidas radicales y enérgicas, estimó la formación de ese Gobierno como el punto inicial del nuevo orden de cosas, y encauzado, así, a su

---

[1] H. Ch. Woods. -Ob. cit. pág. 273.

[2] Parece ser que algunos oficiales habían sido miembros activos del Comité «Joven Joven Turco». H. Ch. Woods. Ob. cit. página 250.

juicio, el movimiento de renovación, se declaró disuelta. —Mar. 1910—relevando a sus miembros del juramento de fidelidad prestado en Agosto de 1909, no sin advertir, sin embargo, que el ejército continuaría siendo el guardián del honor y del prestigio nacionales.

El brillante triunfo conseguido por Dragoumis en las elecciones para la Asamblea nacional—Agosto 1910—se completaba con una gran mayoría extraparlamentaria. Situación tan firme, no fue obstáculo para que abandonase el Gobierno-Oct.—. Era que, del movimiento renovador, había surgido el «hombre que venía», portavoz de las esperanzas del país, a quien la nación alentaba con la confianza unánime, a llevar a cabo la orientación ya iniciada. Venizelos aportaba a la vida política un prestigio y un espíritu de gobernante, y Dragoumis dejó el paso franco a quien de este modo era encumbrado por consenso general. Acaso por lo mismo, y en virtud de la separación moral entre los políticos y la nación, Venizelos se vio solo, abandonado de todas las fracciones parlamentarias. Disolvió la Cámara para fundamentar su situación política, y las elecciones—Dic. 1910— le otorgaron, más bien que mayoría, la casi totalidad de la Cámara. En 1911 publicaba su programa de renovación, y en la nueva era que se iniciaba, los socialistas, triunfando de todas las dificultades que hasta entonces habían encontrado se organizan en *partido socialista*—Drakoule.

El arraigo de Venizelos queda consolidado en las elecciones de 1912. Ellas acrecían, si cabe, la popularidad y la adhesión general al político cretense.

Su triunfo era la ratificación por el país, de un firme deseo de terminar definitivamente con aquel ambiente político de corruptelas e inmoralidades, y de encauzar por derroteros muy distintos a los seguidos hasta entonces, la orientación general del país. Su obra en el Gobierno, de acuerdo con sus promesas, fue una intensa y radical modificación política y administrativa.

V
MONTENEGRO

Independiente desde 1878 – Congreso de Berlín –, entró en la vida constitucional en 1005. Su Código político, dictado en esa fecha, atribuye el Poder legislativo al príncipe – Kniaz Gospodar – *y a la Asamblea* – Skupchtina –. *Esta se compone de miembros elegidos y miembros de derecho. La elección de los primeros se verifica por sufragio universal cada cuatro años.*

Vivió como excepción dentro de Europa en un régimen patriarcal hasta 1905, en que sin apremios directos se eligió una Skupchtina que elaboró una Constitución[1].

En torno de ella se formaron dos partidos: *partido nacional*, compuesto por jóvenes de ideas liberales radicales aportadas del extranjero y principalmente de Serbia, partidarios de una estrecha armonía serbiomontenegrina; y el *verdadero partido nacional*, integrado por gentes más adictas al príncipe apegadas al régimen tradicional de privilegios, y de espíritu conservador. Al entrar Montenegro en el molde constitucional, Bojo Petrovich, primo del monarca, que durante 40 años había ejercido funciones análogas a las de Presidente del Consejo y de ministro del Interior dejó su puesto a los Gobiernos de partido. Hasta 1907 – Miuchkovich, Radulovich – Noviembre 1906 – Enero 1907; Radovich: Enero-Abril I907 –, gobernaron los liberales, pero a partir de esta fecha surgió una oposición violenta que persiguió con saña a los liberales en un régimen despótico, encarcelando a sus jefes, como Radovich, acusados de complot contra la vida del monarca. De esta suerte se consiguió la eliminación de los liberales quedando los conservadores en una hegemonía absoluta, sin temores a la oposición liberal.

---

[1] V. R. Pinon. – Cinquante ans de régne. – Le Montenegro et son prince. - Revue de Deux Mondes. 1910-LVI pág. 76 y sigts. – R . Henry. – Ob. cit. Part. III. Cap. VII.

CONCLUSIÓN

La fecha de Agosto 1914, marca el término de este ENSAYO histórico[1]. Da fin, con ella, una época en la historia política y queda allí implantado el jalón que indica el comienzo de un nuevo período. Inaugúrase entonces un lapso de transición a la situación futura, dentro del cual es imposible, y en todo caso inútil, seguir la evolución de los partidos, único objeto de estos estudios. La intensa sacudida, que amplía paulatinamente el radio de percusión, determinada por la guerra mundial, ha conmovido las bases de existencia de los partidos, y una general influencia de perturbación y de anormalidad suspendió su vida ordinaria. Por lo mismo, en esta época de trastorno y de confusión, no se producen los partidos, sujetos como están a imperativos de índole diversa, con libertad de movimientos, carecen de espontaneidad en su actuación, queda desvirtuada y falseada su naturaleza peculiar, les falta, en fin, aquel conjunto de características que constituyen su personalidad.

Aceptado el cambio profundo en la vida general política, que la realidad muestra ya en la hora presente, ha de admitirse, *ipso facto*, la transformación ineludible y fatal que ha de operarse en las colectividades políticas. ¿De qué naturaleza y hasta dónde ha de llegar la renovación?; ¿qué nuevas modalidades adoptarán los partidos? La inconsistencia inherente a todo lo que se encuentra en un momento fugaz, inestable, de tránsito, impide formular siquiera conjeturas que, en calidad de tales, como sin fundamento serio, no tendrían más valor que el puramente personal que les prestara la autoridad del comentarista. La personalidad de los partidos en el nuevo régimen está condicionada por una serie complicada de factores

---

[1] Las grandes dificultades de documentación que encontré en el curso de este trabajo me han impedido llegar, en el estudio de la evolución de los partidos de algunos países, hasta Agosto de 1914.

actualmente en período de gestación o de transformaciones. Tales son, por ejemplo, las concesiones que se hagan al espíritu democrático y radical, tan pujante en todos los Estados europeos en vísperas de la guerra; el carácter de las revisiones constitucionales que han de llevarse a cabo; la resistencia opuesta a aquella labor de conjunto por los elementos conservadores, aspiraciones nacionalistas, educación cívica de las Naciones, etc., etc.

Tan solo cuando vuelva el período de sedimentación, cuando la vida política retorne a sus cauces normales, será posible seguir el estudio de la evolución de los partidos, tanto más curioso e interesante entonces, cuanto que será ocasión de ver la consistencia de aquéllos, la fidelidad guardada a sus programas, el arraigo que tuvieran en el país, lo ficticio de su poder, la relación, en suma, entre las dos fases de su vida, separadas por este período de transición, que ha sido medio de eficacia insuperable para conocer la verdadera realidad de tantos valores consagrados antes.

Es indudable, sin embargo, que los partidos, en el nuevo régimen, después de reparar antiguos defectos de organización, han de adaptar sus programas a las nuevas condiciones de vida. No podrán amparar en ellos criterios eclécticos ni dogmatismos rígidos, igualmente infecundos, ni vagar en ambientes de generalidades puramente especulativas. Ajustándose a la realidad, y en armonía con las nuevas aspiraciones, han de verse obligados a la adopción de orientaciones fijas, de tendencias definidas, y los problemas planteados ya, como los que surjan luego, exigirán un puesto preeminente dentro de aquellos programas, para las cuestiones económicas y sociales, desterrando de allí enunciados que ya no tienen razón de ser. ¿Dudará alguien, por ejemplo, que el anticlericalismo es hoy, porque lo era ya antes de 1914, uno de esos principios que fueron, por anacrónicos y fuera de lugar, completamente anulados y arrinconados en los programas políticos, ante cuestiones de más trascendencia?

Los cambios políticos que realizan mientras se escriben estas líneas, no afectan esencialmente a la evolución de los partidos hasta 1914. Aun dentro de los nuevos Estados que ya se dibujan, los partidos políticos, fusiones, disgregaciones, evolución de los ya existentes, no pueden nacer por generación espontánea; han de mantener siempre una solución de continuidad con sus orígenes, con sus fases anteriores, porque su transformación sucesiva, se acomoda a las normas de toda evolución orgánica, que no procede por saltos.

Noviembre 1918.

OBRAS CONSULTADAS [1]

GENERALIDADES Y DERECHO CONSTITUCIONAL.

R. *Michels*. Les partis politiques (trad. Del Dr. S. Jankélevitch). Parí. 1914;

F. R. *Dareste*. Les Constitutions modernes. II vol. París 1910;

E. *Flandin*. Les institutions politiques de l'Europe contemporaine. IV vol. París 1909;

W. *Wilson*. El Estado (trad. de A. Posada). II vol. Madrid 1904;

A. *Posada*. Derecho político. II vol. Madrid 1893;

G. *de Azcárate*. Estudios filosóficos y políticos. Madrid 1877;

J. *Sánchez de Toca*. El régimen parlamentario y el sufragio universal. Madrid 1889.

TRATAN DE VARIOS ESTADOS.

E. *Lavisse et A. Rambaud*. Histoire genérale. París 1898-1901;

Signobos. Histoire politique de l'Europe contemporaine. París 1914;

P. *Feyel*. Histoire politique du XIXème siécle. II vol. París 1913;

L. *Lovell*. Governments and parties in continental Europe. II vol. Londres 1917;

---

[1] Faltaría a la sinceridad de mis sentimientos y a exigencias de gratitud, si, al dar esta nota bibliográfica, dejase de mencionar aqní la eficaz y generosa ayuda que en este punto me prestó mi querido maestro D. Manuel González Hontoria. De él, recibí, además, en el curso de este trabajo, consejos, orientaciones y un constante y alentador estímulo. Y, colmando sus bondades, me hizo luego la merced de una benévola y cariñosa presentación en las páginas que encabezan este libro, amparando, así, con todo el prestigio de su nombre, el del último de sus discípulos.

A. Viallate. La vie politique dans les Deux Mondes. VII vol. París 1906-13;

M. Pemot. La politique de Pie X. París 1910;

R. Henry. Des monts de Bohème au golfe persique. París 1908;

F. Charmes, A. Leroy-Beaulieu, etc. Les questions actuelles de la politique étrangére en Europe. París 1911;

A. Daniel. L'année politique. XXII vol. París 1880-1901.

P. Fahlbeck. La constitution suédoise et le parlamentarisme moderne. París 1905.

A. Gauvin. L'Europe au jour le jour. IV vol. París 1917-18;

Otto Hintze, F. Meinecke, etc. Alemania y la guerra europea. III vol. Barcelona 1916.

V. of Cambridge. History of the World.

Crónicas políticas y Artículos, insertos en Revistas diversas: *Revue politique et parlamentaire; Le Correspondant, Revue de Deux Mondes; Saturday Review*, etc., etc.

INGLATERRA.

S. Low and L. C. Sanders. The political History of England, vol. XII, during the Reign of Victoria 1837-1901;

J.M. Carthy. Modern England from the Reform Bill to the accesión of Edward VII. Londres;

G. L. Dickinson. Le developpment du Parlement pendant le XIXème siécle (trad. de M. Deslandres). París 1906;

P. Mantoux. A travers l'Angleterre contemporaine. París 1909;

L. Cazamian. La Grande Bretagne et la guerre. París 1917;

J. Bardoux. L'Angleterre radicale. París 1913.

G. G. Butler. The tory tradition. Londres 1914;

L. Cazamian. L'Angleterre moderne. París 1911;

A. Viallate. La crise anglaise. París 1908;

V. Bérard. L'Angleterre et l'imperialisme. París 1911;

E. *Lémonon*. L'Europe et la politique britannique 1882-1911. París 1912;

J. *Bardoux*. Silhouettes d'Outre-Manche. París 1900;

P. *Dubois*. L'Irlande contemporaine et la question irlandaise. París 1907;

G. *Birot*. Le Home Rule irlandais. París 1914;

M. *Ostrogorsky*. La démocratie et l'organisation des partis politiques. II vol. París 1903;

L. *Lowell*. Le gouvernement de l'Angleterre. II vol. París 1910;

G. S. *Veitch*. Empire and démocratie.

PORTUGAL.

F. *de Llanos y Torriglia*. Cómo se hizo la revolución en Portugal. (Conf. leídas en la Real Academia de Jurisprudencia y Legislación). Madrid 1914;

A. *Marvaud*. Portugal et ses colonies. París 1912;

G. *Young*. Portugal old and young. Oxford 1917.

IMPERIO ALEMÁN.

B. *Serrigny*. L'evolution de l'Empire Allemand. París 1914;

P. *de Bülow*. La politique allemande (trad. de M. Herbette). París 1914;

W. H. *Dawson*. The evolution of modern Germany. Londres 1914;

G. *Goyau*. Bismarck et l'Eglise. IV vol. París 1911;

P. *Matter*. Bismarck et son temps. III vol. París 1912,

W. *Martin*, La crise politique de l'Allemagne contemporaine. París 1913;

H. *Moysset*. L' esprit public de l'Allemagne vingt ans aprés Bismarck. París 1911;

E. *Milhaud*. La Démocratie socialiste allemande. París 1903;

E. de Laveleye. Le socialisme contemporain. París 1881;

A. Tardieu. Le prince de Bülow. París;

Ch. Andler. Le socialisme impérialiste dans l'Allemagne contemporaine. París 1918;

Ch. Tower. Germany of today. Londres,

Otto Hintze, F. Meinecke, etc., Alemania y la guerra europea, (vol. I. Alemania, su política y sus instituciones). Barcelona 1916;

A. Kannengieser. Los católicos alemanes, (trad. de M. H, Villaescusa). Barcelona.

FRANCIA.

L. C. Rousset. Trente ans d'histoire. II vol. París;

P. Moniquet. Un demi-siécle d'histoire. La France en péril sous l'étreinte judeo-maçonnique. París 1914;

G. Hanotaux. Histoire de la France contemporainevol.IV. París 1908;

A. Debidour. L'Eglise catholique et l'Etat sous la troisiéme Republique. París 1906;

J. Jaurés. Discours parlementaires. (Precede d'une *Introduction* de l'auteur sur le *Socialisme et le radicalisme en 1885*). París 1904;

G. Béret. De Gambetta a Briand. París 1914;

A. Lafaye. Vers la IVème Republique. París 1914;

G. Bonnamour. L'apaisement. París 1913;

Ch. Rappofort. Jean Jaurés. París 1915;

P. Louis. Le parti socialiste en France. París;

F. Buisson. La politique radicale. París 1908;

G. Weill. Histoire du mouvement sociale en France. París 1911;

A. Pawlowsky. La Confédération Genérale du Travail. París 1910;

G. Weill. Histoire du catholicisme liberal en France. París 1909;

H. Rouger. La France socialiste. París;

F. Challeton. Cent ans d'elections. III vol.París 1891;

P. Nourrisson. Le Club des Jacobins sous la troisiéme République.

AUSTRIA.

H. W. Steed. La Monarchie des Hapsbourgs. (trad. de M. F. Roz). París 1914.

ITALIA.

P. Orsi. Histoire de l'Italie moderne (trad. de H. Bergmann). París 1911;

R. Murri. La política clerical y la democracia (trad. del ital. por J. S. Rojas). Madrid;

H. Charriant et A. Grossi. L'Italie en guerre. París 1916.

HUNGRÍA.

R. Gonnard. La Hongrie au XXème siécle. París 1908.

BÉLGICA.

S. Balau. Soixante-dix ans d'histoire contemporaine de Belgique. Lovaina 1890;

H. Charriaut. La Belgique moderne. París 1910;

R. C. K. Ensor. Beligum. Londres 1915;

M. J. Barthélemy. L'organisation du suffrage et l'expérience belge. París 1912.

RUSIA.

P. Kropotkin. La terreur en Russie. París 1910;

V. M. Kovalewsky. La crise russe. París 1906;

Ch. Rivet. Le dernier Rotnanof. París 1917;

M. Kovalewsky. La Russie sociale. París 1914;

Ossip-Lourié. La Russie en 1914-1917. París 1918;

A. Zevaes. La Revolution Russe. París 1917.

SUECIA.

L. Maury. Les problémes scandinaves. — Le nationalisme suédois et la guerre. 1914-1918. París 1918.

TURQUÍA.

V. Bérard. La Turquie et l'hellonisme contemporain. París 1911;

R. Pinon. L'Europe et la Jeune Turquie. París 1911;

Vte. de la Jonquiére. Histoire de I'Empire Ottoman depuis les origines jusgu'á nos jours. II vol. París 1914;

R. Pinon. L'Europe et I'Empire Ottoman. París 1913;

J. Denais. La Turquie nouvelle et l'ancien régime. París 1909;

H. Ch. Woods. La Turquie et ses voisins. (Trad. del inglés, por J. Duroy). París 1911;

A. Sarrou. La Jeune Turquie et la revolution. París 1912;

H. Diaman-topoulo. Le reveil de la Turquie. Alejandría 1909.

RUMANÍA.

F. Damé. Histoire de la Roumanie. París 1900.

BULGARIA.

G. Bousquet. Histoire du peuple bulgare París 1909;

R. P. Guerín Songeon. Histoire de la Bulgarie depuis les origines jusgu'á nos jours. (4851913). París 1913.

PARTIDO SOCIALISTA.

Generalidades o que tratan de varios países

J. Ramsay Macdonald. The socialist mouvement, Londres;

M. Hillquit. Socialism in theory and practice. Nueva York 1910;

Th. Kirkup. A history of socialism. Londres 1913;

J. Longuet. Le mouvement socialiste international. París (Bibl. de l'Enciclop. social synd. et coop.);

J. Bardoux, G. Gidel, etc. Le socialisme international. París 1909;

A. Clay. Syndicalism and labour. Londres 1911;

Y, por ultimo, artículos insertos en la Revista *Le Mouvement Socialiste* y volúmenes publicados por la *Bibliothèque du Mouvement Sociliaste*.

ÍNDICE

PRÓLOGO   I

INGLATERRA   2
Leyes fundamentales.- Whigs y Tories: liberales y conservadores.- Características de los partidos ingleses y ojeada sobre su evolución.

I   8
Los *whigs* en el nuevo régimen.- Peel y la disgregación del partido *tory*.- Crisis general de los partidos.- Reforma electroal de 1867.- El partido liberal y Gladstone.

II   16
Disraeli, el imperialismo y el partido conservador.- El partido *nacionalista irlandés*.- Parnell y el *Home Rule*.- El «cuarto partido». (*Fourth Party*). Parnell y el oportunismo.- Gladstone, el *Home Rule* y los *nuevos radicales* de Chamberlain.

III   24
Unionistas y *home-rulers*.- El partido y sus divergencias interiores.-*Los liberales imperialistas*.-Los conservadores y la reforma aduanera (*Tariff Reform*).—El *partido laborista*. (*Labour Party*). Iniciación de la crisis constitucional.

IV   32

Los liberales y el veto de los Pares. -Lloyd George y el presupuesto.- El *Parliament Bill*.- Lloyd Goerge Demagogo.- El *Parliament Act* y sus consecuencias.- La política inglesa.- Triunfo del *Home-Rule*.

PORTUGAL 42
Los partidos monárquicos portugueses bajo la Monarquía.- El partido republicano.

I 46
La República y las fracciones republicanas. -*Constitución política* de Ag. 1911.- «Blancos» y «rojos».- Desorganización de los partidos republicanos e inestabilidad de sus Gobiernos.

IMPERIO ALEMÁN 50
Constitución política.- Origen, divisiones y características de los partidos alemanes y sus relaciones con el sistema político imperial.

I 65
El *Centro* en pugna con Bismarck.- El *Kulturkampf*.- Los liberales-nacionales, su ruptura con el Canciller y sus fracciones.

II 71
León XIII y Bismarck.- El «Canciller de hierro» va a Canossa.- El *Kartell* y su derrota.- La *Weltpolitik*.- Bülow, los agrarios y el Centro.

III 77
Bülow constituye el «Bloque».- Las elecciones *nacionales* de 1907.- La Social-Democracia aniquilada y el Centro vencedor.- El Centro contra el Canciller.- Bülow parlamentarista.- Bethmann-Hollweg y el «bloque azul-negro».

IV 85

El «Bloque rojo o Gran bloque» de las izquierdas.- La Social-
Democracia incorporada a la política general del Imperio.- Las
elecciones *nacionales* de 1912.- El Centro contra el Gobierno.- Los
partidos y el sufragio univeral en Prusia.

FRANCIA 91
Leyes constitucionales.- Los partidos en la República.- Orígenes y
divisiones.- La vida política francesa en relación con los
partidos.

I 105
Supremacía de los moderados.- Instauración definitiva de la
República -1875- y predominio de los republicanos.- Confusión
entre los republicanos.- El *partido radical* (Clemenceau).- Los
socialistas.- Ferry y el *partido de gobierno*.

II 111
Errores políticos de los gobernantes republicanos.- Los
socialistas.- La *oposición constitucional.- Política de concentración y
politica d'apaisement.-* Boulanger, el *partido nacional* y la crisis de
la República.- Los *ralliés.-* El partido *radical-socialista.*

III 118
Waldeck-Rousseau, el «Bloque» y MIllerand. *Partido socialista de
Francia y partido socialista francés.* Combes y la política religiosa.-
La Confederación General del Trabajo (C.G.T.)

IV 126
Briand y la política *d'apaisement.-* Los radicales socialistas, sus
Gobiernos y sus luchas intestinas.- Los moderados (Poincaré).-
Política militar.- *Radicales-unificados* (Caillaux) y *Federación de las
izquierdas* (Briand).- La política moderada.

AUSTRIA 134

Constitución política de Austria-Hungría.- Constitución política de Austria.- Los partidos y als nacionalidades en el Reichsrath y en los *Landtags* o Dietas provinciales.

I 139
El Goberino liberal, los conservadores y las nacionalidades.- Los nacionalistas y el Imperio Alemán.- Checos y austriaco-alemanes.- Taafee y su política de equilibrio.- Evolución de los partidos y aspiraciones radicales.

II 144
La reforma electoral (Badeni) y los partidos.- El sufragio universal y sus consecuencias.

III 149
Checos y alemanes (Bohemia).- Decadencia de los socialistas cristianos.- Las leyes militares y los partidos.

ITALIA 154
Estatuto fundamental del Reino de Cerdeña. Los partidos y sus notas distintivas.

I 158
Confusión en los partidos y su fraccionamiento.- El *transformismo*, sistema de Gobierno.- Crispi.

II 162
Los radicales y el ambiente político.- Los católicos y sus organizaciones.- Pío X y los católicos *liberales*.- Los socialistas.

III 167
Los católicos en Montecitorio y las «Cuatro Uniones».- Sonnino y el *transformismo*.- Giolitti y el *giolittismo*.- Clericales y anticlericales.- Los socialistas y sus fracciones.

IV 173
Las izquierdas triunfantes.- Política radical (Giolitti).- Los socialistas y sus querellas.- Elecciones de 1913.

HUNGRÍA   178
Constitución política.- Partidos y nacionalidades.

I   184
Los liberales moderados y la fusión con las fuerzasd de K. Tisza: el partido liberal-1875.- Política nacionalista y política religiosa.

II   188
La crisis húngara.- Esteban Tisza y la oposición.- Las elecciones de 1905. y la «Coalición».- ¿Separatismo?- La promesa de sufragio universal.

III   193
La «Coalición» en el Gobierno.- Nacionalistas no magiares y socialistas.- Fracaso del bloque.- El *partido nacional húngaro del trabajo.-* Tisza y la obstrucción magiar.

BÉLGICA   199
Constitución política.- Ojeada sobre los partidos políticos.

I   203
Los Gobiernos de *unión* y los liberales exclusivistas.- Los católicos desorganizados.- La cuestión de la enseñanza.

II   208
Triunfo de los conservadores en las elecciones de 1884.- El sufragio universal y los partidos.- Los católicos y la política social; la «joven derecha».

III   212
Política militar.- Las fracciones conservadoras.

IV   216
Luchas sobre la enseñanza.

RUSIA 221
Régimen político. El sistema de gobierno y los partidos.

I 223
El movimiento liberal.- Socialismo pacífico (Lavrof) y Socialismo revolucionario (Bakunin).- La *Narodnaia volia*.- El *partido obrero social-demócrata* (P.O.S.D.).El *partido socialista revolucionario* (P.S.R.).- Los campesinos.

II 229
Los partidos liberales: *cadetes* y *octubristas*.- Absolutistas.- *Laboristas*.- La primera Duma.

III 234
Modificaciones en los partidos.- La primera Duma.- La segunda Duma y la reforma electroal.

IV 240
Política nacionalista.- Las elecciones para la cuarta Duma.- ¿Cambio de sistema?

SUIZA 244
Constitución política.- Los partidos suizos sólo pueden estudiarse en la vida cantonal.

PAISES BAJOS 248
La ley fundamental.- Los partidos políticos.

I 251
La «coalición cristiana».- Proyecto electoral de Tak y confusión en los partidos.- Liberales y socialistas.

II 254
La «Coalición» en el Poder (Kuyper).- El bloque de las izquierdas.- Política de conciliación de los «cristianos» (Heemskerk).- Situación crítica de la coalición.

DINAMARCA 262
Constitución política.- Los partidos y las Cámaras.- Los liberales en el Poder.- Deuntze.- 1901.- Fracciones liberales.- La política militar y los partidos.- Las elecciones de 1909.- Los radicales forman Gobierno (Zhale).- Los partidos y la revisión constitucional.

SUECIA 271
Constitución política.- Partidos agrarios y sus visicitudes.- La reforma constitucional.- Política militar.- El parlamentarismo.

NORUEGA 278
Constitución política.- Los partidos en el nuevo régimen.- Los liberales en el Poder.- Gobierno de la coalición liberal-conservadora.- Política radical.

TURQUÍA 282
Constitución política.- Los partidos.

I 284
El «Comité Unión y Progreso» y los Gobiernos.- El *partido Unión y Progreso*.- Fraccionamiento y decadencia del Comité.- El partido *Libertad y Entente*.- La *Liga militar*.

PAÍSES BALCÁNICOS 289

RUMANIA 289
Constitución política.- Los partidos y sus fraccionamientos.

BULGARIA 293
Constitución política.- Los partidos.- El nacionalismo.- Divisiones en los partidos.

SERBIA 298
Constitución política.- Los partidos.- Lucha entre *progresistas* y *radicales.-* Los partidos desde el régimen de Pedro I.

GRECIA 302
Constitución política.- Los partidos y las grandes potencias.- El ambiente político no favorece la constitución de partidos políticos.- Confusión política.- La *Liga militar.-* Venizelos y el movimiento de renovación.

MONTENEGRO 307
Constitución política.- Hegemonía de los conservadores.

CONCLUSIÓN 308

NOTA BIBLIOGRÁFICA 311

LAUS DEO VIRGINIQUE MATRI

www.ingramcontent.com/pod-product-compliance
Lightning Source LLC
Chambersburg PA
CBHW030334240426
43661CB00052B/1624